『신학의 눈으로 본, **현대사회 이슈**』

『신학의 눈으로 본, 현대사회 이슈』

초판 1쇄 발행 | 2013년 10월 1일
편집인 | 현창학
발행인 | 조병수
펴낸곳 | 합신대학원출판부
주　소 | 443-791 수원시 영통구 광교중앙로 50(원천동)
전　화 | (031)217-0629
팩　스 | (031)212-6204
홈페이지 | www.hadong.ac.kr
출판등록번호 | 제22-1-2호
인쇄처 | 예원프린팅
총　판 | (주)기독교출판유통(031)906-9191

값 12,000원

신학[神學]
현대 사회[現代社會]

235.8-KDC5
261-DDC21

ISBN 9788997244126　93230
*잘못된 책은 교환해드립니다

「이 도서의 국립중앙도서관 출판시도서목록(CIP)은 e-CIP홈페이지(http://www.seoji.nl.go.kr/ecip)와
국가자료공동목록시스템(http://www.nl.go.kr/kolisnet)에서 이용하실 수 있습니다.
(CIP제어번호: CIP2013018747)」

『신학의 눈으로 본, 현대사회 이슈』

합신대학원출판부

『 필자 소개 』

김 만 형 (기독교교육학)
총신대학교(B.A.)
합동신학대학원대학교(M.Div.)
Trinity Evangelical Divinity
  School(M.R.E., Ph.D.)
Trinity Evangelical Divinity
  School(Visiting Scholar)

김 명 호 (기독교교육학)
총신대학교 신학과(B.A.)
합동신학대학원대학교(M.Div.)
Trinity Evangelical Divinity
  School(M.R..E., Ph.D.)

김 진 수 (구약학)
부산대학교 독문학과(B.A.)
Westminster Theological Seminary
  in Philadelphia, USA (M.Div. 수학)
합동신학대학원대학교(M.Div.)
Westfälische Wilhelms–Universität
  in Münster, Germany (고전어)
Theologische Universiteit Apeldoorn
  in the Netherlands(Th.M., Th.D.)

김 병 훈 (조직신학)
고려대학교 영문학과(B.A.)
장로회신학대학교 대학원 기독교교육학과
  (M.A.)
합동신학대학원대학교(M.Div.)
미국 Calvin Theological Seminary
  (Th.M. 과정이수)
미국 Calvin Theological Seminary
  (Ph.D.)

김 은 미 (기독교교육학)
경희대학교 가정학과 (B.S.)
합동신학대학원대학교 (M.Div.)
Trinity Evangelical Divinity School
  (Th.M.)
Trinity Evangelical Divinity School
  (Ph.D.)

김 추 성 (신약학)
총신대학교 교회음악과 (B.M.)
총신대학교 신학대학원 (M.Div.)
미국 Westminster Theological
  Seminary (Th.M.)
미국 Trinity Evangelical Divinity
  School (Ph.D.)

김 학 유 (선교학)
총신대학교 신학과(B.A.)
합동신학대학원대학교(M.Div.)
Tyndale Theological
  Seminary,Netherlands(수학)
All Nations Christian College,
  England(M.A.)
Trinity Evangelical Divinity School,
  USA(Ph.D.)
Fuller Theological Seminary,
  School of World Missions(Visiting
  Professor)

노 상 헌 (기독교상담학)
Letourneau College in Texas(B.S.)
Wheaton College Graduate
  School(M.Ed., M. Th.)
Moody Bible Institute(Diploma)
Wheaton College Graduate
  School(Psy.D.)

문 상 철 (선교학)
부산대학교 영문학과(B.A.)
아세아연합신학원(M.A.)
고려개혁신학원(M.Div.)
Trinity Evangelical Divinity
  School(Ph.D.)

성 주 진 (구약학)
서울대학교 경영학과(B.A.)
합동신학대학원대학교(M.Div.)
Trinity College, England
  (M.Phil.)
Sheffield University, England
  (Ph.D.)

안 점 식 (선교학)
서울대학교 철학과(B.A.)
서울대학교 대학원 철학과(M.A.)
합동신학대학원대학교(M.Div.)
Trinity Evangelical Divinity
  School(Ph.D.)
현재, 아세아연합신학대학원 교수

이 성 호 (역사신학)
서울대학교(B.A.)
고려신학대학원(M.Div.)
Calvin Theolosical Seminary
  (Th.M. Ph.D.)
현재, 고신대신대원 교수

이 승 구 (조직신학)
총신대학교 기독교교육과(B.A.)
서울대학교 대학원 윤리교육(M.Ed.)
합동신학대학원대학교(M.Div.)
The University of St. Andrews
  (M.Pill.)
The University of St. Andrews
  (Ph.D.)

방 선 기 (기독교교육학)
서울대학교 화학공학과(B.S.)
총신대학교 신학연구원 수학
미국 리폼드 신학교 졸업(신학, 교육학석사)
콜롬비아 교육대학원 졸업(교육학박사)
CANADA Regent College 수학

송 인 규 (조직신학)
건국대학교 축산학과(B.S.)
총회대학교 신학대학원(M.Div.)
Calvin Theological Seminary
  (Th.M. 과정이수)
Calvin College(M.A.C.S. 수학)
Syracuse University(M.A., Ph.D.)

양 승 헌 (기독교교육학)
총신대학교 신학과(B.A.)
합동신학대학원(M.Div.)
Dallas Theological Seminary
  (M.A.C.E.)
Trinity Evangelical Divinity
  School(Ed.D.)

이 순 근 (기독교교육학)
총신대학교 기독교교육과(B.A.)
합동신학대학원대학교(M. Div.)
Trinity International University
  (Ph.D. in EdS)

정 경 철 (선교학)
한영신학대학교(B.Th.)
합동신학대학원대학교(M.Div.)
Free church of scotland
  college, Edinburgh(Diploma in
  postgraduate studies)
Fuller Theological Seminary(D.min.
  in Mission)
Center for Muslim-Christian
  Studies, Oxford(Associate)

조 병 수 (신약학)
총신대학교 신학과(B.A.)
합동신학대학원대학교(M.Div.)
독일 Westfälische-Wilhelms-Universität
  in Münster(Dr.theol.)

정 창 균 (설교학)
전북대학교 경영학과(B.A.)
합동신학대학원대학교(M.Div.)
Stellenbosch University
  (Th.M., Th.D.)

한 성 진 (역사신학)
한국외국어대학교 영어과(B.A.)
총신대학교 신학대학원(M.Div.)
University of Stellenbosch
  (Th.M., Ph.D.)

조 진 모 (역사신학)
연세대학교 작곡과(B.A.)
Trinity Christian College 역사학과
  (B.A.)
Westminster Theological
  Seminary(M.Div., Th.M., Ph.D.)

현 창 학 (구약학)
서울대학교 물리학과(B.S.)
총신대학교 신학대학원(M.Div., Th.M.)
Calvin Theological Seminary
  (Th.M. 과정이수)
University of Wisconsin - Madison
  (M.A., Ph.D.)

한 화 룡 (선교학)
경희대학교 경영학과 졸업 (B.A..)
합동신학대학원대학 졸업 (M.Div.)
미국 풀러신학교 세계선교대학원 졸업
  (Th.M. in missiology)
미국 웨스트민스터신학교 졸업
  (D.Min. in urban missions)
현재, 백석대학교 기독교학과 교수

정 승 원 (조직신학)
University of Illinois at Chicago
  (B.A.)
Westminster Theological
  Seminary(M.Div.)
Westminster Theological Seminary
  이수(Th.M.)
Westminster Theological
  Seminary(Ph.D.)
현재, 총신대 신대원 교수

홍 구 화 (기독교상담학)
고려대학교(B.A. 법학)
고려대학교 대학원(M.A. in Law)
합동신학대학원대학교(M.Div.)
Calvin Theological Seminary(Th.M.)
Fuller Theological Seminary(Ph.D.in
  Clinical Psychology)

간행사 · Publication

우리가 살고 있는 포스트모던 시대는 너무나 복잡하다. 사회가 발전할수록 우리는 지금까지의 문제들에 답을 얻기는커녕 더욱 많아지는 문제들로 말미암아 어려운 지경에 빠져들고 있다. 우리가 맞닥뜨리는 문제들은 개인의 것이자 사회의 것으로 하나하나가 우리의 힘을 넘어설 정도로 치명적인 성격을 가진다. 이런 상황에서 우리 학교가 격월로 발간하는 "합신은 말한다"는 파도처럼 끝없이 밀려오는 사회의 중대한 병리현상들을 수 년 동안 이모저모로 논의해왔다. 이 논의에 참여한 필진은 최소한 두 가지 생각을 공유하고 있다.

첫째 생각은 사회는 스스로 문제를 해결할 수 없다는 것이다. 본래 사람은 절대로 완벽하게 객관화될 수 없는 자기중심적 존재여서 이기적 구심력이라는 틀에서 벗어나지 못한다. 따라서 우리를 괴롭히는 사회 이슈는 사회 밖의 시각으로부터 바라보지 않으면 제대로 그 문제점을 파악할 수가 없다. 우리는 하나님의 말씀인 성경의 가르침을 토대로 삼을 때만 이 지구상에서 발생하는 인간의 다양한 문제들에 현명한 답을 줄 수 있다고 믿는다.

둘째로 이 논의의 필진은 웬만해서는 스스로 풀 수 없는 심각한 사회 이슈들로 말미암아 고통을 당하는 오늘날의 신자들에게 일말의 해답을 주려는 생각을 가졌다. 여기에 기고한 필진은 모두 신학은 대중화되어야 한다고 믿는다. 신학은 상아탑에 갇혀 있으면 안 되고, 학교의 울타리를 넘어 세상의 길거리로 들어가야 한다. 신학은 사회의 모든 영역의 문제에 관심해야 한다. 이른 바 대중신학(popular theology)이 우리의 사명이다. 우리는 사회를 책임지기를 원하고 있다.

이 책은 긴급한 사회 이슈들을 다루는 79편의 글을 싣고 있다. 아직도 많은 주제들이 답을 기다리고 있지만, 이 정도만으로도 그동안 불편했던 마음을 상당히 시원하게 만들어줄 것이라 생각한다. "합신은 말한다"는 앞으로도 계속 발간될 것이므로 남은 이슈들에 관한 우리의 논의는 이어질 것이라 기대한다. 이 책을 펴내기까지 큰 수고를 아끼지 않은 필진, "합신은 말한다" 편집위원회, 출판위원회, 합신출판부 직원 모두에게 심심한 감사를 드린다.

"모든 생각을 사로잡아 그리스도에게 복종하게 하니" (고후 10:5)

2013년 9월

총장 조병수

서문 · Preface

이 책은 합동신학대학원대학교가 소식지로 발행하고 있는 『합신은 말한다』의 '이슈 따라잡기' 난에 7년간 기고된 합동신학대학원대학교 교수님들의 글을 모은 것이다. 2006년 난이 개설될 때부터 2012년 말까지 실린 글들이다. 『합신은 말한다』는 합동신학대학원대학교가 합신 교단 및 한국교회와 나누는 대화의 장으로서 일 년에 총 여섯 회 발간되는 격월간 팜플렛형 소식지이다. 매호 두 편씩의 글이 '이슈 따라잡기' 난에 실려 7년이 지나다보니 어느덧 79편의 글을 얻게 되어 책 한 권으로 낼 분량이 되었다.

'이슈 따라잡기'는 현대 한국 사회가 직면하고 있는 사회적 이슈들에 대한 교수님들의 신학적 단상이다. 본격적인 학술 논문은 아니고 수상 형식의 짧은 글들이지만 해당 시기에 사회적으로 첨예하게 문제가 된 이슈들에 대해 개혁신학의 입장에서 평가와 대안을 제시하려 한 것이다. 가치 부재 내지는 가치에 대한 의식 부재의 심각한 혼돈 속에 살아가는 현대인들을 위해 교회를 위해 성경 말씀에 근거해서 바른 (사회적) 삶의 방향과 가치를 제시하고자 한 것이다. 그리고 그러한 방향과 가치에 근거해 교회의 실천력이 제고되도록 독려코자 한 것들이다.

개혁 신학은 신앙을 교회 안에만 가둬 놓는 것이 아니라 삶의 모든 영역에서 하나님 나라의 가치가 구현되도록 힘쓰는 공적 신학(public theology)이다. 하나님 앞에 살아가는(coram Deo), 삶의 모든 영역에 하나님의 주권이 시행되도록 하는 영역주권의 사상이다(sphere sovereignty). 우리 주변에서 일어나서 세상이 겪고 고통하는 문제들은 세상만의 문제가 아니요 바로 예수 믿는 이들인 우리들의 문제요 신학의 문제이다. 복음의 은혜를 입은 그리스도인은 적극적으로 세상의 문화를 성경적 가치와 성경적 이상에 부합하는 것으로 바꾸고 변혁시키고자 노력해야 한다. 그래야 끝 모르고 빠져 들어가는 부패와 타락에서 세상을 조금이나마 헤어 나오게 할 수 있을 것이요, 그래야 스스로는 회복의 엄두조차 내지 못하는 아픔에서 세상이 조금이나마 치유 받게 할 수 있을 것이기 때문이다. 합신의 신앙고백은 이러한 개혁신학적 입장을 잘 대변하고 있다. 여기 한번 인용하는 것도 좋으리라 생각한다: "우리의 신앙고백" 5조: "우리는 성령의 조명하시며, 중생시키며, 내주하시며, 성화하시는 사역과 그리스도인으로 하여금 세상에서 복음을 효과 있게 증거케 하시며, 책임 있는 봉사를 하게 하시는 사역을 믿는다"; 8조: "우리는 성경의 교훈에 따라 하나님 나라를 실현하라는 하나님의 명령에 순종하여 현대적 상황에서 사람과 문화를 변혁시키는 것이 교회의 책임임을 믿는다."

『합신은 말한다』 각 호에 실린 글들은 매호를 발행할 때마다 편집회의에서 정하는 주제에 따라 청탁되어 집필된 것들이다. 처음부터 전체적인 방향이나 계획이 서있어 쓰여진 것들이 아니다. 그러다 보니 79편의 각기 다른 관심의 글들을 한 권의 책으로 묶는 데 적지 않은 어려움이 있었다. 가급적 독자들이 쉽게 파악할 수 있도록 주제별로 분류한 결과 총 10부로 나눌 수 있었다: 제1부 성경과 신학, 2부 기독교인과 정치, 3부 경제, 4부 생명 윤리, 5부 문화와 사회 진단, 6부 교육, 7부 선교와 봉사, 8부 현대인의 정신 건강, 9부 가정과 성윤리, 10부 목회. 글들은 독자들의 편의를 위해 기고된 시간 순서에 구애받지 않고 각 부 안에서 어느 정도나마 논리적 흐름이 성립하도록 배열하였다.

우리는 가치 부재의 시대에 살고 있다. 조선시대에는 그마나 공맹 사상에 근거하여 인의(仁義)의 가치라도 가르쳤건만 일제의 강점과 내전을 거친 한국 사회는 재화의 능력만 가치의 제일로 삼을 뿐 단 한 번도 인간이 살아가야 할 정신적 가치에 대해 반성하거나 정립하는 기회를 갖지 못했다. 하나님은 성경 말씀을 통해 당신의 크신 사랑에 대해 깊이 가르쳐 주시고, 동시에 인간과 사회가 나아가야 할 의와 공의의 길에 대해 쉼 없는 훈계를 주신다. 정치, 경제, 문화, 교육, 윤리, 통일 등 사회 전반의 수없는 숙제를 안고 격동의 시기, 험난한 환경을 헤쳐 나가야 하는 현대사회를 향해 바른 길, 생명의 길을 보여주신다. 모쪼록 가치의 혼돈으로 점철되어 있는 현대를 살아가는 그리스도인들이, 또 그 그리스도인들의 삶을 실제로 도와야 하는 목회자님들이 여기 실린 작은 글들을 통해 조금이나마 우리 시대의 과제와 방향에 대해 성찰하고 또 필요한 실천이 있다면 그것에 대해 격려 받는 기회가 된다면 더 바랄 것이 없겠다.

　연구와 강의 준비, 행정 책임 등, 눈코 뜰 새 없이 바쁜 와중에 집필을 마다 않으시고 옥고를 내주신 교수님들께 이 자리를 빌려 다시 한 번 경의와 깊은 감사의 마음을 표한다. 수고하신 그만큼 성경적 가치에 대한 지식 생산이 이루어졌고, 또한 그만큼 하나님 나라는 확장되었을 거라고 확신한다. '이슈 따라잡기'를 책으로 묶을 것을 처음 제안하셨던 2006년 당시 편집인이셨던 조병수 총장님께 감사드린다. 조 총장님의 제안이 없었다면 이 책은 계획조차 되기 어려웠을 것이다. 편집위원들로 수고하시며 책의 출간을 줄곧 격려하신 김학유, 김진수 교수님과 여러 교수님들, 『합신을 말한다』의 편집 실무를 맡으신 김형민 목사님께 감사드린다. 이 책은 이 분들의 헌신적인 애정과 노고의 결실이다. 책의 출간 과정 전체를 담당하신 출판부 신현학 편집실장님과 책을 아름답게 디자인 해주신 북디자이너 최문하 선생의 수고에 또한 심심한 감사를 표한다. 출간이 지체되는 중에도 오래 기다려 주신 두 분의 인내가 없었다면 이 책은 빛을 보기 어려웠을 것이다.

　하나님 한 분만 영광 얻으시기 바란다.

2013년 9월
편집인 현창학

차례 · Contents

제 8부   현대인의 정신 건강   251

제1부

성경과 신학

1. 성경의 영감, 권위, 해석-그 오해와 진실

성주진 / 구약학

최근 들어 현실교회에 대한 비판이 기독교 진리와 성경에 대한 보다 근본적인 공격으로 이어지는 양상을 보이고 있다. 종교문제에 대하여 나름대로 조심하던 언론의 일각에서 아프카니스탄 사태를 계기로 형성된 부정적 여론에 편승하여 치우친 프로를 내놓고 있는 실정이다. 일부 진보적 인사들도 개신교의 문제가 성경에 대한 잘못된 이해 때문이라고 주장하면서 성경의 영감과 권위를 부정하거나 약화시키고 있다. 이제 성경의 영감과 권위의 문제는 신학교와 교회의 울타리를 벗어나 사회 공론의 장으로 진출하였다. 이에 성경의 영감과 권위에 대한 몇 가지 오해를 살피고 이에 대한 개혁주의 입장을 일별하고자 한다.

1) "성경은 반드시 문자적으로 읽어야 한다."

성경은 하나님의 말씀이므로 '문자적으로' 읽어야 한다는 인식이 없지 않다. 이는 문자적으로(literally) 읽어야 할 본문을 상징적으로 (figuratively) 읽기 때문에 역사성과 사실성이 약화된다는 우려에서 기인하기도 한다. 그러나 상징적인 의도를 가지고 쓴 본문을 문자적인 의미로 읽는 것도 작지 않은 문제를 야기한다. 성경의 독자는 글의 성격(장르)과 문맥이 요청하는 바에 따라 문자적 또는 상징적으로 성경을 읽어야 한다.

2) "성경의 사실은 곧 규범을 의미한다."

사실에 대한 강조는 '사실은 존재하지 않고 관점과 의지의 작용만 있을 뿐' 이라는 포스트모던 인식론에 대한 당연한 반응이다. 그러나 성경에 기록된 역사적 사실은 곧 규범이기 때문에 그대로 실행해야 한다는 생각은 잘못이다. 특히 구약에 많이 나타나는 역사적 관습과 개인적 행동은 21세기 그리스도인에게 주어진 모델이 아니다. 그리스도인이 실천해야 할 규범이 될 수 있는지 성경신학적으로 살펴보아야 한다.

3) "성경의 영감은 근본주의자의 억지이다."

절대적 진리를 거부하는 다원주의 사회는 신앙적 확신을 가지고 행동하는 사람들을 '근본주의자' 라고 폄하하는 경향이 있다. 그러나 성경을 하나님의 말씀으로 믿고 신실하게 살아가는 그리스도인들을 중동의 극단적인 근본주의자와 같은 선상에 두는 것은 해석적으로나 신학적으로 정당화될 수 없다. 그리스도인은 말과 행동에서 그리스도의 사랑을 실천하는 존재이다.

4) "성경은 역사 · 문화와 관계가 없다."

성경의 진리는 역사적, 문화적 한계를 뛰어넘는 하나님의 계시이다. 그러나 성경기록은 유기적 영감의 산물로써 분명히 역사적, 문화적 특징을 지니고 있다. 이에 따라 성경의 계시는 역사적, 점진적 특성을 가진다. 이러한 영감의 특성은 살아계신 하나님의 말씀을 지금 여기에서 '듣고' 적용할 수 있는 신학적 기초를 제공한다.

5) "성경의 영감은 반지성적인 주장이다."

성경의 영감론은 성경에 대한 근본주의적인 맹신이나 성경숭배 (biblicism)을 의미하지 않는다. 개혁주의 영감론은 감정주의나 합리주의에 빠지지 않으면서 해석과 적용에 있어서 믿음에 기초한 인간 지성의 바른 사용을 요청한다. 따라서 비평적 주장 때문에 신앙적으로 도전받는 사람들을 위한 변증도 필요하다. 성경에 대한 개혁주의 인식론과 치밀한 본문연구를 통하여 영감과 권위에 대한 적극적인 견해를 제시하는 일도 마찬가지이다.

6) "영감의 핵심은 성경의 '전통적' 저자이다."

영감된 것은 '모든 성경'이지, 성경저자에 대한 전통과 사람들의 견해가 아니다. 따라서 사무엘상하를 사무엘이 쓰지 않고, 신명기에 모세 사후의 기록이 있다고 해서, 사무엘서나 신명기가 영감되지 않았다거나 권위가 없다는 말이 아니다. 어떤 책의 경우에 저자를 확실히 알지 못한다는 사실이 그 책의 영감과 권위를 유보할 근거가 되지 못한다. '말씀과 더불어'(cum verbo) 역사하는 성령은 성경이 하나님의 말씀이라는 사실을 자증한다.

7) "하나의 사건은 하나의 의미만을 가진다."

성경에 기록된 인물과 사건과 사실에는 관점의 다양성이 존재한다. 이 관점의 차이는 상호모순을 의미하는 것이 아니며 총체적 진리를 드러낼 뿐이다. 구약의 경우, 하나님에 대한 다양한 묘사들, 언약에 대한 여러 조명들, 이스라엘의 존재와 경험에 대한 다면적인 이해가 존재한다. 성경의 독자는 온전한 실재와 총체적 진리에 대한 하나님의 계시를 축소하거나 취사선택해서는 아니 된다.

2. 성경의 영감과 무오성 – 무엇을 말하며, 또 어떻게 알 수 있나?

김병훈 / 조직신학

우리의 믿음을 표현하는 역사적 개혁주의는 성경은 하나님에 의하여 영감이 된 경전임을 믿는다. 그것은 또한 신앙의 교훈은 물론이거니와 역사와 과학을 망라한 전 범위의 지식에 있어서도 오류가 없는 경전임을 믿는다. 그것은 또한 지식의 전 범위에 있어서 비단 사상적으로만 오류가 없는 것이 아니라, 그 사상의 전달의 도구로서 글 하나하나가 영감이 되었음을 믿는다. 이른바 우리는 축자영감을 믿는다. 그러나 흔히들 오해하는 바와는 달리, 축자영감은 기계영감을 의미하지 않는다. 우리는 하나님께서 성경을 영감하여 기록되도록 하실 때에 글 하나하나를 적어낸 인간 저자의 인격적 활동을 훼손하지 않으셨음을 믿는다. 성경의 영감은 하나님의 섭리의 원리, 곧 하나님은 제일 원인이시며 인간은 제이 원인이라는 원리를 통하여 이루어진 것이다. 즉 우리가 믿는 것은 유기적 영감인 것이다.

이성과 실증적 경험을 진리의 기준으로 보며 하나님의 계시와 같은 초월성을 인정하기를 거부하였던 계몽주의 사조를 따르는 이들은 성경을 한낱 인간에 의해 쓰인 역사적 산물로만 보았다. 따라서 그들은 자신들이 판단 기준에 따라서 성경의 영감성과 무오성을 인정하지 않는다. 하나님과 그의 계시를 부정하는 자연주의자들 또는 회의주의자들에게 성경의 영감과 무오성을 납득시킨다는 것은 근원적으로 불가능한 일이다.

그런데 하나님과 그의 계시를 믿는다고 말하면서도 성경의 무오성을 제한하는 이들이 있다. 이들은 성경이 신앙의 교훈에 관련하여서는 무오하지만 역사와 과학 등을 포괄하는 전 지식의 범위에서 무오한 것은 아니라고 주장한다. 이들은 단지 사상의 영감만을 인정할 뿐이며 축자영감은 부정한다. 아울러 축자영감을 기계영감으로 그릇되게 이해하여 유기적 영감을 주장하므로 축자영감을 반대한다고 말한다. 이들이 주장하는 성경의 유기적 영감은 인간의 오류를 필연적으로 반영한다. 인간이란 오류를 범하는 제한성을 가질 수밖에 없기 때문에, 인간에 의해 기록된 성경에 오류가 없다는 주장은 역사의 산물인 성경을 마치 하나님과 동일시하는 잘못을 범하는 것이라고 이들은 판단을 한다. 요컨대 교리적인 교훈에는 전혀 오류가 없다는 의미에서 성경은 영감이 된 것이라고 말할 수 있지만, 이 사실이 성경에는 역사와 과학의 지식에 있어서 조차도 오류가 없다는 것을 의미하지는 않는다고 말한다.

그러나 이러한 주장은 적어도 세 가지 점에서 옳지 않다. 첫째, 축자영감을 부정하는 사상영감의 주장이란 신기루일 뿐이라는 점이다. 본래 사상이란 글 하나하나를 단위 요소로 하는 문장을 통하여 전달되는 것이므로 글 하나하나의 영감과 그 속에 담겨 있는 사상을 배타적으로 구분할 수가 없는 것이다. 뿐만 아니라, 언뜻 생각되는 것과는 달리, 교리적 진술과 역사적 진술을 독립적으로 분리하는 것도 불가능하다. 왜냐하면 신앙의 교훈은 역사적 맥락에서 예언과 성취, 그리고 사건들의 전개의 방향 등과 관련하여 그것의 의미를 점진적으로 확장, 발전되어 가기 때문이다. 소위 하나님 나라의 주제적 의미와 같은 신앙의 교훈들은 구속사와 언약이라는 틀 안에서 다양한 역사적 사건들의 전개를 통하여 주어지고 있는 것이다.

둘째, 혹시라도 현대의 기준에서 볼 때, 성경의 역사적, 과학적 오류로 여겨지는 것들이 있다면, 그것은 성경의 인간 저자들이 다양한 관점에서 동일한 사건을 기술하기 때문이거나, 혹은 기록이 된 당대의 관점과 오늘의 관점 사이에 불일치가 생겼기 때문일 따름이다. 성경을 기록한 각각의 인간 저자 자신들이 속한 시대의 문화관 등이 성경에 반영되는 것은 필연적이지만, 성경에 반영된 것들 가운데는 그어느 것도 엄밀한 의미에서 오류로 단정이 되는 것은 없다. 성경이 현대적 의미에서의 과학을 말하는 책은 아니지만 과학적 지식의 오류를 담고 있는 책은 또한 아닌 것이다. 아울러 동일한 사건에 관련한 설명들의 불일치가 성경에서 발견되는 것은 관점의 다양성을 보여줄 뿐이며, 그 중 어느 것이 오류이어야 하는 것이 아니다.

셋째, 인간은 오류를 피할 수 없기 때문에 성경의 저자가 인간인 이상, 그 성경은 오류를 필연적으로 담고 있으며, 그렇지 않다는 견해는 성경을 신격화하는 것이라는 주장은 옳지 않다. 인간이 오류를 범한다는 것은 현상적으로 부인할 수 없는 사실이지만, 그렇지만 그것은 필연적인 것이 아니라 매우 높은 개연성을 말할 뿐이다. 성경은 오류가 없으며 흠이 없는 한 인간의 실례를 예수 그리스도를 통하여 제시하고 있다. 참 하나님으로서 완전한 인성을 취하여 참 인간이 되셨던 예수님은 오류와 죄가 인간의 존재론적 필연이 아님을 적시하여 주셨다. 마찬가지로 비록 인간을 통하여 성경을 유기적으로 기록하게 하셨으나, 하나님의 영감은 인간을 통하여 오류가 나타나지 않도록 하신 것이다.

그러면 성경이 하나님의 영감으로 된 것이며 성경에 기록된 모든 지식에 있어서 오류가 없다는 사실을 어떻게 인식할 수 있을까? 두 가지 경로를 통해서 인식을 한다. 첫째는 성경의 자증성이다. 성경은 스스로 성경의 기록이 하나님의 영감으로 된 것임을 증거한다. 성경의 자기 증거는 성경 자체에 담겨져 있는 탁월성을 통하여 확인이 된다. 성경의 계시가 드러내는 신학과 교훈, 영적 지식의 완전성과 짜임새, 그리고 고결성, 또한 예언과 성취, 이적들, 복음서들의 복수성의 조화와 일체성 등은 성경이 하나님의 말씀임을 증거한다.

하지만 이러한 성경의 계시의 탁월성은 성령의 내적 증거를 통하여서만 인식이 될 수 있다. 이것이 성경의 영감과 무오성을 믿게 하는 두 번째 경로이다. 객관적으로 성경에 계시하신 진리들의 탁월성과 고결성 그리고 진리성을 이해하고 깨닫게 하는 성령님의 내적 조명의 역사로 인하여 우리에게는 성경의 영감과 무오성을 확신하고 고백하는 성령님의 내적 증거의 은혜를 입게 된다. 타락한 인간은 순전한 이성의 판단을 바르게 따르지 않고, 하나님을 마음에 두기 싫어하여 증거를 왜곡하기 때문에, 성경의 완전한 자기 증거의 계시를 인정하지를 않는다.

이 모든 것들에 더하여, 예수님의 증거가 또한 성경의 영감과 무오성을 확실케 한다. 예수님의 말씀을 신뢰할 만하다면 그의 성경에 대한 증거도 또한 신뢰할 만한 하다. 그리고 성경은 예수님을 하나님의 아들로 고백한다. 그러므로 성경에 의하여 증거를 받으신 예수님은 다시 자신을 증거한 성경이 하나님의 영감으로 된 말씀임을 증거한다. 이러한 증거는 순환적 관계를 가지고 있다. 성경의 영감과 무오성은 창조와 구속 그리고 새창조의 사역을 행하시는 성부, 성자, 성령 하나님에 대한 믿음과 순환적이며 유기적인 관계를 갖고 있다. 요컨대 하나님을 믿으면 성경을 믿는 것이며, 성경을 믿으면 하나님을 믿는 것이다. 그 외에 다른 방편은 없다. "나로 말미암지 않고는 아버지께로 올 자가 없다"(요 14:6)고 말씀하신 예수님의 교훈은 곧 성경으로 말미암지 않고는 하나님께로 올 자가 없다는 것과 결국 동일한 말씀이다.

성경이 하나님 말씀임을 부정하는 자들이 증거를 내놓으라고 말하면, 우리가 줄 대답은 이것이다. 첫째는 "성경을 읽어 보셨습니까? 성경을 읽으시면 성경이 하나님 말씀임을 압니다." 둘째는 "무엇으로 성경이 하나님 말씀임을 증거하면 믿겠습니까?" 아마 두 번째 질문에 대한 그들의 답변은 분명하지 않을 것이다. 왜냐하면 그 어떤 증거도 다시 그것이 왜 그것이 믿을만한 증거와 권위를 가지고 있다고 판단하는지에 대한 질문이 이어져야 할 것이기 때문이다.

배교는 하나님의 말씀인 성경의 영감적 권위와 무오성의 부인에서

부터 시작이 된다. 어지러운 시대에 성경에 대한 믿음을 확실히 세워 가야 할 것이며, 이를 위하여 하나님의 크신 긍휼과 은혜를 구하여야 할 것이다.

3. 복음서의 내용은 신뢰 할 만한 것인가?

김추성 / 신약학

최근에 몇몇 신학자와 목회자를 통해 복음서의 신뢰성에 타격을 주는 발언이 공중파를 타서 평신도들에게 혼동을 주고 있다. 또한 SBS에서는 이들이 마치 기독교를 대변하는 것인양 아무런 여과없이 이들의 주장만을 일방적으로 내보내는 사고가 일어났다. 참으로 대중의 반기독교적 정서에 편승하여 방송사가 형평성을 잃은 처사였다. 특히 자유주의적 입장을 가진 목사와 신학자가 대중 방송을 통해 마치 복음서의 내용이 초대교회의 산물이며 복음서의 저자가 임의로 예수님의 말씀을 조작한 것인양 성경의 신뢰성을 스스로 무너뜨리고 있다. 또한 이렇게 하는 것이 지성적인 것처럼 착각하고 있다. 따라서 성경의 영감과 권위를 의심없이 믿고 따르는 성도들에게 이들의 주장은 몹시 당혹스럽게 들릴 것이다.

과연 이들이 주장하는대로 마 28:19-20의 선교명령은 예수님의 원래 말씀이 아니고 교회의 유익을 위해 복음서 저자들이 창안해낸 것인가? 요 14:6의 예수님의 말씀, "내가 곧 길이요 진리요 생명이니 나로 말미암지 않고는 아버지께로 올 자가 없느니라," 역시 예수님께서 하신 말씀이 아니고 제자들이 덧붙인 것인가?

무엇보다도 이들은 편집비평론의 전제를 아무런 비판없이 그대로 수용하고 있다. K. L. Schmidt에 의해 주창된 편집비평에 의하면 복음서 기자들은 일종의 편집자들이다. 복음서 기자들은 자기들의 신학에 따라 마음대로 예수님의 말씀을 가위질하기도 하고 덧붙이기도 하고 조작하였다. 그들은 예수님이 전혀 말씀하시지 않은 것을 제자들이 부가했다고 주장하기도 한다. 특히 최근의 역사적 예수를 연구하는 급진적 학자들 중에는 예수님의 신성과 관련된 진술은 후대 교회의 산물이라고 주장하는 학자도 있다. 예수님이 '내가 길이요 진리요 생명'이라고 말씀하신 것을 후대 교회의 주장으로 일축하고 있다. 편집비평학은 예수님과 초대교회 사이에 큰 괴리가 있는 듯이 분리하였다. 이것은 복음서 저자의 증거적(marturia) 성격을 무시한 데서 근원한다 (눅 1:1-4). 복음서 기자들은 자신들을 그리스도의 증인으로 자처하고 있다. 제자들은 말하기를 우리는 보고 들은 것을 말하지 않을 수 없다고 증언하고 있다. 화란을 대표하는 신약학자 헤르만 리델보스는 복음서의 증거적 성격을 강하게 변증하고 있다. 복음서의 내용은 원래의 상황에서 증인의 성격으로 규정된다. 리델보스는 더 나아가 신약 전체가 목격자들의 진술이라고 주장하였다. 복음서 저자들은 자신들의 실수도 가감없이 기록하고 있다. 자신들이 예수님을 배반한 것도 심지어는 그들의 불신까지도 자세하게 기록하고 있다. 예수님의 십자가 사건 이후 예수님을 떠났던 저들이 요한복음 14:6 이나 마태복음 28:19-20을 창안해서 성경을 기록했다는 것은 논리적으로도 설득력이 없다.

　물론 여기서 우리는복음서 기자들은 얼마나 예수님의 말씀을 정확하게 그대로 옮기고 있는가하는 문제를 제기할 수 있다. 공관복음서 문제를 다룰 때 이 문제는 쉽지 않은 문제이다. 복음서간에 존재하는 상이점들을 어떻게 다룰 것인가 하는 문제는 오랜 숙제로 남아 있다. 복음서 기자들이 같은 사건이나 말씀을 조금씩 다르게 기록했다는 것은 우리가 발견할 수 있다. 그러나 저들이 없는 말을 지어냈다거나 조작했다는 것은 사실이 아니다. 기자들이 예수님의 말씀을 그들의 상황과 처지에 따라 조금씩 다르게 기록한 것은 가능한 일이다. 그렇다고 해서 복음서 자체가 신뢰성이 없는 책이라는 것은 옳지 않다.

마지막으로 지적하고 싶은 것은 이들의 주장이 이들의 신앙(?)을 드러내고 있다는 것이다. 다시 말하면 다원주의사상이 그 밑바닥에 깔려 있다. 이들의 기독관은 구자유주의의 윤리적 예수상을 결코 벗어나지 못하고 있다. 철저하게 인간적인 휴매니스트로서의 예수상을 주장한다. 여기서 벗어나는 것은 교회의 창작이라고 주장한다. 즉 자신의 잘못된 전제에서 벗어나지 못하고 있는 것이다. 자신의 잘못된 굴레에 얽매어 있다. 더욱이 신학자요 목사라는 자들이 공중 TV에 버젓이 나와서 성경이 오류투성이라고 주장하는 것은 참으로 어처구니없는 행동이다. 이것은 결국 교회를 무너뜨리는 것이요 성도들의 신앙의 기본을 뒤흔드는 일이다. 서구교회를 누가 무너뜨렸는가? 성경의 권위를 무너뜨린 신학자들이다. 성경의 영감과 권위를 무너뜨리면 결국 교회는 무너지게 되어있다. 자기들이 무슨 일을 하는지 모르는 자들이다. 더욱이 아무런 비판적 사고없이 서구의 잘못된 신학을 한국교회에 소개하는 것은 너무나 무책임하고 바람직한 태도가 아니다.

4. "너희는 나를 누구라 하느냐?" – 하나님의 아들이신 예수 그리스도

김병훈 / 조직신학

SBS 방송이 지난 6월 29일부터 4회에 걸쳐서 방영하였던 〈2008 SBS 대기획 '신의 길 인간의 길'〉 4부작은 예수님과 관련한 기독교 신앙의 근본을 부정하는 내용을 전개하고 있다. 각각 다른 주제를 다루고 있지만 그 주제들은 1부작의 주제 "예수는 과연 실존 인물이었을까?"와 실제적으로 연결이 되어 있다. SBS는 이 프로그램을 기획하여 제작한 의도가 유대교, 기독교, 이슬람교의 세 종교의 기원을 찾아서 서로 대립각을 세우며 서로를 이해하지 못하는 이 세 종교들이 '유일신 사상'이라는 같은 뿌리를 가진 종교라는 점에 주목을 하도록 하여 얽히고 얽힌 오해의 실마리를 풀어보기 위하는 데에 있다고 말한다.

그런데 SBS가 이 원대한 작업을 위하여 선택한 방식은 1부작에서 드러나고 있듯이 기독교가 하나님의 아들, 곧 하나님으로 믿고 있는 예수님이 사실은 하나님이 아니라는 것을 학문적으로 밝혀 이것을 기독교인들로 하여금 깨닫도록 하자는 것이었다. 틀림없이 SBS는 세 종교들 간의 갈등이 예수님을 하나님으로 믿는 기독교 신앙에서 비롯된다고 판단을 한 것이다. 유대교나 이슬람교는 예수님이 하나님이심을 믿지 않는 만큼, 기독교만 예수님이 하나님이시라는 신앙을 포기한다면 세 종교들 사이에 어떠한 형식이든지 SBS가 기대하는 종교 간의 화해 – 그것이 어떤 것인지 불명확하지만 –가 이루어질 가능성이 있다고 판단한 듯 하다.

그러나 그러한 접근 방식은 매우 유감스럽게도 세 종교들 간의 화해를 도모하겠다는 의도가 과연 진실된 것인지를 매우 의심케 한다. 왜냐하면 그것은 화해의 대상으로 지목한 세 종교들 가운데 기독교를 사실상 해체하는 것이기 때문이다. 기독교는 예수 그리스도가 하나님의 아들, 곧 하나님이시며, 그가 대리 속죄의 은총을 베풀기 위하여 사람이 되어 십자가에서 죽으셨고 또한 부활하셨음을 믿는 신앙 위에 서 있기 때문에, 예수님이 하나님이시라는 사실을 부정하거나, 그가 십자가에서 죽으신 것과 부활하신 것을 부정하면 곧 기독교를 부정하는 것이 된다.

SBS는 어떤 근거로 예수님이 하나님이시라는 기독교 신앙을 감히 부정하는 것일까? SBS가 예수님의 신성을 부정하기 위하여 거의 전적으로 의지한 자료는 티모시 프리크와 피터 캔디가 공저한 〈예수는 신화다〉라는 책이었다. 이 책의 가치는 어떠한가? 불행하게도 이 책은 자료의 제시와 분석, 그리고 전반적인 논지의 구성에 있어서 학문적 가치가 없어 학계에서 허구적인 소설과 같은 부류로 취급받는다. 예를 들어, 이 책은 마치 초대 기독교가 다신론적 신화의 이야기를 표절하여 예수 그리스도의 신성과 십자가, 부활 등 이야기들을 꾸며 냈다고 주장을 한다. 이를 테면 이집트의 오시리스 신화가 예수 그리스도의 부활 이야기의 바탕이 되고 있다는 주장을 한다. 하지만 이 둘 사이에 형식이나 내용과 관련하여 어떤 유사성도 존재하지 않는다는 것은 약간의 상식이 있는 자라면 쉽게 분별이 가는 것이다. 더욱이 이러한 주장은 초대 기독교 교부들의 문헌을 조금이라도 살펴보면 전혀 사실이 아님이 드러난다. 초대 교부들은 로마제국 당시에 유행하던 다신론적 세계관과 신화를 거부하고, 오직 유일하신 하나님을 믿으며, 예수 그리스도의 신성과 대속의 은혜를 증거하였기 때문이다.

SBS는 2부작에서 2000년전의 예수님이 역사적 실존인물인가에 대해서는 부정적 답변을 주면서도, 이슬람교의 창시자 무함마드가 실제로 역사에 존재하였다는 것은 확정된 사실로 간주한다. 그리고 예수님과 무함마드의 결정적인 차이점을 제시한다. SBS는 기독교가 하나님의 아들로 믿는 그런 예수님은 역사적으로 실존하지 않았다고 주장하는 반면에, 무함마드는 자신이 결코 하나님이라고 한 적이 없다는 사실을 힘써 강조를 한다. 그것은 사실 정확한 지적이다. 세상의 어떤 보편 종교의 창시자도 예수님을 제외하고는 자신을 일컬어 신이라고 주장하지 않았다. 오직 예수님만이 자신을 하나님이라 주장을 하였으며, 또한 제자들에게서 하나님으로서의 경배를 받기에 마다하지 않으셨다. 그러한 까닭에 유대 종교 지도자들과 충돌이 있었던 것이며, 결국 신성모독의 죄로 로마의 법정 권력을 이용하여 십자가에서 죽은 것이다. 예수님이 신의 아들이라는 표현은 단지 그가 특별한 사람이었다는 비유적 표현에 불과하며, 신의 아들로 자처했던 로마 황제에 대한 숭배 사상에 어긋나므로 죽게 된 것이라는 게자 버미즈의 주장은 전혀 타당성을 갖지 못하는 잘못된 주장이다.

결국 기독교가 믿는 바가 진실된 것인가의 문제는 스스로를 하나님으로 자처한 예수님을 어떻게 판단할 것인가의 문제로 직접 연결이 된다. SBS에 대해서 기독교가 이의를 제기하는 것은 이 문제를 다룬다는 사실에 있는 것이 아니다. SBS의 잘못은 이 문제를 정직하고도 공평하게 다루지 않은 채, 허접스러운 자료 몇 가지들을 토대로 예수님이 하나님이 아니라는 주장을 합리화하며 마치 엄밀한 학문적 성과인 것처럼 내세우고 있다는 데 있다.

기독교가 예수님을 하나님의 아들, 곧 하나님으로 믿는 까닭은 성경에서 증거를 받고 있는 신앙 상의 예수님이 곧 역사적으로 실존하였던 예수님이라고 믿기 때문이다. 그런데 SBS는 예수님은 '만들어진 하나님'이며, 성경은 하나의 꾸며진 신화에 불과하다고 주장을 비평과 반론이 없이 학문적 진실인 듯이 전달을 한다.

누가 옳은가? 성경이 신화나 전설이라고 주장하는 이들의 근거는 초자연적 기적의 기록 때문이다. 하지만 이것은 타당성이 없다. 왜냐하면 그러한 의문은 초자연적 기적은 역사 상에서 나타날 수 없다는 형이상학적인 믿음의 전제에서 나오는 것이기 때문이다. 기적을 경험하고 목격한 자들의 증언의 진실성이 확실하다면 그 기적이 실제로 있었다고 믿을 수 있다는 전제가 배제되어야 할 이유는 없는 것이다. 따라서 성경이 증거하는 예수님의 기적들을 전설로 치부하는 것은 옳지 않다. SBS는 예수님의 초자연적 이적들에 대한 성경의 기록이 얼마나 신뢰할 만한 것인지에 대해서 적극적이며 긍정적인 검토를 처음부터 고려하고 있지 않다.

그렇다면 기적의 이야기를 담고 있는 숱한 전설들도 다 실제로 있었던 것으로 보아야 하는가? 그렇지는 않다. 모든 전설들은 오랜 시간이 지난 뒤에 만들어진 반면에, 예수님에 관한 성경의 기록들은 어떤 전설과도 달리 예수님과 한 세대의 간격 안에서 대부분이 기록되었다. 예수님에 대한 성경의 기록은 당대의 사람들에 의해서 검증이 되고, 또한 사 복음서들은 바울에 의해서 성경 내적으로 교차적으로 확인이 되며, 또 요세푸스와 같은 성경 외적 역사기록들에 의해서도 어느 정도 검증이 된다. 어떤 전설도 이러한 검증을 통과하지 못한다.

반면에 성경은 예수님을 기록하며 당대의 역사적 상황과 사람들을 구체적으로 필요한 경우 조목조목 기록하여 역사성을 확증한다.

예수님이 하나님이시라는 성경의 기록을 믿는 기독교 신앙은 견고한 역사적 증거와 탄탄한 문헌적 증거 위에 서 있다. 어떤 고대 문헌도 성경의 사본만큼 많지 않다. 메츠거에 따를 때, 신약성경은 고대의 어떤 책과도 비교될 수 없을 정도로 원본을 거의 순전한 형태로, 대략 99.5%의 순전한 형태로 보존되었다. 그리고 그 성경은 예수님이 하나님의 아들이심을 증거하고 있다.

만일 예수님이 스스로 주장한 바처럼 하나님이 아니라면, 그는 새빨간 거짓말쟁이이든지 아니면 미치광이이든지 둘 중의 하나이어야 한다. 예수님의 교훈이 주는 윤리적 고상함과 지혜의 감동은 실제로는 하나님이 아니면서 자신을 하나님이라고 주장하는 사기꾼과 같은 사람에게서는 결코 기대할 수 없는 그런 것이다. 만일 예수님의 교훈은 단지 후대의 제자들이 예수님의 입에 넣어준 것이라고 말한다면, 그것 또한 같은 논리로 성립되지를 못한다. 예수님이 하나님이 아닌 줄을 알면서도 제자들이 그러한 고상한 교훈을 생각해 내어 예수님의 입에 넣었다면, 그러한 제자들도 또한 새빨간 거짓을 꾸미는 자들이므로 복음의 교훈과 같은 고결하며 아름다운 교훈을 꾸며낼 수가 없기 때문이다. 어느 누구가 자신이 꾸며낸 거짓된 신을 위하여 순교적 죽음으로 신앙을 지킨단 말인가?

그러면 예수님은 미치광이인가? 실제로 성경에 보면 예수님을 가리켜 귀신들렸다고 말하는 유대인들의 반응이 나온다.(요 10:20) 이 반응은 예수님께서 실제로 미쳤기 때문이 아니라 유대인들이 이해할 수 없는 영적 진리를 말씀하였기 때문이다. 어떤 이들이 말한 바와 같이 유대인들 스스로도 예수님의 말은 귀신들린 자의 말일 수 없다는 판단을 보이고 있기도 하다.(요 10:21) 어느 미치광이가 기독교 역사에서 보듯이 그러한 고상한 교훈을 보이며 선한 영향력을 미칠 수가 있단 말인가? 어느 누구가 미치광이를 하나님으로 꾸며대며 순교의 죽음으로 그 교훈을 지킨단 말인가?

SBS는 기독교가 성경상의 예수님이 곧 역사상 실존하였던 바로 그 예수님임을 믿는 이러한 증거들에 대해서 정직하게 다루고 있지를 않다. 도대체 그 까닭이 무엇일까? 다 짐작할 수는 없지만, 한국 기독교를 향한 유감, 실망, 반감, 분노가 어느 정도 이유가 된 듯싶다. 개신교 한 교회의 기도 집회와 관련하여 기복적 비판을 배경에 깔고 있는 것은 그것을 말해 준다. SBS의 프로그램은 한국 기독교가 한국 사회를 윤리적으로 지도해가는 종교성을 잃어버린 채, 기복적이며 자기중심적인 이익을 추구하는 부패한 사회집단으로 전락이 되었다는 강한 비판을 암시하고 있다.

그와 동시에 더 깊은 내면에는 기독교의 진리를 거부하며 이슬람교에 친화적인 영적 저항이 뚜렷이 자리하고 있다. 요컨대 SBS 4부작은 종교다원사회적 가치를 절대적 표준으로 압박해 오는 한국 사회 안에서 기회를 틈타고, 기독교의 절대적 진리인 예수님의 신성에 대한 고백을 흔들기 위하여 침투해 온 이슬람 친화적 기획물이외에 다른 것이 아니다.

한국 교회는 하나님 앞에서 부끄러운 모습을 진실히 회개를 하는 한편, 또한 복음의 진리를 견고히 지키기 위한 영적 경계를 늦추지 말아야 할 것이다.

5. 사해사본과 구약성경

성주진 / 구약학

최근까지 열렸던 '사해사본과 기독교의 기원' 전시회를 계기로 1947년 이래로 발견된 사해사본 혹은 쿰란(Qumran)사본에 대한 관심이 고조되고 있다. 성경을 하나님의 말씀으로 믿는 성도들에게는 특히 구약성경의 사본이 비상한 관심거리이다. 그 중 압권은 7m가 넘는 이사야서 두루마리(1QIs)로, 전혀 손상이 없는 상태로 발견되어 현재 예루살렘의 '책의 전당'에 전시되어 있다. 물론, 쿰란 동굴들에서 발견된 구약성경 사본은 이것만이 아니다.

쿰란동굴 11개 중 9개에서 구약 성경 사본이 총 202(혹은 204)개 발견되었다. 그 중 2/3에 해당하는 139개가 제4동굴에서 발굴된 것이다. 양호한 상태로 보존된 것도 있으나, 다대수는 단편이고 심지어 1-2절만 남은 것도 있다. 발견된 사본의 수효는 다음과 같다. 창세기(15); 출애굽기(17); 레위기(13); 민수기(8); 신명기(29); 여호수아(2); 사사기(3); 사무엘 상하(4); 열왕기 상하(3); 이사야(21); 예레미야(5); 에스겔(6); 12소선지(8); 시편(36); 잠언(2); 욥기(4); 아가(4); 룻기(4); 예레미야애가(4); 전도서(3); 다니엘(8); 에스라(1); 역대기 상하(1). 물론 거의 히브리어로 기록되어 있다. 에스더서를 제외한 모든 구약 성경이 발견된 것은 놀라운 일이다. 느헤미야서는 에스라서와 한 책이었으므로 발견된 것으로 본다.

쿰란의 구약성경은 히브리어 연구, 구약본문역사, 그리고 탈굼(Targum) 연구 등에 심대한 중요성을 가진다. 50-60년전까지도 마소라 사본(MT), 사마리아오경(SP), 칠십인경(LXX)만이 본문역사의 연구 자료였다. 그러나 사해사본의 발견을 통하여 보다 선명한 그림을 그릴 수 있게 되었다. 사해사본 구약성경의 중요한 함의를 요약해 본다.

1) 고대성(古代性). 쿰란 사본의 연대는 가장 이른 것이 BC 250년, 가장 늦은 것이 AD 68년이다. 연대를 평균 기원전 1세기로 잡을 때 사해사본 구약성경은 이전 최고사본인 MT보다 무려, 1,000년이 앞선다. 이는 MT에 기초한 히브리어 성경의 신뢰성을 입증해 준다.

2) 본문의 안정성. 쿰란 구약성경과 MT의 본문상 차이는 미미하다. 이사야의 경우는 1000년 차이의 두 두 사본이 압도적으로 일치한다. 이는 필사의 세심함 및 정확성, 그리고 MT의 놀라운 신임성을 보여 준다. 이는 사본적인 증거도 없이 MT의 본문을 수정함으로 '해석의 사상누각'을 짓는 우를 범하지 못하도록 경종을 울린다.

3) 정경형성과정. 예를 들어, 4동굴에서는 시편 6-69편 모두가 포함된 한 두루마리가 발견되었다. 정경적 순서도 시편 1-2권과 대체로 일치한다. 이는 시편 1-2권의 순서가 최소한 마카비 시대에는 이미 고정되었음을 보여준다(F. M. Cross).

4) 본문의 차이. LXX(BC 3세기) 본문과 MT(950 AD) 본문이 차이가 나는 경우에 사해사본 발견 이전에는 주로 번역자 탓으로 돌렸다. 그러나 사해사본 구약성경이 MT보다 LXX과 동일한 경우가 발견된다.

MT가 LXX보다 1/7이나 긴 예레미야서의 경우, 제4동굴에서 발견된 3개의 사본 중 둘은 MT와 아주 유사하나, 나머지 하나는 LXX와 비슷하다. 이러한 현상은 MT와 LXX의 대본(Vorlage) 사이의 관계 논의에 필수적인 정보를 제공한다.

5) 대표적인 세 책. 쿰란 동굴에서 가장 많이 발견된 구약성경 사본은 시편(39), 신명기(32), 이사야서(22)이다. 이것은 쿰란 공동체가 세 권의 성경책을 매우 중시한 것을 보여준다. 이 세 책은 신약에서 가장 자주 인용되는 구약성경이기도 하다.

6) 본문확정과 번역. 영어성경 가운데 NRSV(1989)은 쿰란 사본에 근거하여, 사무엘상 10장과 11장 사이에 짧지 않은 단락을 삽입하고, 2,000년 동안 잃어버린 구절을 포함한 최초의 성경임을 표방한다. 그러나 이는 2,000년 동안 어떤 성경에도 없었던 단락을 '개선된 독법'을 내세워 성급하게 채택한 경우에 속한다.

6. 쿰란 공동체와 기독교의 기원

조병수 / 신약학

기독교 태동의 자리는 매우 복잡했다. 기독교는 헬레니즘이 만연한 문화 속에서 시작되었다. 헬레니즘은 알렉산더의 영토 확장정책에 힘입어 팔레스타인에도 깊이 파고들었다. 정치적으로 볼 때 유대는 로마제국의 식민지배 하에 있었고, 로마 황제의 후광으로 흥기한 이방인 출신 헤롯 가문에 의하여 통치를 받는 비극을 맞이하였다. 당시의 유대교는 로마에 대하여 계파 간에 상당한 견해차를 보여주었다. 제사장 가문으로 이루어진 사두개파는 로마제국에 밀착된 모습을 나타냈고, 구성원이 주로 평민 출신인 바리새파는 로마와 적절한 거리를 유지했으며, 젤롯당(열심당)은 로마의 통치에 격렬하게 저항하는 일종의 지하운동이었다.

유대교의 이런 다양한 측면 가운데 또 다른 하나가 엣세네인이다. 엣세네파는 사해 근처에 존재했던 쿰란 공동체와 동일한 것으로 여겨진다. 쿰란 공동체는 예루살렘 제사장들의 극심한 타락상을 혐오하여 사해에 인접한 유대 광야로 도피해 동굴을 근거지로 삼는 엄격한 공동체 생활을 시작했다. 엣세네파는 기독교의 기원과 긴밀한 (심지어 필연적인) 관계가 있는 것처럼 보이는 오해를 불러일으킨다. 물론 쿰란 공동체와 기독교 사이에는 최소한 두 가지 유사성이 있는 것은 사실이다.

우선 쿰란과 기독교는 대체적으로 시공간을 공유한다. 쿰란이 조금 더 오래되기는 하지만 그 전성기는 기독교의 출발시점과 정확하게 일치한다. 또한 예수 그리스도께서 활동하기 직전 광야에 체류했다는 것은 쿰란 공동체와의 어떤 연관성을 추정하게 만든다. 게다가 그의 선구적 준비자라고 할 수 있는 세례자 요한이 광야를 무대로 삼았다는 사실로부터 이런 연관성은 더욱 가능성이 높은 것으로 이해된다.

그런데 이런 단순한 시공간적 관계보다도 훨씬 농도가 짙은 것은 사상의 유사성이다. 당시의 유대교에 신랄한 비판을 가했던 쿰란과 기독교는 다 같이 정당성의 근거를 구약성경에 둔다. 쿰란 공동체는 도서관을 이룰 정도로 수많은 문서를 만들어냈는데, 그 가운데 대표적으로 전승의 완벽함을 입증하는 이사야 두루마리(1QIsaa)는 너무나도 유명하다. 기독교도 수없이 구약성경을 인용했고 그 중에 특히 이사야서를 애용했다. 두 공동체는 모두 이사야서로부터 광야에서 외치는 자에 관한 구절을 인용한다. 이것은 기독교와 마찬가지로 쿰란 공동체도 근본적으로 메시아 운동이었음을 알려준다. 실제로 쿰란 공동체에서는 의의 교사(모레 하 자디크)가 메시아로 추앙되었고, 기독교는 선생인 예수 그리스도(랍비 또는 디다스칼로스)를 메시아로 신앙하였다.

하지만 쿰란 공동체와 기독교 사이에 나타나는 이런 유사성들을 지나치게 (기독교의 기원이 쿰란 공동체와 필연적인 연관성을 가진다고) 강조하는 것은 역사적 사실을 크게 곡해하는 오류를 저지르는 것이다. 왜냐하면 두 공동체 사이에는 절대로 양립할 수 없는 엄청난 차이점들이 존재하기 때문이다. 쿰란과 기독교의 차이점들 가운데 결정적으로 중요한 사항이 두 가지 있다.

첫째로 신학의 상이성이다. 쿰란과 기독교가 둘 다 메시아 운동이었던 것은 맞지만 자세히 살펴보면 원론적으로 다른 점이 있다는 것을 발견하게 된다. 쿰란 공동체는 역사적으로는 의의 교사를 메시아로 간주하면서도 결국은 종말론적으로 다수 메시아가 올 것을 기대하였다(학계에서는 이것을 가리켜 소위 "두 메시야 사상"이라고 부른다). 반면에 기독교는 오직 예수 그리스도만을 메시아로 믿었다.

두 공동체는 성경관에서도 메울 수 없는 깊은 간격을 나타낸다. 쿰란은 구약성경 외에도 다양한 외경에 무척 호의적인 태도를 보여주었다. 이 때문에 사해에서 나온 사본들 가운데는 외경들이 적지 않게 포함되어 있다. 하지만 기독교는 거의 전적으로 구약성경에 충실한 모습을 띄고 있다.

신학적인 차이와 관련하여 한 가지 꼭 더 언급해야 할 것은 세계관이다. 쿰란 공동체는 대립적 이원론에 기초해서 세상에 대하여 비관적인 입장을 고수한다. 세상은 어둠의 아들들에 의하여 지배되고 있기 때문에 빛의 아들들이 철저하게 파괴해야 할 대상이라는 것이다. 그러나 기독교는 이와 다른 세계관을 지니고 있다. 물론 기독교도 세상을 타락한 실체로 여기는 비관적 태도를 가지고 있다. 하지만 기독교는 타락한 세상을 분쇄하기보다는 구원해야 할 대상으로 생각한다. 세상은 하나님의 사랑과 은혜를 받아야 할 대상이다. 그러므로 기독교는 종속적 이원론을 가르친다.

쿰란과 기독교의 차이점 가운데 또 하나는 공동체의 체계와 관련이 있다. 쿰란은 대립적 이원론 때문에 광야로 물러나 기존 유대교와 격리된 공동체를 설립했다. 그것은 동굴을 근거지로 삼는 정착 공동체였다. 따라서 쿰란은 분리주의적인 성격을 강하게 뿜어낸다. 그러다 보니 그것은 철두철미한 새로운 시온주의를 형성하여 이방인에게 추호의 선심이라도 베풀 용의가 없었다. 쿰란은 타락을 방지하기 위해서 회원들에게 수도원에서처럼 엄격한 금욕생활을 요구하는 규율을 만들어냈으며 상하의 위계질서를 엄중하게 준수하도록 강요했다.

그러나 예수 그리스도의 공동체에서는 이런 폐쇄적인 집단체제가 잘 발견되지 않는다. 종속적 이원론을 가지고 있었던 기독교는 기존하는 유대사회에 그대로 머물렀다. 예수 그리스도는 도시의 사람이었다. 그는 제자들에게 땅을 포기하지 않는 소금과 세상을 대상으로 삼는 빛이 되라고 가르쳤다. 교훈의 요점은 참여주의였다. 그렇다고 해서 예수께서 한 도시에 정착된 공동체를 세운 것은 아니다. 그의 제자 공동체는 방랑 공동체였다. 예수로부터 시작된 기독교는 수도원적인 금욕주의를 맹신하지 않았다. 욕심에 대하여 강력하게 경고하는 것은 사실이지만, 개인, 가정, 사회를 하나님이 주신 은혜의 선물로 긍정한다. 그래서 주님 자신이 병자, 죄인, 세리에게 다가가는 친구가 되어주셨고 제자들에게는 이방인에게도 하나님 나라를 전파할 것을 명령했다. 예수의 제자들 사이에는 어떤 상하구조도 허락되지 않았으며 그런 구조를 탐내는 제자들은 주님으로부터 여지없이 매서운 꾸지람을 들어야 했다.

공동체의 체계와 관련하여 구태여 한 가지를 더 말하자면 물의 사용이다. 광야에 정착한 공동체였던 쿰란은 하루에 두 번 결례를 하기 위해서 저수지(미크베)에 받아놓은 (빗)물로 목욕을 했다. 이것은 손과 발을 씻었던 바리새인들의 결례와는 사뭇 다른 것이다. 언뜻 보면 몸을 물에 담는 쿰란의 결례는 세례자 요한의 예식과 비슷한 것처럼 보인다. 그러나 이 둘 사이에는 결정적인 차이점이 있다. 쿰란은 고인물을 사용했지만, 요한은 흐르는 물(요단강)을 사용했다는 것이다. 기독교도 물을 사용했다. 하지만 기독교가 물을 사용한 방법은 쿰란과 완전히 다르다. 무엇보다도 기독교는 방랑 공동체였기 때문에 오직 한 곳에 정착하여 (빗)물을 사용하는 쿰란의 물 사용방식과 같을 수가 없었다. 다시 말하자면 기독교는 쿰란처럼 꼭 저수지(미크베)만을 고집하지 않았고, 또한 모든 지역의 이방인들에게 복음을 전하면서 충분한 물이 없는 경우에도 예식을 베풀어야 하기 때문에 꼭 몸을 담그는 방식만을 고수하지도 않았다.

쿰란 공동체와 기독교를 비교할 때 가장 희한한 일은 서로 간에 직접적인 언급이 발견되지 않는다는 것이다. 쿰란은 예수 그리스도를 직접적으로 언급하지 않는다. 아마도 쿰란은 정착성도 없고 조직도 없고 사상이 다른 예수 그리스도를 아예 언급할 가치가 없는 이단자로 생각했는지 모른다. 예수 그리스도와 복음서 기자들도 쿰란 공동체의 엣세네인을 직접적으로 언급하지 않는다(물론 학계에서는 지금까지도 쿰란과 신약성경 사이에 문헌적, 사상적 연관성을 밝히기 위해서 많은 노력을 하고 있다). 그 까닭은 예수 그리스도의 눈에 쿰란이 무엇보다도 외경에 신학적인 근거를 두는 것과 같은 심각한 이탈성이 발견되면서 더 이상 고려할 가치가 없다고 판단되었기 때문일 것이다. 이와 같은 상호배타성을 볼 때 쿰란과 기독교 사이에 어느 정도 유사성이 있다는 것을 인정한다 할지라도 필연적인 관계를 선언하기는 힘들다. 이것은 기독교가 그 기원에 있어서 쿰란 공동체와 별로 상관이 없다는 것을 의미한다.

7. Q문서 평가

조병수 / 신약학

최근에 소위 Q문서를 기초로 하여 기독교를 다시 정의하자는 이상한 움직임이 있다. 이때 Q문서의 허와 실을 알아보는 것이 좋겠다. Q란 무엇인가? Q는 근원이라는 뜻을 가진 독일어 (Quelle)의 약자이다. Q의 내용은 마태복음과 누가복음에는 공통적으로 나오지만 마가복음에는 들어있지 않는 본문들이다. 예를 들면, 겨자씨 같은 믿음에 관한 말씀이다(마 17:20/눅 17:5f.).[1] 이것은 주로 예수 그리스도의 말씀들로 이루어진 어록 수집이라고 한다. Q란 표현은 지난 19세기에 공관복음서 연구에서 두 자료 설이 주장되면서 사용되기 시작했다.[2]

두 자료 설은 마태복음과 누가복음이 마가복음과 또 어떤 자료(소위 Q)를 사용해서 기록했다고 추정하는 이론이다. 다시 말하자면 마태복음과 누가복음에는 각각 마가복음과 어떤 자료가 공통적으로 들어있다는 것이다.[3] 따라서 두 자료 설은 필연적으로 한편으로는 마태복음과 누가복음보다 마가복음이 먼저 기록되었다는 마가복음 우선설에 근거하며, 다른 한편으로는 마태복음과 누가복음이 의존한 것으로 간주되는 어떤 자료(소위 Q)를 가정하는 Q자료 설에 근거한다.

Q자료 설은 20세기 초엽부터 양식사라고 불리는 성경연구방식이 활개를 치면서 공관복음서연구 분야를 삽시간에 장악했다. 물론 이에 대하여 거센 비판이 없었던 것은 아니지만 오늘날에는 많은 신약학자들이 Q의 존재를 확신하고 있다. 그래서 처음에는 Q자료라고 부르던

---

1) 복음서들을 언급할 때 사선 / 또는 이중사선 //은 병행이라는 의미이다.

2) 공관복음서란 마태복음, 마가복음, 누가복음을 종합적으로 가리키는 것으로서 같은 조망을 가지고 기록된 복음서들을 총칭하는 표현이다.

3) 물론 이 외에도 마태복음과 누가복음에는 각자에게만 독특한 내용들이 있다.

것이 Q전승 또는 Q문서라는 표현으로 바뀌더니 이제는 아예 Q복음이라는 표현을 공공연히 사용하는 시대가 되었고, Q공동체라든가 Q신학이라는 용어들도 거리낌 없이 사용되고 있다. 지금은 국제적인 Q프로젝트 위원회가 구성되어 Q문서 연구에 더욱 박차를 가하고 있다.

이렇게 역사가 흐르면서 소위 Q문서와 관련하여 가설이 정설로 변했다. 우스운 말이지만 가설도 자꾸 연구하다보면 정설이 되는 것 같다. 어쩌면 바로 이것이 학문의 오류일 수도 있다.

그러면 Q문서 이론에는 어떤 문제점들이 있을까? 놀랍게도 Q문서를 주제로 삼아 연구하는 학자들은 대부분 이에 대한 문제점을 거의 언급하지 않는다. 하지만 문제를 감춘다고 해서 없어지는 것은 아닐 성 싶다. 학자들이 구태여 숨겨두고 싶어 하는 몇 가지 중요한 문제점을 들추어보자면 다음과 같다.

첫째로 Q문서와 관련된 역사적인 문제점이다. 한 마디로 말해서 역사상에 Q문서는 없었다는 것이다. 만일에 Q문서가 존재했다면 두 가지 현상이 발견되어야 할 것이다. 그 가운데 하나는 마태복음이나 마가복음과 마찬가지로 이런 어록 수집을 전승하는 사본들이 있어야 한다. 하지만 그런 사본은 찾아보기 힘들다. 다른 하나는 초대교회의 교부들이 다른 복음서들을 언급하는 것처럼 이런 어록 수집을 언급했어야 한다. 그러나 이런 언급 역시 전무하다. 사본의 부재와 교부들의 침묵은 Q문서란 것이 결코 존재하지 않았다는 강력한 증거가 된다. Q자료 설을 지지하는 어떤 학자의 솔직한 고백을 따르자면, Q란 단지 학자들의 합의(a scholarly convention)에 지나지 않는다.

둘째로 Q문서와 관련된 내용적인 문제점이다. 앞에서 말한 것처럼 이것은 단지 예수 그리스도의 말씀을 담고 있는 어록집이다.[4] 따라서 Q문서에는 치병이나 이적과 같은 예수 그리스도의 활동이 언급되지 않는다. 학자들은 이런 현상을 설명하기 위해서 어록만을 담고 있는 도마복음을 중요한 예로 제시한다. Q문서는 도마복음을 닮았다는 것이다. 하지만 이런 시도는 간단히 말해서 시대착오적이며 탈선적이다. 왜냐하면 도마복음은 후기문서인데다가 초대교회에 의하여 이단시된 문서이기 때문이다. 초대교회는 예수 그리스도의 활동을 빼먹은 채 어록만으로 복음서를 작성하는 것을 허용하지 않았다. 그것은 후에 이단들이나 하는 행위였다.

게다가 Q문서의 내용적인 문제점에서 결정적인 것은 예수 그리스도의 수난에 관한 언급이 전혀 없다는 것이다. 수난의 사건에 대한 기록이 빠진 것은 물론이고 수난을 예고하는 말씀도 없다. 최근에 이런 점에 착상하여 기독교를 수난 없는 기독교로 다시 정의하겠다는 움직임이 일어나고 있는 것이다. 하지만 예수 그리스도의 수난을 말하지 않는 것은 복음이 될 수 없다. 이 때문에 초대교회의 복음규칙에는 언제나 예수 그리스도의 수난이 결정적인 위치를 차지했던 것이다. 따라서 예수 그리스도의 수난을 말하지 않는 Q문서는 존재했다고 볼 수 없고, 이에 근거하여 수난 없는 기독교를 제시하겠다는 시도는 역사상의 어떤 이단보다도 못한 시도이다. 심지어 아주 치명적인 이단들 가운데 수난을 재해석하는 경우는 있었지만 수난을 생략하는 경우가 없었다는 사실을 잊으면 안 된다.

Q문서의 내용적인 문제점과 관련하여 한 가지를 더 말하자면, 학

---

4) 사실상 학자들은 Q문서에 세례자 요한의 말도 일부 들어있다고 생각한다(마 3:7–12/눅 3:7–9,16–17).

자들이 정리해놓은 Q문서의 구절목록이 그 존재에 의심을 품게 만든다는 것이다. 학자들에 의하면 Q문서에는 묶음으로 나타나는 구절들도 있지만, 한 두 절로 이루어진 아주 짧은 구절도 있다. 예를 들면 마 15:14/눅 6:39, 마 13:16f./눅 10:23f., 마 17:20/눅 17:5f., 마 19:28/눅 22:28-30 같은 구절들이다. 이 구절들을 살펴보면 속담이나 격언처럼 너무나 유명한 단문들이기 때문에 이런 정도는 마음먹기에 따라서 얼마든지 암송하는 것이 가능하다는 것을 얼른 알아챌 수 있다. 따라서 이런 구절들은 예수 그리스도께서 입을 열어 말씀하신 순간부터 사람들이 바로 암송하여 구전으로 널리 회자할 수 있는 것들이었다. 이렇게 볼 때 이 구절들이 반드시 Q문서와 같은 어떤 문서 자료에 근거를 두고 있다고 말하는 것은 큰 설득력이 없어 보인다. 다시 말해서 이렇게 유명한 짧은 구절에 기초가 되는 Q문서가 있었다고 말할 필요조차 없는 것이다.

이와 더불어 Q문서의 문제점에 부수적인 것을 한 가지 첨가하는 것으로 이야기를 마치고자 한다. 마태복음과 누가복음에서 소위 Q문서를 재구성하려고 할 때 필연적으로 발생하는 어려움은 두 복음서에 공통적인 것으로 보이는 내용들이 생각처럼 자구마다 동일하지 않다는 것이다. 그러므로 학자들은 Q문서를 사용하는 마태복음과 누가복음에 왜 차이가 생겼는지 설명하기 위해서 무진 애를 쓴다. Q문서에 근거한 것이 아니라고 생각하면 간단히 해결될 것을.

정말 마지막으로 한 가지만 더 말하자면 학자들이 재구성한 Q문서는 예수 그리스도의 말씀을 연속적인 흐름(a continuous narrative)으로 담고 있지 않다. 이 현상을 바꾸어 말하자면 Q문서의 기록자는 아무런 논리도 가지고 있지 않았다는 말이 된다. 그는 그냥 생각나는 대로 예수 그리스도의 말씀을 수집해놓은 것이다. 그렇다면 우리가 묻고 싶은 질문은 과연 초대교회에 그런 일이 가능했을까, 누가 감히 그런 일을 시도했을까, 그런 시도가 초대교회에서 용인되었을까, 그런 시도에서 나온 문서를 과연 마태복음이나 누가복음이 기꺼이 사용했을까 하는 것이다. 이런 허망한 질문에 확실한 대답을 줄 사람이 있을 것 같지 않다.

8. SBS 〈신의 길 인간의 길〉에 대한 선교변증론

안점식 / 선교학

SBS에서 방영한 4부작 기획물인 〈신의 길, 인간의 길〉은 선교학적 견지에서 두 가지 면을 생각해보는 계기를 마련해주었다. 하나는 선교 변증론이고 다른 하나는 종교신학적 차원에서의 자기성찰이다.

이 방송물은 자유주의나 종교다원주의 신학에서 오래 전부터 제기한 진부한 주장들을 담고 있다. 이러한 주장들을 한 마디로 요약하면, 기독교는 중근동의 신화와 종교적 관습을 수집하여 짜깁기해서 만들어낸 인간적 산물이며, 따라서 예수는 신이 아니라 단지 인간 혁명가라는 것이다.

필자는 이러한 주장을 일일이 반박하고 싶지 않다. 오히려 한 술 더 떠서, 그 뿐만 아니라 희생제사나 삼위일체신 사상의 흔적은 전세계적이며, 성경과 유사한 내용이 힌두교의 경전이나 불교 경전, 유교 경전에도 나온다고 말해줄 것이다. 신의 아들이라는 개념도 지구 도처에서 발견되는 종교현상이라고 말해줄 것이다. 유교에서도 황제를 천자(天子), 즉 신의 아들이라 부르지 않았던가!. 그래서 기독교는 중근동의 신화 뿐 아니라 힌두교와 불교와 유교에서도 배운 것이라고 할 수 있겠는가?

세계 종교 안에 나타나는 유사성은 창조사관에 입각한 문명이동설에 의해서 얼마든지 설명된다. 모든 인류가 노아의 후손임을 믿는다면 인간의 문화에 나타나는 구속적 유비(redemptive analogy)들은 전혀 이상할 것이 없다. 아담이 노아의 아버지인 라멕 때까지 생존했다는 것이 사실이라면 노아는 한 다리 건너서 하나님과 구원의 도리에 대한 아담의 지식을 전수받았을 것이다. 노아는 원시복음(proto-evangel)과 원시유일신(original monotheism) 사상에 대해서 전해 들었을 것이며, 어쩌면 노아 자신도 하나님으로부터 직접 영적 지식들을 들었을 수도 있다. 그러므로 노아가 방주에서 내려서 제일 먼저 한 일이 희생제사였다는 것은(창8:20) 전혀 이상한 일이 아니다.

바벨탑 이후에 전 세계로 민족들이 흩어져 나갔기 때문에 원시복음과 원시유일신 사상이 여러 가지 와전된 형태로 세계 도처에 남아있는 것은 당연한 일이다. 그러므로 '신의 아들'이나 '동정녀 탄생' 사상이 설사 다른 종교들에서 나타나는 것이 사실이라 해도 별로 충격적인 일이 되지 못한다. "여인의 후손"(창3:15) 사상은 아담 때부터 이미 널리 알려졌고 "동정녀 탄생" 사상은 또한 구약성경에서도 나타나기 때문이다 (사7:14). 서로 모방하지 않아도 세계종교에는 유사성이 나타날 수 있다. 설사 모방했다 해도 중근동 신화들이 오히려 구약을 모방했을 수도 있다. 구약의 언약을 진정으로 성취하시는 분은 오직 예수 그리스도 뿐이다.

또 한 가지 고려해야 할 사항은 하나님의 자기계시는 하나님의 선교전략과 관련되어 있다는 것이다. 하나님은 인간의 문화를 활용하시는 방식으로 하나님을 계시하신다. 하나님이 헬라 철학에서 사용된 로고스나 프뉴마 등의 개념을 신약성경에서 사용하셨다면, 예수님이 설사 그 당시에 이미 존재했던 세례의식이나 성찬의식을 활용하셨다 할지라도 전혀 문제가 되지 않는다고 생각한다. 하나님이 인간의 문화 중에서 무엇을 활용하시든 그것은 주권자 하나님의 지혜에서 나온 것이다. 그렇게 함으로써 하나님은 세계종교들이 보편적으로 갈망하는 것이 오직 예수 그리스도 안에서만 성취되어졌음을 선포하는 것이다. 세계종교들도 인간이 타락하지 않았더라면 에덴에서 누렸을 자유, 기쁨, 평안, 해방, 영생 등을 보편적으로 갈망하고 추구하지만 그 해답은 오직 예수 그리스도 안에 있다.

마지막으로 한 가지 고려할 사항은 사단의 전략이다. 세계종교들은 사단의 역사와 영향력의 결과들을 그 안에 포함하고 있다. 사단은 하나님의 모방자이다. 사단은 신이 아니면서 신성을 모방하고, 하나님의 통치를 모방하고, 하나님의 능력을 모방하고, 하나님의 계획을 모방한다. 그렇기 때문에 종교현상학적 방법으로는 기독교의 독특성이 나타나지 않을 수도 있다. 그러나 세계관 분석(worldview analysis)을 통해서 기독교의 유일성(uniqueness)과 수월성(supremacy)이 분명히 드러난다.

한편 교회의 종교신학적 견지의 자기성찰은 매우 중요하다. 한국교회는 다원주의와 세속주의라는 한국 문화의 토양을 읽어야 하며 교회가 여전히 한국 사회 안에서 외래적 종교로 인식된다는 것을 자각해야 한다. 무엇보다도 교회는 세상으로부터 구별되지 않고 분리된 것을 반성해야 하며 세상과 소통해야 한다. 소통하지 않은 결과 반기독교 정서가 이제 지식인 사회에서까지 팽배하게 되었으며 이제 아예 교회의 신학적 토대에 도전을 감행하는 것으로 나타나는 것이다. 교회는 콘스탄티누스 황제 이후에 고질화된바 힘 있는 자편에 서왔던 것을 반성하고 가난하고 억압받는 자와 함께 하신 예수 그리스도의 본래 정신으로 돌아가야 한다. 또한 내세적 기복적 신앙으로부터 사회

변혁적이고 문화변혁적인 개혁주의 신앙 정신으로 돌아가야 한다. 종교다원사회에서 신앙의 확신이나 담대한 증거를 일방주의나 무례함과 혼동하지 말아야 하며, 온유함과 존중함으로 우리 안에 있는 소망의 이유를 말할 수 있어야 한다(벧전3:15).

교회가 진리의 길을 걸으면 "신의 길 인간의 길" 과 같은 방송물은 한국 사회에서 나올 수도 없고 설사 나온다 해도 호응을 얻지 못할 것이다. 교회는 이런 방송물에 의해서 결코 쇠퇴하지 않는다. 오직 우리의 불순종과 거룩하지 못함 때문에 쇠퇴할 뿐이다.

9. 리처드 도킨스의 『만들어진 신』 (The God Delusion) 비판

정승원 교수 / 조직신학

유신론을 비판하는 일은 어제 오늘의 일이 아니다. 수 천년된 일이다. 21세기에 들어와 이런 비판의 전도자로 자처하는 리처드 도킨스(Richard Dawkins)의 『만들어진 신』은 전 세계적으로 파장을 일으키고 있다. 사실 이 책의 내용들은 객관적이지도 과학적이지도 또한 합리적이지도 않다. 오히려 다윈주의(Darwinism)를 신봉하는 도킨스 자신의 교리 설교와도 같다. 그의 교리 설교의 핵심은 다윈주의 자연선택이 인간을 포함한 온 우주를 지금처럼 만들었다는 것이다. 자신의 주장과 지식은 과학적이라고 믿고 모든 종교들의 주장과 신념은 전혀 과학적이지 않기 때문에 자신의 과학적 틀로 진위를 가려야 한다고 믿는다. 자신의 이러한 신념은 종교적이지 않고 과학적이라고 또 믿는다. 한마디로 이 책은 과학과 개인적 신념들의 교차로다.

이러한 교차로를 오가며 도킨스는 "인간의 사유와 감정은 뇌 속의 물리적 실체들 사이에 발생하는, 대단히 복잡한 상호 연결을 통해 출현한다"(27쪽)고 주장한다. 사실 이러한 주장은 전혀 과학적이지 않고 오히려 종교적이다. 뇌가 없으면 사유와 감정이 중단되겠지만 그렇다고 뇌의 물리적 실체들 사이에 발생하는 복잡한 상호 연결이 사유와 감정의 실체요 근거라고 믿는 것은 전혀 과학적이지 않다. 물리적 실체들의 작동 자체는 과학적으로 설명할 수 있지만 어떻게 그러한 작동으로부터 사유와 감정이 생기는가 하는 것은 과학적으로 설명할 수 없다. 도킨스의 뇌파는 과학적 탐구 대상이지만 자신의 뇌의 작동에 의해 신이 없다고 확신하는 것은 과학적 탐구 대상이 아니다. 그것은 종교적 확신이다.

도킨스는 현재 존재하는 우주는 자연선택의 결과라고 주장하면서 "무언가를 설계할 정도로 충분한 복잡성을 지닌 창조적 지성은 오직 확장되는 점진적 진화 과정의 최종 산물로 출현한 것이다. . . 진화된 존재인 창조적 지성은 우주에서 나중에 출현할 수밖에 없으므로, 우주를 설계하는 일을 맡을 수 없다. 이 정의에 따르면 신은 착각이다" (51-52쪽)라는 말까지 서슴없이 한다. 그러나 어떤 근거로 자연 선택적 진화로 인해 '충분한 복잡성을 지닌 창조적 지성'이 최종 산물로 출현할 수밖에 없는지 도킨스는 설명하지 못한다. "나중에 출현할 수밖에 없다" 라는 확신은 종교적 혹은 윤리적 신념이지 과학적 설명이 아니다. 이미 이루어진 결과를 가지고 그 결과는 진화론적 자연선택의 결과일 수밖에 없다고 주장하는 것이 오히려 망상(delusion)이다.

도킨스는 진화 과정에 있어서의 처음 물질들이 어떻게 생겨났는지 설명하지 못한다. 오히려 "설계자를 설계한 것은 대체 누구란 말인가?" 라고 따진다. 그는 처음 물질들은 자연선택의 진화 과정을 위해 출현할 수밖에 없다고 믿는다. 그는 창조론자들의 '어떻게 정교하고 복잡한 것이 우연일 수가 있는가? 누군가가 창조할 수밖에 없다' 는 비개연적 논증에 반박하면서 "자연선택은 누적적인 과정"이라고 주장한다(189쪽). 즉 수많은 작은 단계들의 진화는 비개연적 결과를 낳는다는 것이다. 비개연적인 것의 출현은 단번에 이루어진 사건이라고 주장하는 창조론자는 "누적의 힘"을 이해하지 못한다고 말한다. 그러나 진화 과정을 수많은 단계로 나누는 것은 과학적 설명이 아니다.

자연선택에 따라 한 단계에서 다른 단계로 넘어갔다는 주장은 할 수 있어도 한 단계와 그 다음 단계의 관계를 과학적으로 설명할 수는 없다. 두 연인의 관계처럼 그 관계는 과학적 탐구의 대상이 아니다. 도킨스는 자연선택이었다고 하지만 자연선택이라는 것은 어떤 의지적 힘이 전제되는 것이다. 예를 들어, 단세포의 아메바가 다세포로 진화된 것이 자연 선택이었다고 하면 도대체 그 선택이 어디서 오느냐 하는 것이다. 자연선택은 전혀 자연적 개념이 아니다. 코끼리가 강아지풀을 먹이로 선택한다고 할 때 그 행위는 본능에서 오는 자연적 선택이겠지만 강아지풀(식물)이 코끼리(동물)로 진화되는 과정은 자연적 선택일 수 없다. "누적의 힘"을 믿는 도킨스의 믿음은 과학적이지 않다. 그야말로 종교적이다.

도킨스가 아무리 과학적 개념과 용어들로 들이댄다고 해도 저절로 과학적이 되는 것이 아니다. 마치 기독교는 과학을 몰라서 믿음을 들이대는 것으로 생각하겠지만 도킨스처럼 "누적의 힘"을 믿던지 우리처럼 하나님을 믿던지 뭔가 믿음이 있어야 과학이 가능한 것이다. 궁극적인 근원도 모른 채 추측에 의존하는 것이 참 과학의 길인지 궁극적인 근원이신 창조주 하나님을 의존하는 것이 참 과학의 길인지 물을 필요가 있다. 물론 도킨스 같은 사람은 창조주를 부인하는 것이 과학이라고 주장한다. 그 이유는 다른 데 있지 않다. 누적의 힘을 믿고 있기 때문이다.

10. 고등비평을 어떻게 볼 것인가

현창학 / 구약학

19세기말 벨하우젠이라는 학자가 문서설을 집대성한 이래 서구 기독교의 성경 해석은 양식비평, 편집비평, 전승사비평 등 소위 고등비평의 꽃을 피웠다. 적어도 지난 세기 100년간은 성경이 이 고등비평들에 의해 철저히 분석 분해된 기간이었다고 말할 수 있을 것이다. 보수 진영의 학자들은 끝까지 이것들의 전제나 방법을 거부했지만 그들은 소수였고 학계의 대부분은(자유주의 학자들) 이 근대가 낳은 화려하고 공상적인 방법과 정신에 몰입되어 성경을 성경이 아닌 다른 무엇으로 다시 만들어 내는 일에 여념이 없었다. 물론 각 비평이 자신의 이론을 전개하는 동안 부수적으로 얻은 통찰이 전혀 없었다거나 적었다고 말하는 것은 아니다. 유용한 결과물도 있었다. 문제는 그것들이 지닌 구조와 방법, 전제 등이 교회의 신앙에 대하여 끼친 해악인 것이다. 성경을 있는 그대로 믿지 못하도록 구실을 제공하고 신학을 약화시켜 교회로 하여금 확고한 믿음의 기반을 확보하지 못하도록 큰 훼방자 역할을 해왔다. 성경 전문가도 아닌 자들까지 교회의 신앙을 헐어보려고 고등비평을 어설프게 들먹이는 일이 언제나 그랬던 것처럼 오늘날도 여전한 것 같다. 그러한 자들은 국내 국외에 다 있는데 자신들이 믿기 싫으니까 어쭙잖게 학문의 이름을 들먹이며 애써 성경의 권위를 부인해보려 하고 있다.

고등비평이란 무엇인가. 고등비평(higher criticism)은 본문비평(textual criticism)이라 불리는 하등비평(lower criticism)과 대조하기 위하여 붙여진 이름이다. 고등비평과 하등비평은 성경 원문(현재에 전래된 사본이 아닌 성경이 처음 쓰여진 본문)을 기준으로 시간적으로 어디에 관심을 두는지를 가지고 구별한다. 하등비평(본문비평)은 원문 완성 이후의 시간에 관심을 갖는다(원문 완성 이후의 시간이란 원문 완성부터 현재 우리 손에 주어진 주후 10세기경의 맛소라 사본까지의 시간을 말함). 성경 본문에는 원문이 완성된 후 그것이 전수되는 긴 과정에서 어쩔 수 없이 많은 필사상의 오류들이 개입되게 되었다(성경 본문은 주후 15세기에 인쇄술이 발명되기까지 적어도 2000년 이상 필사자들이 직접 손으로 필사함으로 전수되었음). 본문비평은 이 오류들을 제거함으로 원문에 가장 가까운 본문을 찾아내려고 하는 작업이다. 보수 진영도 본문비평의 작업은 수행한다.

고등비평은 원문 완성 이전의 시간에 관심을 갖는다. 현재 맛소라 본문의 형태와 매우 유사했을 것으로 생각되는 원문은(사실은 제대로 남아 있는 것이 맛소라 본문뿐이므로 이렇게 말을 하지만 실제로 자유주의 학자들은 성경의 원문이 맛소라 사본과 많이 달랐을 것이라 생각함) 그 모습이 갖춰지기 이전에 어떤 긴 발전의 단계들이 있었다는 것이다. 이 발전의 단계들을 역사적으로 재구성해 내는 것이 고등비평이다. 성경 본문은 원문이 이루어지기 아주 오래 전부터 시작하여 처음에는 파편적인 수준이던 것이 시간이 지남에 따라 문학적인 성장을 거듭하여 오늘의 모습에 이르게 되었다. 오늘의 성경이란 원시적인 문학 파편이 긴 진화의 과정을 거쳐 형성된 복잡하고 고등한 문학복합체인 것이다. 고등비평은 성경을 이러한 역사적 문학복합체로 전제하고 그것의 생성 역사를 추적하는 방법이다. 하등비평(본문비평)과 고등비평을 간략히 비교하여 말한다면, 하등비평은 원문 이후의 전수과정에 일어난 본문적 발전(textual development; 이때 "발전"이란 말은 위에 말한 "오류"의 중성적 표현임)을 취급하는 학문인데 반해, 고등비평은 원문이 있기까지의 본문의 진화 과정, 즉 본문의 문학적 발전(literary development)을 취급한 학문이라 할 수 있다.

고등비평은 지금의 성경은 그 배후에 긴 문학적 역사가 있는 것이므로 바른 '의미'는 이 역사를 캐보아야만 알 수 있다고 생각한다. 그래서 현재의 본문과는 필연적인 관련을 보장할 수 없는 '옛' 문서들, '옛' 삶의 자리들, '옛' 전승들을 가정하고 찾아내는 일에 주력하게 된다. 그리고 찾아낸 그 '옛' 것들에 궁극적 가치를 부여한다. 고등비평은 한 마디로 '본문의 뒤를 캐 올라가는'(behind the text) 작업이다. 본문의 배후의 역사에 그것의 실체적 진실이 있다고 믿는 것이다. 결과적으로 본문 자체의 가치는 제대로 인정하기 않게 된다. 현재의 본문을 있는 그대로 읽지 않고 지금 것이 아닌 어떤 다른 것을 찾아내어 읽고자 하는 것이니 현재의 본문을 원리적으로 부정하는 셈이다. 고등비평의 전제와 방법을 수용할 수 없는 이유는 바로 여기에 있다.

하등비평(본문비평)은 현재의 성경이 사본(맛소라 사본)에 근거한 것을 생각하면 피할 수 없는 작업이다. 그것은 오래된 문헌의 진정성 확보를 위해 일반 문학 작품에도 두루 쓰이는 과학적인 방법이다. 고등비평의 경우는 그렇지 않다. 고등비평은 전체적으로 추정(推定, deduction)에 근거하고 있다. 한 마디로 추정의 방법론이라 할 수 있다. 최종적이고 결정적인 본문 상의 증거가 없는 데도 그렇게 추정할 수 있다면 그 추정이 하나의 학문적 방법이 된다. 또한 고등비평은 개연성(蓋然性, plausibility)의 방법론이라 할 수 있다. 상당히 그럴 수 있다는 것만으로 그러한 것을 신학의 토대로 삼는다. 객관성과 절대성을 보장할 결정적인 증거가 없는 데도 학문이 성립하는 것이다. 그러다 보니 고등비평의 토론장은 늘 본문적 증거가 빈약한 서로 다른 개연성들이 서로의 주장을 굽히지 않는 각축장이 되곤 한다. 이처럼 본문의 명료한 증거에 기초하지 않은 학문 태도에서 나온 연구 결과들은 교회의 신앙을 허는 것들이었고 보수적인 학자들은 그 해악에 대해 오랫동안 경계해 오기를 마지않았다.

현금에 들어서는 자유주의 진영 자체가 종래의 고등비평이 성경 이해에 가져다 준 '황폐화'의 결과에 대해 본격적으로 반성하고 있다고 보여진다. 성경을 그렇게 분해적으로 찢어 읽다 보니 교회로부터 성경을 박탈한 결과만 남겼기 때문이다. 그래서 본문을 그렇게 분해하는 식으로 이해할 것이 아니라 현재의 본문 그대로, 소위 본문이 "현재에 서 있는 그대로"(as it stands) 보아야 한다는 움직임이 상당한 설득력을 얻어온 지 이미 오래다. 소위 전체론적인 접근법(wholistic approaches)이라 이름하는 것들이 그것이다. 현재의 본문이 지닌 수사적 문학적 구조 따위에 관심을 기울이면 성경은 그 이전의 어떤 단계나 역사가 중요한 것이 아니라 현재의 최종 형태가 의미 있고 중요하다는 결론에 이르게 된다는 것이다. 물론 여기까지만으로는 아직 전통적인 보수 진영의 입장과는 차이가 있지만 그래도 현재의 본문을 중시하는 쪽으로 '보수 회귀'한 경향을 보이고 있는 것은 사실이다. 보수 진영은 성경의 영감을 믿고 각 성경의 통일성을 믿는 일에 예나 지금이나 변함이 없는데 자유주의자들만 멀리 갔다가 이제 비로소 뉘우치고(?) 제 자리로 돌아오는 형국이라 할 수 있을 것이다.

어쩌면 성경의 비평이란 것들은 모두 유행이다. 아무리 내노라 하는 학자들이 종사하고 있다 하더라도 어느 시대 한 때를 풍미한 홍역에 불과하다. 고등비평이란 것도 모두 당시 시대정신의 아들이었다. 크게는 다 서구 근대 정신이 가르친 전제의 산물들이었다. 보수 진영은 우직하지만 처음부터 성경의 각 권은 애초부터 하나로 쓰여진 작품임을(그래서 영감된 하나님의 말씀임을) 의심하지 않고 있었다.

11. 〈SBS, 그것이 알고 싶다-거리에서 신앙을 파는 사람들〉을 보고

조진모 / 교회사

SBS의 프로그램 〈그것이 알고 싶다-거리에서 신앙을 파는 사람들〉은 현재 시행되고 있는 과도한 전도 방법에 대한 재평가의 기회를 제공하였다. 그러나 편파적 편집으로 인한 공정성의 상실과 신학적 주제에 대한 비전문적 접근방식, 그리고 노방전도와 '성경의 무오성'의 관계에 대한 비약된 논리는 성경의 신뢰성에 도전하려는 제작진의 의도가 그대로 반영된 듯 하다. 그렇다면 이번 방송의 진정한 문제가 무엇인가? 필자는 자율, 이성, 그리고 세속화로 요약할 수 있는 근세 정신의 영향을 그 원인으로 본다.

17세기 중반, 전통적인 기독교 사고 체계에 일대 전환이 일어났다. 창조주와 창조물의 구분에 기초를 둔 하나님 중심 사상이 인간 중심으로 대치된 것이다. 한 개인의 판단이 지닌 가치가 절대화되면서 신적 권위가 무시되었다. 계시 종교로서의 기독교를 부정하는 신학자들이 출현하게 되었으며, 19세기에는 독일을 중심으로 성경을 인간의 작품으로 전제하고 비평적으로 해석하기 시작하였다.

성경 비평학자들은 주로 하나님께서 인간의 역사 속에서 행하신 초자연적 사건과 기적, 그리스도의 탄생과 사역, 십자가 사건, 그리고 초대 교회 성도들의 신앙에 대한 기록 중에 비과학적이거나 비상식적인 내용으로 여겨지는 부분은 과감하게 삭제하였다. 기독교의 세력 확장을 위하여 광신자들이 그럴싸하게 지어낸 흥미있는 이야기 정도로 여겼기 때문이다. 그들은 잘못된 부분을 제거하는 작업이 역사에 진실한 예수의 삶과 성도에게 요구되는 순수한 신앙을 찾는 지름길이라고 주장하였다. 이번 방송에서 채교수가 주장한 마태복음 28장과 사도행전 1장 7절의 '후대 가필설'은 바로 이런 사조의 흐름의 영향을 드러낸 것이다.

　성경을 비평적으로 보는 자들의 실제의 문제는 하나님을 대하는 그릇된 태도에 있다고 보아야 한다. 초대교회 이후로 성경은 성도의 신앙과 삶의 규범이 되어왔다. 믿을 것과 행할 것에 대한 구체적인 내용이 그 안에 담겨져 있기 때문이다. 인격적인 관계를 맺고 있는 하나님이 주신 말씀이기에 그 권위를 인정하는 것이다. 말씀에 대한 순종은 곧 하나님께 대한 것임을 알아 이를 지켜 행하게 되는 것이다. 그러나 하나님을 거부하는 자들은 성경에 담긴 내용과 하나님의 권위를 인정하지 않는다. 성경을 수납하지 않는다는 것은 곧 하나님의 통치와 섭리를 부정하는 행위이다. 그러므로 성경의 오류를 주장하는 자들에게 진정으로 필요한 것은 복음이다. 성경비평학자들의 신학 사상은 하나님의 초월성을 배제하고 인간의 경험을 신학의 틀로 구축한 자유주의 신학에 기초를 두고 있다. 본 프로그램은 불신앙에 기저를 둔 성경에 대한 신학적 해석이 나타난 것으로 간주할 수 밖에 없다.

　한편 필자는 이번의 불미스런 사태가 한편으로는 다행스런 일이었다고 생각하게 되었다. 이 시대의 정신에 대한 경각심을 갖는 기회를 제공해 주었으며, 동시에 '성경의 오류'에 대한 현대 교회의 이해를 수정할 필요성을 느끼게 하였기 때문이다. 1940년대 이후, 복음주의적 성향을 지닌 자들이 사회 전반에 걸쳐 영향력을 행사할 수 있는 기독교로 탈바꿈을 하여야 한다는 목적을 이루기 위하여 각 교단과 교회의 연합을 시도하였다. 칼 헨리와 해롤드 오켕가등의 학자들은

WCC를 자유주의적 에큐메니칼 운동이라 간주하고, 이에 대항할 수 있는 초교파적 단체가 세워지기를 원했다. 자연히 그들은 각 교파가 지닌 신학적 특징의 장벽을 무너뜨리는 작업에 몰두하였다. 그럼에도 불구하고 '성경의 무오성'을 자신들의 정체성을 정의하는 몇 가지 기본 사상 가운데 하나로 삼았다.

그러나 1970년대에 들어와 그들에게 새로운 문제가 생기기 시작하였다. '성경의 무오성'을 정의함에 있어서, 전통적인 개념의 여러 가지 새로운 이해가 도입되었다. 예를 들어, 잭 로저스와 도날드 맥킴은 *Authority and Interpretation of the Bible*(1979)에서 '성경의 무오성'에 대한 개념을 19세기 말 구프린스턴 신학자들이 만들어 낸 시대적 산물로서, 성경에는 이러한 주장에 대한 근거가 없다고 하였다. 결국 '성경의 무오성'에 대한 나름대로의 다양한 정의들은 더욱 커다란 혼동을 불러왔다.

왜 이런 문제가 생겼을까? D.G. 할트는 복음주의자들이 보수진영에 속한 세력을 얻기 위하여 고백적 신앙에 기초에 두지 않은 나름대로의 '성경의 무오성'을 주장하게 되었다고 주장한다. 그 결과 초기에는 교회를 혼란시켰던 자유주의 신학에 대항하려 하였으나, 시간이 지남에 따라 기독교를 실용적 종교로 만들어 보려는 자들이 생겨나면서 성경의 역할에 대한 이해가 달라진 것이다.

현대 교회의 모습을 살펴보자. 성경을 '나의 삶을 풍요롭게 하는 방법들'로 채워진 참고서와 같이 여기는 경우가 허다하다. 다원주의 사회에서의 복음은 개인의 취사선택사항으로 전락하였다. 절대적 진리가 상실되면서 신앙이 개인주의화되었으며, 성경의 하나님에 대한 참된 지식이 결여하게 되었다. 심지어 하나님의 존재를 증명하는데도 실용적인 방법을 사용하고 있다. 그러므로 신학을 단순화하여 복음을 쉽게 설명할 때 당장의 실용적인 전도 효과를 볼 수 있겠지만, 결국 전통적인 신학에 입각한 신앙을 버릴 수 있게 된다는 마이클 홀튼의 주장은 매우 옳은 것이다.

〈그것이 알고 싶다〉의 제작자들은 시청자들에게 정확한 내용을 알려야 하는 책임을 다하지 못하고 반기독교적 내용을 일방적으로 내보냈다. 우리는 공중파의 횡포를 실감하고도 남았다. 그러나 혹시 하나님 중심에서 인간 중심으로 탈바꿈하고 있는 현대 교회가 귀담아 들어야 할 내용이 있다면 겸허하게 수용하여야 할 것이다. 기독교는 계시의 종교이다. 성경관이 바로 세워질 때 비로소 성도들과 교회가 바로 설 수 있다. 말씀을 맡은 자들은 현대인들에게 성경의 하나님을 소개하는데 주력해야 할 것이다.

제2부

기독교인과 정치

1. 기독교인의 정치참여 (Ⅰ)

조진모 / 교회사

"목회자는 절대로 정치적이지 말아야 한다!" 말은 대부분의 목회자들이 존경하는 선배들로부터 귀에 못이 박히도록 들은 것이다. 교단 정치로 인하여 혼란을 겪은 한국장로교회 역사의 후유증이기도 하다. 현재 '정치적'이란 말은 수단과 방법을 가리지 않고 자신의 목적을 달성하려는 순수하지 못한 인물을 가리킬 때 쓴다. 그런데 '정치적'이란 단어의 영향인지 모르겠으나, 심지어 '국가의 정치'와 '일반 정치인'도 매우 부정적인 시각으로 보는 경향이 있다. 요즈음 부패한 정치인들에 대한 뉴스가 우리를 계속 실망시키고 있다. 그러면 과연 정치에 대해 완전히 마음의 문을 닫는 것이 옳은 일인가? 한편 교회는 국가의 정치와 어떤 관계를 맺어야 하는가? 교회 역사에 나타난 몇 가지 일반적 모델을 제시할 수 있다. 1) 교회가 국가에 종속, 2)교회가 국가를 지배, 3)교회와 국가의 엄격한 분리, 4)교회와 국가의 대치와 갈등, 그리고 5) 교회와 국가의 구별 및 상호 협조 등이다.

일제와 공산정권의 핍박에 대한 기억이 아직 생생한 한국교회는 '2) 교회가 국가를 지배하는 모델'을 가장 이상적으로 이해할 수 있다. 종교의 자유를 보장받을 수 있으며, 복지국가의 실현을 위한 교회의 주도 가능성을 암시하기 때문이다. 과연 이것이 최선의 선택일까? 그렇지 않다. 정치력 확장을 위한 지나친 시도는, 도리어 하나님께서 교회에게 주신 고유한 사명을 상실하게 한다.

두 가지 예를 들어보자. 1970년대부터 1980년대 말까지 진보적 목회자들은 정치권을 호되게 비판하였다. 한국적 정치신학인 민중신학은 군사정권 아래서 교회는 고통당하는 민중의 저항에 동참하고, 나아가서 정의를 실현하기 위하여 어떠한 투쟁도 불사할 것을 주장하였다. 비록 침묵으로 일관했던 보수적 교회들이 반성해야 한다는 점에서는 동감하지만, 진보주의 진영이 성경이 아닌 사회의 경험을 신학의 출발점으로 하여, 사회를 구원하는 그리스도의 새로운 복음을 제시한 것은 치명적인 오류였다.

또한 2004년, 지명도가 있는 보수적 목회자들이 모여 기독교정당을 창당하였다. 1980년대 말의 민주화와 1992년 문민정부의 출범 이후 정치권을 공격하던 진보측의 목소리가 사라진 상황에서 등장한 새로운 패러다임이었다. 교회는 올바른 정치력의 행사하는 사명을 받았다고 확신하고 이 운동에 동참한 목회자들은 정치개혁, 정치복음화, 그리고 하나님을 민족의 구주되게 하는 것 등을 비전으로 내세웠다.

그러나 일반적으로 정당이 추구하는 이념에 반대하는 자들을 배제하는 정치의 특성상, 그들은 누구에게나 복음을 전해야 하는 교회의 사명에 역행하는 길을 선택한 것이다.

그러면 대한민국이 처한 환경에 가장 적합한 모델은 무엇인가? 칼빈이 제시한 '5) 교회와 국가의 구별 및 상호 협조' 모델이다. 교회와 국가는 마치 우리의 몸과 영혼이 구별되지만 분리되지 않는 관계와 유사하다. 국가는 교회와 같이 하나님께 속한 은혜의 도구로서, 하나님의 섭리라는 관점에서 이해해야 한다. 그러나 특별은총 가운데 세워진 교회는 영혼 구원과 영적 성숙을 책임지지만, 일반은총에 기원을 둔 국가는 타락한 인간 사회의 질서를 세우는 임무를 지니고 있다. 비록 영적이며 영원한 속성을 지닌 교회는 국가보다 우월하지만, 한쪽이 다른 쪽을 지배하지 않고 서로 제한하는 관계를 맺고 있다. 그러므로 성직자는 정치인들에게 정치를 맡겨야 한다. 국가의 정치는 세속문제에 대한 자율권이 있기에, 성직자는 정치권 밖에서 정치인들이 양심적으로 업무를 잘 수행하도록 선지자적 사명을 감당하여야 한다. 한편 성도들은 적극적으로 정치에 참여하여야 한다. 사회의 질서와 평화를 위해 올바른 정치를 하는 정치인에게 힘을 실어주어야 한다. 또한 교회는 믿음과 인격, 그리고 실력을 갖춘 훌륭한 정치인을 배출하는 데 힘을 쏟아야 한다. 물론 가장 시급한 것은, 이미 정치에 몸담고 있는 기독정치인들의 각성이라고 생각된다. 현실이 반영되지 않은 이상적인 소원일 수도 있겠지만, 기독정치인부터 소속정당의 이념을 초월하여 먼저 하나님의 소명을 확신하고, 양심적으로 나라와 국민을 위한 정치를 실천하는 날이 속히 오기를 기대한다.

'그리스도인' 하면 세상일은 아랑곳하지 않고 오직 저 하늘나라의 일에만 관심을 쏟는 이들로 생각하는 경향이 없지 않다. 영국의 계몽주의 철학가 로크(John Locke, 1632-1704)는 관용에 대한 한 글에서 "교회의 유일한 목적은 영혼을 구원하는 것이다. 교회는 사회의 공익이나 사람들의 이익에 대해서는 관심이 없다"라고 평하였다. 프랑스의 계몽사상가 루소(Jean-Jacques Rousseau, 1712-1778) 또한 그의 저서 「사회계약론」에서 "기독교는 전적으로 영적인 종교로, 오직 하늘의 일에만 신경을 쓴다. 그러니 기독교인의 조국은 이 세상에 존재하지 않는다"고 말한다. 이들 사상가들의 관점에서 본다면 그리스도인에게 세상의 정치는 어울리지 않는 옷처럼 어색하고 낯선 것이라 할 수밖에 없다. 그러나 그것은 그리스도인의 '신앙과 삶의 유일한 법칙'인 성경에 대한 잘못된 생각에서 비롯된 오해이다.

　하나님은 최초의 인간에게 "생육하고 번성하여 땅에 충만하라, 땅을 정복하라, 바다의 물고기와 하늘의 새와 땅에 움직이는 모든 생물을 다스리라"고 하셨다(창 1:28). 이른바 문화명령으로 알려진 이 말씀은 분명 인간에게 적극적으로 세상과 관계를 맺으며, 더 나아가 세상을 그 창조목적에 맞게 개발하고 조성할 사명이 있음을 가르친다. 자신을 따르는 무리들을 가리켜 "너희는 세상의 빛이라"(마 5:14)고 하신 예수님의 말씀 또한 저 피안의 세계만을 생각하며 이 세상사에 대해 무관심한 것이 결코 그리스도인들이 추구해야 할 삶이 아님을 잘 알려준다. 성경에는 삶의 여러 영역에서 재능을 발휘하여 하나님의 소명을 이룬 사람들의 이야기로 가득하다. 정치란 영역도 예외일 수 없다. 요셉은 애굽의 총리로서 수많은 사람들의 생명을 살리는 일을 하였고(창 45:5), 다니엘은 삶의 대부분을 바벨론의 고위 관리로서 정치적 활동을 하였다(단 6:1-3).

그렇다면 우리 그리스도인들이 이런 저런 정치 활동에 관여할 때 어떻게 하는 것이 바람직할까? 성경은 이 질문에 대해서도 답을 제공해준다. 물론 우리 시대는 구약 이스라엘이나 신약이 기록될 당시와는 여러모로 다르다. 우리는 더 이상 옛 이스라엘처럼 하나님과 특별한 언약관계에 있는 국가에 살지 않는다. 아무리 어떤 나라가 신정정치(theocracy)를 표방한다 하더라도 그 나라가 신학적으로 옛 이스라엘과 같은 의미를 가질 수는 없다. 옛 이스라엘이 국가로서 가졌던 신학적 의미는 예수 그리스도를 통하여 교회로 연속된다고 보아야 한다. 그러므로 성경, 특히 구약에 나타난 정치적 요소들을 오늘날 우리의 상황에 그대로 적용하고자 하는 것은 신학적 오류이자 시대착오적이라 할 수밖에 없다. 그럼에도 불구하고 성경은 직접 또는 간접으로 정치에 관여하는 이들이 잊지 말아야 할 중요한 원칙들을 가르쳐준다는 것 또한 사실이다.

성경은 정치에서 최우선시 되어야 할 것이 하나님을 경외하는 가운데 정의(justice)를 이루는 것이라고 가르친다. 다음은 구약에서 왕 중의 왕으로 꼽히는 다윗이 통치 말년에 한 말이다: "사람을 공의로 다스리는 자, 하나님을 경외함으로 다스리는 자여 그는 돋는 해의 아침 빛 같고 구름 없는 아침 같고 비 내린 후의 광선으로 땅에서 움이 돋는 새 풀 같으니라"(삼하 23:3-4). 다윗의 이 말에는 그의 오랜 정치경험이 담겨 있다. 한편으로 그는 정의(또는 공의)로운 정치를 폄으로써 나라를 부강하게 하고 백성들에게 평화를 가져다 주기도 했지만, 다른 한편 정치권력을 이기적인 욕심을 위해 남용함으로써 말할수 없이 쓰라린 고통을 체험하기도 하였다. 다윗의 정치인생은 '정의'가 모든 정치행위에서 얼마나 본질적인 것인가를 보여주는 한 편의 드라마와도 같다. 이것은 정치권력이 개인과 특정 집단의 이익을 위한 수단으로 오용되거나 각종 포퓰리즘에 정의가 생매장 당하는 현재의 우리 정치현실에 경종을 울리고 있다.

물론 정의는 소수의 정치인들에게 부과된 책임인 것만은 아니다. 다수의 일반인들 또한 같은 책임을 지고 있다. 그런데 안타깝게도 많은 경우 사람들은 '다수'의 그늘 속에 불의한 일을 도모하며 이기적인 욕심을 추구함으로써 정의실현에 역기능을 한다. 그들은 자신의 유익에 집착한 나머지 다른 이들이 가진 정당한 권리를 존중하지 않으며, 입으로 복지를 부르짖지만 아무도 어렵고 힘든 이들을 위해 호주머니를 열려고 하지 않는다. 이런 가운데 그리스도인들은 선하고 의로운 삶의 방식을 통하여 사회에 "정의를 물같이, 공의를 마르지 않는 강같이 흐르게" 하는데 앞장서야 한다(암 5:24). 로이드 존스 목사가 말한 것처럼 그리스도인들은 그들의 존재만으로도 세상의 불의에 제동을 거는 선한 영향력을 행사해야 한다. 더 나아가 그리스도인들은 오직 그리스도 안에서만 온전한 정의가 실현된다는 것을 알기에 사람들을 그리스도께로 돌이키는 일에 모든 힘을 기울여야 할 것이다. 이런 의미에서 볼 때 복음전도야 말로 그리스도인이 할 수 있는 최고의 정치참여라 할 수 있다.

2. 기독교인의 정치참여 (Ⅱ)

김진수 / 구약학

'그리스도인' 하면 세상일은 아랑곳하지 않고 오직 저 하늘나라의 일에만 관심을 쏟는 이들로 생각하는 경향이 없지 않다. 영국의 계몽주의 철학가 로크(John Locke, 1632-1704)는 관용에 대한 한 글에서 "교회의 유일한 목적은 영혼을 구원하는 것이다. 교회는 사회의 공익이나 사람들의 이익에 대해서는 관심이 없다"라고 평하였다. 프랑스의 계몽사상가 루소(Jean-Jacques Rousseau, 1712-1778) 또한 그의 저서 「사회계약론」에서 "기독교는 전적으로 영적인 종교로, 오직 하늘의 일에만 신경을 쓴다. 그러니 기독교인의 조국은 이 세상에 존재하지 않는다"고 말한다. 이들 사상가들의 관점에서 본다면 그리스도인에게 세상의 정치는 어울리지 않는 옷처럼 어색하고 낯선 것이라 할 수밖에 없다. 그러나 그것은 그리스도인의 '신앙과 삶의 유일한 법칙'인 성경에 대한 잘못된 생각에서 비롯된 오해이다.

하나님은 최초의 인간에게 "생육하고 번성하여 땅에 충만하라, 땅을 정복하라, 바다의 물고기와 하늘의 새와 땅에 움직이는 모든 생물을 다스리라"고 하셨다(창 1:28). 이른바 문화명령으로 알려진 이 말씀은 분명 인간에게 적극적으로 세상과 관계를 맺으며, 더 나아가 세상을 그 창조목적에 맞게 개발하고 조성할 사명이 있음을 가르친다. 자신을 따르는 무리들을 가리켜 "너희는 세상의 빛이라"(마 5:14)고 하신 예수님의 말씀 또한 저 피안의 세계만을 생각하며 이 세상사에 대해 무관심한 것이 결코 그리스도인들이 추구해야 할 삶이 아님을 잘 알려준다. 성경에는 삶의 여러 영역에서 재능을 발휘하여 하나님의 소명을 이룬 사람들의 이야기로 가득하다. 정치란 영역도 예외일 수 없다. 요셉은 애굽의 총리로서 수많은 사람들의 생명을 살리는 일을 하였고(창 45:5), 다니엘은 삶의 대부분을 바벨론의 고위 관리로서 정치적 활동을 하였다(단 6:1-3).

그렇다면 우리 그리스도인들이 이런 저런 정치 활동에 관여할 때 어떻게 하는 것이 바람직할까? 성경은 이 질문에 대해서도 답을 제공해준다. 물론 우리 시대는 구약 이스라엘이나 신약이 기록될 당시와는 여러모로 다르다. 우리는 더 이상 옛 이스라엘처럼 하나님과 특별한 언약관계에 있는 국가에 살지 않는다. 아무리 어떤 나라가 신정정치(theocracy)를 표방한다 하더라도 그 나라가 신학적으로 옛 이스라엘과 같은 의미를 가질 수는 없다. 옛 이스라엘이 국가로서 가졌던 신학적 의미는 예수 그리스도를 통하여 교회로 연속된다고 보아야 한다. 그러므로 성경, 특히 구약에 나타난 정치적 요소들을 오늘날 우리의 상황에 그대로 적용하고자 하는 것은 신학적 오류이자 시대착오적이라 할 수밖에 없다. 그럼에도 불구하고 성경은 직접 또는 간접으로 정치에 관여하는 이들이 잊지 말아야 할 중요한 원칙들을 가르쳐준다는 것 또한 사실이다.

성경은 정치에서 최우선시 되어야 할 것이 하나님을 경외하는 가운데 정의(justice)를 이루는 것이라고 가르친다. 다음은 구약에서 왕 중의 왕으로 꼽히는 다윗이 통치 말년에 한 말이다: "사람을 공의로 다스리는 자, 하나님을 경외함으로 다스리는 자여 그는 돋는 해의 아침 빛 같고 구름 없는 아침 같고 비 내린 후의 광선으로 땅에서 움이 돋는 새 풀 같으니라"(삼하 23:3-4). 다윗의 이 말에는 그의 오랜 정치경험이 담겨 있다. 한편으로 그는 정의(또는 공의)로운 정치를 폄으로써 나라를 부강하게 하고 백성들에게 평화를 가져다 주기도 했지만, 다른 한편 정치권력을 이기적인 욕심을 위해 남용함으로써 말할 수 없이 쓰라린 고통을 체험하기도 하였다. 다윗의 정치인생은 '정의'가 모든 정치행위에서 얼마나 본질적인 것인가를 보여주는 한 편의 드라마와도 같다. 이것은 정치권력이 개인과 특정 집단의 이익을 위한 수단으로 오용되거나 각종 포퓰리즘에 정의가 생매장 당하는 현재의 우리 정치현실에 경종을 울리고 있다.

물론 정의는 소수의 정치인들에게 부과된 책임인 것만은 아니다. 다수의 일반인들 또한 같은 책임을 지고 있다. 그런데 안타깝게도 많은 경우 사람들은 '다수'의 그늘 속에 불의한 일을 도모하며 이기적인 욕심을 추구함으로써 정의실현에 역기능을 한다. 그들은 자신의 유익에 집착한 나머지 다른 이들이 가진 정당한 권리를 존중하지 않으며, 입으로 복지를 부르짖지만 아무도 어렵고 힘든 이들을 위해 호주머니를 열려고 하지 않는다. 이런 가운데 그리스도인들은 선하고 의로운 삶의 방식을 통하여 사회에 "정의를 물같이, 공의를 마르지 않는 강같이 흐르게" 하는데 앞장서야 한다(암 5:24). 로이드 존스 목사가 말한 것처럼 그리스도인들은 그들의 존재만으로도 세상의 불의에 제동을 거는 선한 영향력을 행사해야 한다. 더 나아가 그리스도인들은 오직 그리스도 안에서만 온전한 정의가 실현된다는 것을 알기에 사람들을 그리스도께로 돌이키는 일에 모든 힘을 기울여야 할 것이다. 이런 의미에서 볼 때 복음전도야 말로 그리스도인이 할 수 있는 최고의 정치참여라 할 수 있다.

3. 개혁주의 정치관

이승구 / 조직신학

개혁신앙을 가진 사람들은 하나님 주권에 충실하면서 삶의 영역 전반에서 하나님의 주권에 충실하기를 원해 왔다. 이런 폭 넓은 생각 때문에 개혁신앙을 가진 사람들은 이 세상의 그 어느 곳도 그리스도께서 자신의 것이 아니라고 할 수 있는 곳은 한치도 없다고 하면서 삶의 영역 전반에서 하나님의 주권을 주장해 왔다. 화란에서 한 동안 약화된 듯했던 개혁신앙을 19세기 말에 다시 강하게 제시한 카이퍼가 이를 아주 분명히 하여 왔거니와 그 이전의 칼빈이나 존 낙스 등 많은 개혁신학자들이 우리의 삶 전반이 하나님의 주권 하에 있어야 한다는 것을 아주 분명히 해 왔다.

그러므로 정치 영역에 대해서도 개혁파 그리스도인들은 하나님의 주권에 근거한 활동을 해야 한다는 것을 강조해 왔다. 그러므로 개혁파 정치관은 정치역영에도 미치는 하나님의 전적 주권(the sovereignty of God)을 분명히 하는 것이다. 이는 중세의 왕권 수호자들이 주장하던 왕권신수설(the Divine right of the King)이나 귀족들이 주장하던 입헌 군주론을 통한 왕권과 귀족권의 균형 주장, 그리고 현대 사회에서 더 강하게 나타난 주권재민(sovereignty of the people) 사상과 대립되는 사상이다. 오늘날 대부분의 나라들이 주권재민을 강조하고 있고, 우리들도 이에 근거한 민주주의 사회 속에 살고 있지만 그리스도인들은 그 안에서 하나님의 주권을 주장하는 이들임을 분명히 해야 한다.

그러나 이를 주장하는 방식은 참으로 지혜로와야 하고 사랑에 넘치는 것이어야 한다. 만일에 그리스도인들이 자신들의 기득권을 주장하는 듯한 인상을 주게 되면 다른 종교를 가진 이들이나 종교를 가지지 않은 사람들도 적극적으로는 자신들의 기득권을 주장하게 될 것이고, 소극적으로도 기독교의 주장에 대해 강한 반감을 가지게 될 것이기 때문이다. 그러므로 그리스도인들의 정치적 활동은 결코 기독교의 유익이나 기독교인의 유익을 추구하기 위한 것이어서는 안 된다. 오히려 다른 사람들의 유익을 위한 정치적 활동을 해야 하는데, 그 이유가 하나님의 주권을 드러내기 위한 것이어야 한다. 그러므로 그리스도인들은 하나님 나라를 위해 다른 사람들을 위한 정치적 활동에 열심이어야 한다. 그리고 그것은 희생적 사랑을 보여 주시고 구속된 사람들이 그런 사랑을 실천하도록 하신 하나님의 뜻에 부합하며, 기독교의 성격과 일치하는 것이라고 여겨진다. 윌리엄 윌버포스(William Wilberforce, 1759 – 1833)가 영국에서 노예무역 폐지를 위한 정치적 활동을 한 것이 가장 이에 부합하는 것으로 보이는 것이 바로 이런 이유에서이다. 우리들도 그렇게 자기희생적인 정치적 활동도 열심히 하는 사람들이 되었으면 한다.

4. 개혁주의 정치관 – 어떤 지도자를 선택할 것인가?

방선기 교수 / 기독교교육학

올해는 앞으로 5년 동안 우리나라를 통치할 대통령을 선택하는 해다. 좋은 대통령을 선택하는 것은 아마도 우리의 미래를 위해서 가장 중요한 일중의 하나가 아닐까 생각한다. 여기서 하게 되는 질문은 어떤 지도자가 좋은 대통령이 될 것인가? 이다. 크리스쳔으로서는 우리 대통령이 다윗처럼 하나님의 마음에 합한 사람이 되었으면 좋겠다. 꼭 그런 사람이 없다면 그에 근접한 사람을 선택해야 한다.

아주 상식적인 이야기가 되겠지만 대통령은 한 나라를 다스리는 정치적인 지도자로서 갖추어야 할 자격을 갖춘 사람이어야 한다. 한 나라를 품을 수 있는 그릇이 되어야 한다. 통치의 모든 영역에서 지식을 다 갖출 수는 없지만 그런 것들을 바라보는 안목은 가지고 있어야 한다. 무엇보다도 우리의 정치풍토를 보면서 도덕적으로 부패하지 않을 사람이어야 한다. 자신은 물론 주변 사람들을 잘 관리할 수 있어야 한다. 비전을 제시할 수 있어야 하지만 과도한 영웅심리에 빠진 사람은 곤란하다. 역사를 보면 영웅으로 표현되는 지도자들이 나라에 심각한 영향을 미친 것을 알 수 있다.

크리스쳔으로서는 대통령의 신앙의 문제를 고려하게 된다. 지금까지 우리나라에는 기독교인 대통령을 많았다. 그러나 그들이 다 긍정적인 평가를 받는 편은 아니다. 그러므로 대통령을 선택하는데 개인의 신앙을 고려할 필요는 없다. 이전에 교회가 크리스쳔 대통령, 장로

대통령을 띄운 적이 있는데 그것은 바람직한 자세가 아니다. 다원화
된 사회에서는 개인의 종교가 지도자는 자격을 평가하는데 중요한 요
인이 되어서는 안된다.

　이 땅에서 하나님의 나라를 이루어가기 위해서는 최고 지도자의 역
할이 아주 중요하다. 그렇기 때문에 최고 지도자가 크리스천이면 하
나님의 나라를 이루는데 유리한 것은 사실이다. 그러나 개인적인 신
앙이 정치의 과정에 얼마나 영향을 미치는지는 또 다른 문제이다. 그
러므로 크리스천이 아닌 사람이 크리스천보다 정치하는 과정에 하나
님의 나라의 원리를 더 많이 따를 수 있다면 그런 사람을 선택하는 것
이 더 나을 것이다. 물론 크리스천이 지도자가 되어서 크리스천의 원
리를 정치에 실현한다면 그것은 더할 나위 없이 좋을 것이다. 여전히
중요한 것은 지도자의 개인 신앙이 기독교인가 아닌가 보다는 그의
정치행위가 기독교 정신과 더 가까운가이다.

　현실적으로는 개인의 자격도 중요하지만 그가 어떤 정당을 대표하
느냐의 문제가 가장 중요하다. 대통령은 그가 속해 있는 당이 추구하
는 방향으로 나라를 이끌고 가기 때문에 대통령의 선택에 따라 나라
의 방향이 달라질 수 있다. 그러므로 대통령을 택하는 것은 어떤 의미
로는 어느 당을 선택하는 것과 크게 다르지 않다. 그런데 어떤 당을
선택하는 문제는 크리스천들 사이에서도 의견이 나뉘어질 수 있다.

　우리나라에도 크게 보수를 표방하는 당이 있고 진보를 표방하는

당이 있다. 꽤 오랫동안 보수를 표방하는 당이 집권했다가 지난 10년 간 진보를 표방하는 당이 집권했었다. 그러다가 지난 번에 다시 보수를 표방하는 당이 집권당이 되었다. 크리스천은 어느 편을 지지해야 하느냐는 질문은 말할 것도 없고 어느 편이 옳으냐는 질문도 우문이다. 정확한 질문은 지금 우리나라는 어느 당이 집권하는 것이 바람직하냐? 이다. 그러나 이 질문에 대해서 서로 의견이 다를 수밖에 없다. 이 상황에서 현재 우리 사회가 보수의 가치관을 강화할 필요가 있다면 그런 정당의 대표를 뽑아야 하겠고 반대라면 그런 정당의 대표를 뽑아야할 것이다. 그것을 결정하는 것이 선거이고 투표이다. 하나님은 이 과정을 통해서 자기의 뜻을 보여주신 것이다. 그렇기 때문에 크리스천의 이름으로 어떤 후보를 지지하거나 반대하는 것은 바람직하지 않다. 다만 이 과정에서 하나님의 뜻이 이루어지도록 기도하고 구체적으로 참여해야 할 것이다.

5. 한미(韓美) 관계를 어떻게 볼 것인가?

조진모 / 교회사

미국의 실용주의

고속도로 하이패스(High Pass)의 사용자가 5백만을 넘었다. 그 이유가 무엇일까? 빠르기 때문이다. 미국 동부 고속도로에도 이와 흡사한 결제 시스템이 있다. 그런데 그들은 이것을 이지패스(E-Z Pass)라고 부른다. 운전자들이 쉽게 톨게이트를 지날 수 있다는 점이 강조된 것으로서, 미국인들의 사고방식 저변에 깔려있는 '실용주의'의 한 면모를 보여주는 예가된다.

19세기 후반부터 미국이 선택한 실용주의는 일종의 생활의 철학이었다. 이러한 사조는 관념 자체를 두고 진위를 결정하는 것이 아니라, 실생활에 있어서의 적합성을 판단하여 유효하다고 검증되는 것이 참된 것이라는 것이다. 철학자이자 교육운동가였던 존 듀이(1859-1952)에 의해 사회적으로 관심을 얻게 된 이후, 실용주의는 미국의 사회 정책 전반에 걸쳐 커다란 영향을 미치게 되었다. 나아가서 외교 정책에서도 국익을 최우선으로 하는 노선을 선택하게 되었다.

미국에 대한 추억과 혼동

필자는 어린 시절부터 미국이란 나라에 대해 감사하는 마음을 지녀왔고 지금도 그러하다. 6.25 전쟁에 참전하였던 미국 청년들 가운데 33,629명이 우리나라를 위해 목숨을 바쳤다. 먹을 것이 없어 초근목피(草根木皮)하며 보릿고개를 간신히 넘고 있던 시절, 미국은 현재 화폐가치로 약 600억 불에 상당하는 무상원조로 우리를 도왔다. 북한 공산정권과 현실적으로 대치되는 상황에도 불구하고 짧은 기간 내에 근대화가 가능하였던 것도 미국의 군사적 협조가 있었기 때문이다.

그러나 철이 들기 시작하면서 미국에 대한 생각이 달라지기 시작했다. 1980년대 초부터 미국에 살면서 철저한 자국민 중심의 실용주의 정책이 무엇인지를 이해할 수 있었기 때문이다. 미국이 우리나라도 이런 태도로 대할 것이라고 생각하니, 미국에 대한 과거의 좋은 이미지과 그 나라가 실용주의를 추구하는 현실 사이에서 약간 혼동을 경험하게 되었다.

진보와 보수

현재 우리나라는 진보와 보수로 갈라져 날이 갈수록 갈등이 심화되고 있다. 그 중의 하나가 한미 관계에 대한 견해이다. 진보측는 미국을 비판적인 시각으로 바라보고 있다. 그들은 미국이 지배-피지배 관계에서 한국을 지배하려 한다고 주장한다. 심지어 미국을 주적(主敵)으로 생각하는 사람들의 수가 적지 않다.

이와 반대로 보수측은 한미관계를 강화하는 것이 중요하다고 주장한다. 그들은 북한이 적화 통일의 야욕을 포기하지 않고 있으며 중국의 국력이 신장되고 있는 상황 속에서, 유사시에는 오랜 동맹의 관계를 맺어온 미국이 우리나라를 적극적으로 도울 것이라고 확신한다. 그러므로 한국의 정치인들은 반드시 미국의 정치인과 우호적으로 관계를 맺어야 한다고 주장한다.

한국과 미국

이제 한국은 잘 사는 나라가 되었다. 이제 삼성과 현대는 세계적인 브랜드가 되었다. 세계적인 나라로 부상하였다는 것은, 그만큼 어깨를 맞대고 겨루어 이겨야 할 상대가 많아졌다는 것이다. 이제는 외교적인 힘을 키워야 할 때이다. 그러한 상대 중의 하나가 실용주의 정책을 펴고 있는 미국이다.

진보측은 한국이 지난 오랜 세월동안 미국과 동행하였던 역사를 갖고 있음을 잊지 말아야 한다. 미국의 도움이 있었기에 현재의 대한민국이 있는 것이다. 또한 한국을 동맹 관계에 있는 우방국으로 확신하고 있는 미국 시민과 정치인들이 무수히 많다는 사실도 잊지 말아야 할 것이다.

또한 보수측은 무조건 친미라는 전제하에 지나치게 미국에 의존하려는 습성을 벗어버려야 한다. 미국이 우리나라의 운명을 좌우할 수 없다는 사실을 잊지 말아야 한다. 그들을 향해 우리의 목소리를 낼 수 있는 관계가 형성되어, 두 나라 사이의 건전한 교류가 지속될 수 있도록 해야 한다.

기독교인의 사명

조선과 미국이 공식적인 관계를 맺기 전, 선교사들은 두 나라를 연결시키는 '다리의 역할'을 감당하였다. 미국 선교사들은 조선정부의 법 아래서 활동하였지만, 조선 권력자들의 계산된 묵인 정책을 통하여 초기 개신교 선교가 가능하였다. 한국 기독교 역사는 말한다. 미국이 팽창주의에 입각하여 조선 땅을 밟은 것이 아니다. 조선 역시 굴욕적인 자세로 미국을 맞이한 것이 아니다. 자신들의 이익보다 서구문명과 함께 복음을 전하려 했던 사람들에 의해 두 나라의 관계가 시작된 것이다. 우리 기독교인들은 두 나라가 좀 더 순수하면서도 깊은 관계를 맺을 수 있도록 영적 '다리의 역할'의 사명에 충실하자. 역사를 주관하시는 하나님 앞에 더욱 엎드리자.

6. 남북 관계-다시 시작 합시다!

김학유 / 선교학

갑작스런 김정일의 죽음은 북한 뿐 만 아니라 남한에도 적지 않은 충격을 주었다. 아직도 남북 관계가 안정화 단계에 접어들었다고 볼 수 없다고 한다. 갑자기 찾아 온 정치, 경제적인 변화의 충격도 무시 할 수 없지만 급격한 변화로 인한 북한 주민들의 정신적 충격 또한 크리라고 본다. 필자는 소련의 갑작스런 붕괴가 현지인들에게 가져온 정신적인 충격을 생생히 기억하고 있다. 필자는 헝가리 교회의 갱신(renewal)을 목적으로 1990년 초 헝가리에 살고 있던 청년들의 정신적, 영적 변화를 조사해 본 적이 있다. 조사 당시 이미 수많은 청년들이 다양한 중독에 빠져 있었다. 마약, 술, 담배, 자살, 정신 질환 등과 같은 사회 부적응 현상들이 헝가리 전역에서 발견되었다. 헝가리는 당시 세계에서 가장 높은 자살률을 기록하고 있었다. 공산주의 종주국의 갑작스런 붕괴가 어려서부터 공산주의 사상 교육을 받고 자란 헝가리 청년들에게 정신적 공황을 불러왔던 것이다. 필자는 당시 청년들의 모습에서 그야말로 갈 바를 알지 못하고 헤매는 어미 잃은 어린 양의 모습을 발견했었다. 짙은 허무와 공허로 가득 차 있던 그들의 눈빛을 잊을 수 가 없다.

북한에서도 이미 상당 양의 마약이 밀거래되고 있다는 보도를 접한 적이 있다. 의미 상실로 인한 정신적인 불안감이 북한 전역에 퍼져 있다는 사실을 간접적으로 읽을 수 있는 대목이라 생각한다. 모 기관에서 발표한 통계를 참고해 보면 북한 성도들의 나이가 점차 젊어지고 있음을 쉽게 알 수 있다. 20년 전만해도 북한 성도들 대부분이 부모로부터 신앙을 전수 받았으나 요즈음은 부모가 아닌 전도와 선교 사역을 통해 믿는 자들이 점점 많아지고 있다고 한다. 젊은 신자 수의 증가가 지니는 의미를 다양하게 분석해 볼 수 있지만 적어도 한 가지 분명한 것은 북한 젊은이들의 정신적 공백이 점차 커져가고 있다는 사실만은 확실하다. 그들의 정신적인 공백을 메울 수 있는 무엇인가가 주어지지 않으면 앞으로 더 많은 북한의 젊은이들이 더 깊은 정신적인 방황을 하게 될 것이다. 한 가지 감사한 소식은 현재 북한에서 적지 않은 지하 교회 일꾼들이 목숨을 걸고 전도를 전개하고 있다는 점이다. 현재 북한에서는 15만 명에서 20만 명에 이르는 성도들이 북한 전역에 흩어져 살며 순교를 각오하고 복음을 전한다고 한다. 하나님의 은혜로, 많지는 않지만 북한 성도들의 숫자가 조금씩 꾸준히 증가하고 있다는 점은 매우 고무적이다. 북한 성도들의 분포도 매우 다양해서 함경도, 황해도, 평안도, 강원도 등에서 고루 발견된다고 한다.

필자는 구소련 연방 국가에 살고 있던 국민들이 경험했던 정신적인 방황과 충격을 생생히 기억하고 있다. 한국 교회는 북한의 급격한 변화를 대비하고 있어야 한다. 김 정일의 급격한 사망 사건 속에 담긴 하나님의 음성을 들을 수 있어야 한다. 북한의 붕괴를 대비해 북한 주민들을 도울 수 있는 선교적 준비를 더욱 철저히 하고 있으라는 경고의 메시지를 담고 있는 사건 일 수도 있다. 북한을 위해 기도하다 지친 한국 교회를 향해 하나님께서 다시 한 번 긴장할 것을 주문하고 계신 것 같다. 서구의 공산권 선교 단체들이 함께 모여 구소련을 위해 칠 년 작정기도를 선포한지 이 년 만에 철의 장벽이 무너져 내렸던 경험을 거울삼아, 한국 교회가 북한을 위한 작정 기도를 다시 시작해야 할 때가 온 것 같다. 기도하다 지치고, 인내하다가 지친 한국 교회가 끝까지 포기하지 말고, 긴장의 끈을 놓지 말고 북한을 위한 기도를 다시 시작해야 할 때가 온 것 같다. 지금도 목숨을 걸고 복음을 전하고 있는 북한의 성도들에게 부끄럽지 않은 삶을 살아야 하지 않을까!

7. "북핵", 한국교회는 어떻게 기도해야 하는가? -기도와 경건훈련의 계기로 삼아야
성주진 / 구약학

1) 전체적인 안목의 필요성

북한의 핵실험 재개가 국내외적으로 시급한 현안으로 재부상하고 있다. 갈등의 한 축인 남한이 심각한 안보위협을 느끼는 것은 당연하다. 그러나 북핵은 독립된 문제가 아니라 전체적인 남북관계 및 국제관계문제의 일부인 이상 우리의 기도도 상응하는 안목에서 드려져야 한다. 그래야 북핵문제가 대두될 대는 불안에 떨다가 북핵문제가 잠잠해지면 안전한 것 같이 생각하는 오도된 판단에서 벗어나 기복 없이 지속적으로 기도할 수 있을 것이다.

2) 남북문제에 대한 인식의 차이

남북관계를 어떻게 보느냐에 따라 기도의 강조점과 간구의 내용이 달라진다. 북한을 이해하는 인식의 틀로서는 무조건 품어야 할 동포로부터 타파해야 할 공산독재국가에 이르기까지 다양한 이미지가 제기되어 있다. 사실 이러한 견해의 차이는 북핵문제의 복잡한 성격을 반영하는 것으로써 하나의 틀만을 고집하여 다른 것은 다 잘못이라고 말하기 힘들다. 물론 극단적인 평화주의나 호전적 승리주의는 배제되어야 한다. 그러나 견해의 다양성을 문제해결의 다양한 국면으로 이해하고 기도의 제목으로 활용한다면, 기도에 지장이 아닌 도움을 줄 것이다.

3) 기도의 초청

자신의 상황인식과 해결방안을 하나님께 '강의' 하지 않더라도 우리는 얼마든지 주님이 기뻐하시는 기도를 드릴 수 있다. 한센씨 병에 걸린 열 사람이 그저 예수님께 '예수 선생님이여 우리를 불쌍히 여기소서' 라고 부르짖었을 때에 주님은 그들의 상황을 '보시고' 그들을 고쳐 주셨다. 기도의 응답이, 우리가 드리는 기도의 내용이나 상황이해의 완전성에 달려 있는 것이 아니라, 주님이 '보시고' 불쌍히 여기시는 일에 달여 있다면, 단순히 긍휼을 구하는 기도만큼 훌륭한 기도도 없다고 본다. 우리의 최선을 다한 기도라도 성령님의 '탄식하는 기도' 와 예수님의 중보기도가 아니라면 응답되지 않을 것이기에, 믿음의 분량과 깨달음의 정도에 따라 드리는 기도를 주님은 기뻐하실 것이다.

4) 기도의 내용

언제나 명백한 하나님의 뜻은 기도의 안전판이다. 한반도에 평화와 정의가 이루어지기를 구하는 기도, 억압받고 굶주린 사람들을 위한 기도, 관련 당사자들에게 지혜를 구하는 기도, 통일을 위한 기도 등은 인류의 보편적 사랑에 기초한 기도들이다. 하나님께서 혹 징계를 베푸신다면 그것은 하나님의 주권에 속한 일이고, 우리의 해야 할일은 주님의 긍휼을 구하면서 할 일에 힘쓰는 것이다. 더 나아가서 북한의 성도들을 위한 기도, 복음 전파와 교회 설립을 위한 기도, 복음으로 하나 되는 통일을 위한 기도는 선교적 기도의 예이다. 이러한 기도가 어떤 모습으로 응답될지는 모르는 일이지만, 그때그때 해야 할부분을 감당하면서 기도를 드리는 것은 남한의 교회에 특별히 주어진 사명일 것이다.

5) 하나님의 경륜과 믿음의 기도

하나님은 남한의 존립과 안전을 위하여 군사력이나 경제적 축복을 사용하실 수 있다. 그러나 이러한 것들을 하나님 대신 의뢰하지 않는 것이 성도의 믿음이다. 속마음으로 우월한 군사력과 경제력을 의지하지 않고 언제나 하나님만을 의존하는 신앙의 자세를 잃지 말아야 한다. 우리는 하나님이 기도를 들으셔서 성취하실 일의 구체적이 로드맵을 잘 알지 못한다. 그러나 우리는 협력하여 선을 이루시는 하나님을 믿는다. 그렇다고 하나님의 경륜과 주권에 대한 믿음이 우리가 마땅히 준비할 것을 준비하지 않거나 기도하지 않는 핑계가 되지 말아야 한다. 성도의 기도와 하나님 경륜 사이에는 신비로운 상관관계가 존재하기 때문이다.

6) 기도와 실천

북한을 위하여 기도할 때에 남한이 우월하다는 입장에서 기도하는 것이 아니라 남한 사회가 더욱 의롭고 사랑이 넘치는 사회가 되도록 기도하고 힘쓰는 일이 필요하다. 중국 특히 연변의 조선족들이 남한 사람들이 하는 일을 칭찬하게 된다면 그 영향은 금방 북한 주민에게 미칠 것이다. 이미 남한에 들어와 있는 탈북자들을 이해하고 도움의 손길을 베푸는 일도 교회가 감당할 수 있는 일들 가운데 하나이다. 사랑의 실천을 통하여 의식의 변화와 관계의 변화를 꾀하는 일도 기도와 더불어 실천해야 할 사랑이다.

7) 경건의 훈련

1970년대에 민족 복음화의 물결이 각처의 기도원과 골짜기를 기도로 가득 채우고 한국성도와 교회에게 기도의 능력을 일깨워준 것처럼, 북한을 위한 기도는 한국교회가 기도하라고 하나님이 주신 '가시'가 아닌지. 그렇다면 북한은 한국성도와 교회의 골칫거리가 아니라 하나님이 사용하시는 경건의 도구이자 기도의 지평을 넓혀주는 과제이다. 북한을 위한 기도는 '자기를 넘어서고, 어려운 사람들을 도우며, 하나님 나라의 확장과 선교적 차원'을 가지기 때문이다. 북핵 문제를 기도와 경건의 훈련을 위한 기폭제로 삼아야 할 것이다.

8. 통일을 위한 기도운동의 회복

안점식 / 선교학

북한 핵실험에 대해서 한국교회가 어떻게 기도해야 하는가에 대해 글을 써달라는 부탁을 받았을 때 조금은 망설여졌습니다. 왜냐하면 기도 제목에는 현실에 대한 필자의 인식이 은연중에 들어갈 수밖에 없는데, 자칫 잘못하면 사람들의 마음에 기도할 마음보다 어려움을 줄 수 있기 때문이다. 많은 경우 견해의 차이는 실재(reality)에 대한 인식의 차이에 기초한 것입니다. 우리 모두는 타락한 인간으로서 제한된 인식능력을 가지고 있으며, 실재에 대해서 온전한 이해를 갖지 못하고 자기 자신의 제한된 경험에 기초해서 실재를 재구성하게 됩니다. 따라서 우리는 항상 열린 마음으로 성경과 성령의 인도와 지도를 받아야 하며, 자신과 다른 견해에 대해서 섣불리 정죄하지 않는 것이 겸손한 태도라고 생각됩니다. 무엇보다도 우리의 첫 번째 기도제목은 북핵문제로 인해서 국론이 심각하게 분열되지 않고, 그리스도인들이 정치적 관점의 차이 때문에 분열되지 않도록 하는 것입니다. 그리스도인은 무엇보다도 성령의 하나 되게 하심을 힘써 지켜야 합니다.

기독교 지도자들이 하나님의 관점에서 북핵문제를 평가하는 것이 아니라 세상의 정치적 견해를 따라서 보수나 진보의 견해를 취하게 되는 것은 분단과 통일에 대한 성경적 관점, 하나님의 관점을 갖지 못하기 때문이라고 생각됩니다. 우리가 북핵 문제를 놓고 기도할 때 취해야 할 가장 중요한 태도는 세상에서 통용되는 정치적 관점을 취하려는 유혹을 뿌리치고 하나님의 관점에서 보려고 부단히 노력해야 한다는 것입니다. 기도는 마땅히 하나님 뜻대로 구하는 것이어야 하며, 하나님의 관점에서 현실을 바라볼 때 하나님의 뜻대로 구하는 것이어야 하며, 하나님의 관점에서 현실을 바라볼 때 하나님의 뜻대로 기도할 수 있습니다. 따라서 우리는 분단과 통일에 대한 하나님의 관점, 성경적 관점을 확립할 수 있도록, 즉 성경적이고 복음적인 통일신학이 확립될 수 있도록 기도해야 하겠습니다.

선교학에서는 타문화를 연구할 때 내부자의 관점(emic)과 외부자의 관점(etic)을 모두 활용합니다. 한 문화를 외부자의 관점에서만 보면 내부자들의 행동과 논리를 전혀 이해하지 못하고 자민족중심주의(ethnocentrism)에 빠져서 내부자들을 정죄할 수 있습니다. 그리고 내부자적 관점에서만 보면 자신들의 행동과 논리를 객관적으로 보지 못하고 자신들의 문제점을 냉철하게 보지 못하게 할 수 있습니다. 우리는 내부자적 관점과 외부자적 관점을 동시에 이해하는 것이 필요하며 궁극적으로는 하나님의 관점으로 내부자적 관점과 외부자적 관점을 평가할 수 있어야 한다고 봅니다. 이처럼 하나님의 관점에서 보았을 때 어떤 인간, 인간의 문화, 국가와 정부도 하나님 앞에서 온전하지 못하다는 것을 인정해야 합니다.

북한은 집권층의 생존과 기득권 유지를 위한 핵무력 시위를 중지해야 하며 핵무기를 해체하고 비핵화의 선언을 실행해야 합니다. 북한은 일반적인 국가의 형태를 넘어서 종교집단의 성격을 가지고 있습니다. 북한은 하나님이 가장 가증스럽게 여기는 김일성-김정일의 우상화를 회개해야 합니다. 북한은 종교의 자유를 허락하고 기독교인에 대한 핍박을 중단해야 합니다. 또 우리는 북한 정권이 생명을 존중하고 기아문제와 인권문제의 개선을 위해서 총력을 다 하도록 기도해야 하겠습니다.

우리는 한반도에 결코 전쟁이 일어나지 않도록 기도해야 하겠습니다. 전쟁을 통해서 많은 무고한 생명이 죽는 것은 하나님이 기뻐하시는 일이 아닐 것입니다. 힘이 있으면 휘두르고 싶은 것이 타락한 인간의 본성입니다. 강대국들의 패권주의는 죄악된 인간성의 발로입니다. 북한의 핵만 위험한 것이 아니라 모든 국가들이 가지고 있는 핵은 위험한 것이며 궁극적으로 폐기되어야 합니다. 미국은 군사력의 우위에 기초한 일방주의를 포기하고 외교적으로 문제를 풀어나가야 합니다. 유엔과 미국, 6자회담 당사국은 인내를 가지고 평화적으로 문제를 해결해야 합니다. 또 우리는 일본인 북핵을 빌미로 삼아서 재무장과 핵무장을 하고 패권주의로 나아가지 않도록 기도해야 하겠습니다.

한국 정부는 통일을 구체적으로 준비해야 하며 중국의 패권주의를 또한 경계해야 합니다. 북한의 붕괴가 곧바로 자동으로 남북통일을 보장해주는 것이 아닙니다. 북한이 중국의 자본에 종속되지 않도록 해야하며 북한이 경제개방을 통해서 국제사회의 일원이 되고 한국을 경제발전의 파트너로 손을 잡도록 기도해야 하겠습니다. 또 모든 한국인들과 한국 기독교인들이 한국의 미래와 안보에 대해서 하나님만을 의지해야 하며 강대국을 의지하려는 불신앙적 태도를 버려야 하겠습니다.

한국교회는 통일을 위한 기도운동을 회복해야 합니다. 경제성장과 함께 한국교회는 급속히 세속화되어가고 있으며 통일을 위한 기도의 열정이 날이 갈수록 식고 있습니다. 한국교회는 북한선교의 전략을 구체적으로 수립해야 하고 통일을 준비해야 합니다. 기독교인들은 통일 비용을 위한 희생과 댓가 지불을 각오해야 하며 북한 땅에 대한 기득권 포기 운동이 일어나도록 기도해야 하겠습니다. 한국 정부는 북한에 대해 상호성의 관점에서 대응해야 하겠지만, 한국교회는 섬김과 화해의 입장에 서야 하며 인도적 차원의 지원에 힘써서 북한 땅에 대한 하나님의 사랑을 나타내야 하겠습니다.

제3부

생명 윤리

1. 생명과 생명공학

조병수 / 신약학

모든 학문이 그렇듯이 과학의 생명도 윤리성에 있다. 학문의 윤리란 진실을 가리킨다. 특히 과학은 진실을 떠나서는 존재할 수가 없다. 자료가 없음에도 불구하고 마치 그런 자료를 사용한 것처럼 주장하거나, 거쳐야 할 연구의 과정을 거치지 않고 어떤 결과를 내놓거나, 심지어 결과를 조작하는 행위는 과학을 죽음으로 몰고 가는 지름길이다. 오늘날 우리는 생명공학자들의 한 부류가 바로 이런 멸망의 지름길에 서 있는 것을 목도한다. 과학이 최첨단으로 발전한 시대에도 인간의 부패는 크게 개선되지 않았다.

그런데 조금 더 내면을 들여다보면 생명공학의 일각에서 벌어진 이런 천인공노(天人共怒)할 조작의 원인은 생명에 대한 존중심이 없었다는 데 있다. 불행하게도 생명공학은 생명을 다루면서 생명에 대한 경외심을 가지고 있지 않았다. 이것은 생명공학이라는 학문이 스스로 넘어가서는 안될 선을 무시한 것이다. 생명을 존중히 여기지 않는 과학자에게서 학문적 윤리를 찾는 것은 매우 어리석은 일이다.

현금에 엄청난 물의를 일으킨 생명공학자들은 수정란이 형성된 후 척추선(원시선)이 나타나지 않는 14일 이전에는 생명체로 간주하지 않는다. 따라서 그들은 이 시기에 줄기세포를 추출하는 과정에서 배아를 파괴해도 윤리적인 문제가 없다고 주장한다. 하지만 여기에서 발생하는 일차적인 문제는 배아를 자궁에 착상시키면 곧 바로 인간으로 성장한다는 데 있다. 다시 말해서 배아는 척추선(원시선)이 가시적으로 나타나는 것과 상관없이 생명체이다.

그런데 성경은 생명에 관해서 이보다도 더욱 엄정한 어투로 가르친다. 그 대표적이 예가 시편 51:5이다. 앞의 구절은 인간이 잉태되는 것을 묘사하면서 잉태된 상태 그 자체가 이미 인격적인 생명체임을 알려준다. 이 구절에 의하면 잉태된 생명체는 출생된 생명체와 동일한 인격으로 보여 진다.

여기에서 흥미로운 것은 잉태란 교미(성교)를 가리키다는 것이다(창 30:41;31:10 참조). 그렇다면 교미(성교)의 단계에 이미 생명체가 형성되었다는 의미가 된다. 이 때문에 성경은 복주에 있는 아기를 인격체로 묘사하는 것을 주저하지 않는다(시139:13-16; 눅 1:39-45 참조). 이것이 별로 놀라운 사실이 아닌 까닭은 성경이 선지자들과 사도들을 통하여 심지어 잉태되기 전 하나님의 선택을 말하고 있기 때문이다(렘 1:5; 갈1:15).

　어쨌든 요즘처럼 생명공학이 부끄러운 이슈가 된 적이 없다. 우리는 그 원인이 생명공학에서 학문의 윤리성이 상실되었을 뿐 아니라 더 근본적으로는 생명의 존엄성이 무시된 것에 있다는 것을 주지해야 한다. 지금 우리는 생명의 존엄성을 망각하는 생명공학은 생명을 다하는 준엄한 심판을 받고야 할 것이라는 역사적인 교훈 앞에 서 있다.

2. 배아줄기세포 연구, 어떻게 생각할 것인가? - 줄기세포와 배아, 그리고 성경

성주진 / 구약학

난치병의 해결사로 각광을 받으며 앞으로 수십 년간 대한민국을 먹여 살릴 차세대 생명산업의 꽃으로 기대되는 줄기세포, 특히 배아줄기세포는 배아 속의 줄기세포로서 신체의 각종 조직으로 발달하기 직전의 세포를 말한다. 그런데 문제는 배아에서 만능세포라고 불리는 줄기세포를 추출하면 배아가 파괴된다는 데 있다. 배아가 완전한 유전자를 가진 생명이라면 줄기세포 추출은 생명의 파괴를 의미하기 때문이다.

황우석씨가 추출했다고 주장한 줄기세포는 자연수정이나 인공수정이 아닌 체세포복제방식으로 얻어진다. 난자에서 핵을 제거하고 거기에 줄기세포를 필요로 하는 환자의 체세포핵을 주입한다고 해서 '맞춤형' 줄기세포라고 불리기도 한다. 이러한 줄기세포도 수정란과 유전정보 차원에서 차이가 없기 때문에 윤리적인 문제에서 자유롭지 못하다.

여기에서 제기되는 윤리적 문제의 핵심은 배아가 생명인가 하는 점이다. 즉, 배아의 도덕적 지위가 논란의 초점이다. 이에 대하여 성경은 직접적인 방식으로 기술하거나, 세분된 전문용어로 설명하지 않는다. 그러나 일상용어로 짜여진 시적 표현들 속에 생명에 대한 진리가 담겨 있음을 놓치지 말아야 한다. 성경의 표현은 단순한 문학적 수사가 아니라 신적 계시이기 때문에 배아에 대한 성경의 견해는 비교적 분명하게 제시될 수 있다.

먼저, 배아는 생명이다(시 139:13). 따라서 줄기세포 자체는 사람이 아니지만 배아는 세포덩어리가 아니라 분명한 사람이다. 사실, 인간생명의 시작은 태아나 배아 이전의 잉태로부터 시작된다는 것이 성경의 입장이다(시51:5). 수정란과 배아를 거쳐 태아와 신생아에 이르는 모든 과정은 하나님의 창조행위로서 하나님의 주권과 섭리 아래놓여 있다. 따라서 인간 생명은 잉태부터 인간의 임의적인 결정이 아닌 하나님의 절대적인 주권에 속한다. 따라서 다양한 장기가 만들어지기 이전의 배아도 분명한 생명체로서 인간으로 보호받아야 한다(시139:16). 사실 신학적으로 하나님은 당신의 자녀를 잉태와 탄생 이전 태초부터 아시고 선택하신다(렘 5:1).

이러한 성경의 해석과 입장은 교리를 내세워 난치병으로 고통을 당하는 당사자들과 가족의 당면한 아픔을 외면하는 교조주의나 모든 과학발전을 죄악시하는 반과학적 태도를 옹호하지 않는다. 인간의 고통을 충분히 공감하면서도 인간은 하나님의 창조물로서 하나님의 말씀에 순종해야 할 책임적인 존재요, 구원이 필요한 타락한 존재라는 사실을 잊지 않는 입장이다.

3. 배아줄기세포 연구의 윤리적 모순

조진모 / 역사신학

미국의 복음주의 잡지인 크리스 차니티 투데이(Christianity Today) 인터넷 판은 나이젤 카메론(Nigel de S. Cameron) 기자를 통하여 근간의 생명공학의 진보와 생명윤리를 연계시킨 기사를 활발히 다루어 왔다. 그는 황우석 파동을, 인간을 지배하는 위치를 차지하려는 생명공학의 횡포에 대한 '윤리의 앙갚음(The revenge of ethics)'이란 차원에서 설명하려 한다. 과학윤리는 반드시 과학자들에 의해 개정될 것을 주장하던 황 박사의 오만한 자세를 모든 문제의 근원이라며 직격탄을 날린 것은, 카메론이 친분을 맺어온 레온 카스 박사(Dr. Leon Kass)의 영향인 듯하다.

카스 박사는 2001년부터 2005년까지 미국 대통령 생명윤리 자문위원회 대표를 맡았던 인물로, C. S. 루이스의 '인간의 폐기(The Abolition of Man)'라는 저명한 에세이로부터 적지않은 영향을 받아 생명윤리 분야를 개척하게 되었다. C. S. 루이스는 2차 세계 대전 중에 나치에 의해 드러난 응용과학의 발전이 지닌 파괴력을 기초하여 인간에게 닥쳐올 재앙을 예견하였다. 과학이 인간의 능력과 힘을 남용하는 자에 의하여 자연과 인간을 지배하고 정복하는 부정적인 수단이 될 수 있다는 확신을 얻게 된 것이다.

카메론은 독자들로 하여금 루이스로부터 사상적 영향을 받은 카스 박사의 제안, 즉 과학은 어느 형태라도 인간 생명의 존엄성을 짓밟을 수 없다는 기본 개념을 수용하기를 기대한다. 과학과 인간의 상호관계에 대한 기본적 이해가 문제를 푸는 열쇠가 된다고 보기 때문이다.

인류는 전통적으로 치료(therapy)를 의학의 목표이자 한계로 두고 자유롭게 발전을 거듭하여 왔다. 과학을 인간을 위해 존재하는 도구로 인식하여 온 것이다. 그럼에도 불구하고 인간의 지혜와 교만을 앞세운 황 박사와 그 부류에 속한 자들은 과학적 발전을 빙자하여 인간의 근본적 개선(enhancement)을 공헌한다. 이는 인간을 과학의 속물로 만드는 영적 도전이기 때문이다.

결론적으로, 현재 미국 복음주의는 이번 문제의 핵심을 하나님께서 창조하신 생명에 대한 인식의 차이로 본다. 하나의 인간 생명체로 보는 배아를 파괴시키지 않아도 되는 성체 줄기세포 연구에 관심을 기울여야 한다는 주장이 널리 수용되고 있다. 배아 줄기세포 연구는 그 성공 여부와 상관없이 한 생명의 치료를 위해 다른 생명을 희생시킨다는 모순을 낳는 윤리적 오류를 낳는다고 믿기 때문이다.

4. 존엄사 논쟁

송인규 교수 / 조직신학

의료 기술의 발전과 각종 첨단 장비의 출현은 아이러니컬하게도 예전에는 생각할 수도 없던 윤리적 딜레마의 상황을 속출케 하고 있다. 최근 들어서는 "의사들의 환자 생명 연장 의무"와 "환자(혹은 보호자들)의 치료 중단 청원" 사이에 의료적 – 법리적 갈등이 불거지고 있다. 다시 말해서, 의사와 병원 당국은 모든 수단과 방법을 총동원해 환자의 생명을 연장하는 것을 양보할 수 없는 의무로 여기는데, 환자와 그 보호자들은 어떤 경우 – 질병의 회복 가능성이 거의 전무하고, 환자가 직접[올바른 정신 상태에서 자신의 뜻을 전달하거나 명백한 진술이 담긴 유서나 육성을 남김] 혹은 간접[평소 주위 사람들에게 심각히 말함]으로 자신의 의사를 표명했을 때 – 환자의 생명 연장에 연관된 장비를 제거해 달라고 요청함으로써 마찰이 빚어진다는 것이다.

그리스도인은 이런 상황에 접해 "생명은 하나님의 주권에 담긴 것이므로 인간 – 그 자신이든 가족이든 의료진이든 – 이 자기 뜻대로 할 수 없다"며 윤리적 논의조차 필요하지 않다는 식으로 일축해 버리는 수가 있다. 그러나 이런 논리는 "모든 재산은 하나님의 것이므로 인간이 어떤 항목에 대해 소유권을 주장하든지 사람들의 소유권 논쟁에 판정을 내리는 것은 주제넘은 일이다"라고 주장하는 것과 비슷하다. 비록 모든 것이 하나님의 소유이지만[신적 차원의 소유권] 하나님께서는 이런 소유권이 인간의 사회적 · 문화적 · 정치적 체계 속에 구현되도록 정하셨고[인적 차원의 소유권], 인간은 법적 장치를 통해 이러한 소유권이 합법적으로 분배되고 일관성 있게 지켜지도록 힘써야 한다.

이와 비슷하게 우리의 생명 역시 하나님의 것이지만 하나님께서는 생명의 출발·유지·종식과 관련하여 몇 가지 사항에 대한 결정권[피임제 사용, 체외 수정 시술, 산모의 생명이 위험할 경우 낙태 실시, 정당방위에 의한 살인, 삼손의 최후 등]을 인간에게 맡기신 것이다. 따라서 우리는 삶과 죽음의 문제에 있어서도 필요한 경우 개인적·제도적 판정을 회피하지 말아야 한다.

그러나 그렇다고 하여 환자나 그 보호자들이 원하는 모든 청원을 전부 수용할 수는 없다. 우선 적극적 안락사(active euthanasia)는 죽음에 임박한 환자의 고통을 덜어 주기 위한 방편으로 약물 투여 또는 치명적 주사약을 주입하는 행위인데, 이는 살인죄에 해당하는 것이므로 용인될 수가 없다. 또 소극적 안락사(passive euthanasia)는 회복이 불가능한 환자에게 생명의 연장을 위한 의료적 조치를 취하지 않음으로써 죽음을 앞당기도록 만드는 일로서, 법적으로는 문제가 되지 않을지 모르지만 그리스도인으로서는 모든 경우의 소극적 안락사에 찬표를 던질 수가 없다.

그렇다면 존엄사(death with dignity)의 경우에는 어떠한가? 이것은 존엄사를 어떻게 정의하느냐에 따라 달라진다. 그저 환자가 인간으로서의 긍지를 지닌 채 죽도록 허용해야 한다는 죽을 권리 일변도의 주장을 내세운다면, 이것은 소극적 안락사의 한 가지 형태가 될 것이므로 그리스도인으로서 함부로 동의하기가 힘들다.

그러나 다음의 조건들이 모두 충족된 예외적인 경우에는 조심스럽게 진정한 의미에서의 존엄사로 판정할 수 있지 않을까 한다. (i) 환자가 회생 가능성이 없을 뿐 아니라 머지않아 생명이 종식되리라고 강하게 추정되는 경우, (ii) 의식이 있는 환자로서 고통이 극심한(고통 완화제가 그 효력을 발생하지 못하든지, 고통 완화제가 효력을 발생하되 이 때문에 생명이 단축되리라고 예측되는) 경우 [혹은 뇌간사(腦間死, brain-stem death)로 판명이 나든지 의식이 없는 환자로서 의식 회복의 가능성이 거의 없는 식물인간의 경우], (iii) 가족들의 의료비 부담이 너무 힘들거나 보험 처리가 된다 하더라도 의료 수가가 지나치게 높은 경우, (iv) 상기한 조건이 발생했을 때, 환자가 친히 불필요한 생명 유지 장치를 제공하지 말아 달라고 몇 번에 걸쳐 명료히 의사를 표한 경우 [혹은 뇌간사에 처하든지 식물인간이 된 환자들은 그러한 상태에 빠지기 전에 유언장을 남기거나 구두 진술을 통해 자신의 의사를 확실히 밝힌 경우]. 만일 이렇게 확실한 조건이 충족되지 않는 경우에 존엄사를 시행하는 것은 말만 존엄사일 뿐 일상은 경박사(death with frivolity)의 우행을 저지르는 일이 될 것이다.

그리스도인들은 앞으로도 사회적 물의의 소지가 되는 윤리적 사안들을 날카로운 분별력과 성숙한 판단력으로써 대처해야 하고, 이왕이면 이런 조치가 우리 사회의 의료적·사법적 지침 형성에까지도 영향을 미치도록 해야 할 것이다.

5. 존엄사 어떻게 볼 것인가?

김추성 / 신약학

지난 2008년 11월 28일 서울서부지방법원이 경제적 어려움을 겪고 있는 가족의 요청에 따라 식물인간상태에 빠진 어머니로부터 인공호흡기를 제거하라는 판결을 내림으로 존엄사에 대한 논란이 더욱 가열되고 있다. 그렇지 않아도 우리나라 여기저기서 자살율이 급증하며 생명경시 풍조가 만연되어 가고 있는데 혹시라도 존엄사가 입법화되지나 않을까 심히 우려된다. 최근에 존엄사와 관련되어 실시된 한 설문 조사에서 71%가 찬성의 뜻을 표했고, 존엄사는 시기상조라고 밝힌 사람이 21%였으며 존엄사에 대해 적극적으로 반대의사를 밝힌 사람은 7%에 불과하였다. 의학계에서도 존엄사를 상당히 인정하고 있는 추세이다.

존엄사는 소극적 안락사와 유사한 개념으로 볼 수 있으며 일반적으로 다음과 같이 정의되고 있다: "생명유지장치에 의하여 의하여 인공적으로 연명할 뿐 다시 소생할 가능성이 없는 혼수상태나 뇌사상태의 환자가 품위있게 죽을 수 있도록 생명유지장치를 제거하여 생명을 단축하게 하는 행위를 말한다." 존엄사에 대한 논의는 결코 단순하지 않다. 이 논의는 의학적, 법적, 윤리적, 도덕적, 그리고 신학적 토론을 함께 요구하기 때문이다. 안락사에 대한 논의는 비교적 많이 있어왔지만 존엄사에 대한 구체적 토론은 신학계에서 아직 부족한 것이 사실이다. 필자가 미국 에서 유학할 당시 트리니티 복음주의 신학교에서 의학윤리(medical ethics), 생명 윤리(bio-ethics)를 주제로 신학자, 의사, 법학자들이 함께 학회를 개최하며 진지하게 토론하는 것을 본 적이 있다. 이 주제는 신학적으로만 해결할 수 없는 문제들이 포함되어 있다. 의학적 전문지식이 반드시 필요하기 때문이다. 사망의 정의를 어떻게 내릴 것인가? 뇌사문제를 어떻게 취급할 것인가? 존엄사와 장기이식의 관계를 어떻게 규정할 것인가? 이러한 질문들은 필연적으로 다양한 의학적이며 법적인 토론들이 포함된다. 우리나라에서도 신학자들뿐만 아니라 기독교 신앙을 공유하는 의사, 법학자들이 이 문제를 놓고 함께 고민하며 대안을 모색하는 것이 시의적절할 것이다.

존엄사 혹은 소극적 안락사를 찬성하는 자들은 인간은 고통에서 해방되어 품위있게 죽을 권리가 있으며 단순히 생명만을 연장시키고 생명을 보호할 수 없는 행위는 오히려 의사의 치료행위에 역행하는 것이라고 주장한다. 나름대로 설득력이 있어 보인다. 환자 가족이 담당해야할 경제적 고통 역시 무시할 수 없는 현실적인 문제임에 틀림없다. John Frame은 존엄사 혹은 소극적 안락사라는 용어는 사용하지는 않았지만 불가피한 예외적 경우에 다른 사람의 죽음을 허용할 수 있다고 보았다. 예를 들면, 명백히 죽음이 임박한 경우 장기이식을 위해서 죽음을 허락할 수 있다고 한다. 그러나 이것 역시 환자의 자발적인 충분한 동의가 있는 것을 전제로 한다.

여하간 우리는 단순히 경제적 문제나 고통의 시각에서 존엄사와 관련된 문제를 결정할 수는 없을 것이다. 비록 원론적이며 충분치는 못하나 제한된 지면을 통하여 다음과 같이 몇 가지 지침을 제안해 본다.

첫째, 이 문제는 무엇보다도 생명을 다루는 문제임을 기억할 필요가 있다. 우리의 대전제는 하나님 홀로 생명의 주인이 되신다는 것이다. 따라서 우리의 생명은 우리의 것이 아니며 하나님께 속하여 있다. 생명의 주관자는 오직 하나님 한 분이시기 때문에 오직 하나님만이 거두어 가실 수 있다. 인간은 하나님의 형상으로 창조된 우리는 다른 사람의 생명이든지 우리 자신의 생명이든지 스스로 거둘 수 없다.

둘째, 고통이 사람의 생명을 무가치하거나 의미없는 것으로 만드는 것은 아니다. 저들은 인간이 고통에서 해방되어 품위있게 죽을 권리가 있다고 강조한다. 더 나아가 질적인 생명이 중요한 것이지 양적인 생명의 단순한 연장은 무의미하다고 생각한다. 그러나 이미 지적한 바와 같이 생명은 그 자체로 중요하다. 또한 우리 주위에 크든 작든 고통 없이 사는 사람이 어디 있는가? 그것이 육체적인 것이든 심리적인 것이든 이 땅에서 고통은 피할 수 없는 것이다. 고통 가운데 무의미하게 보이는 인생을 사는 사람은 그들의 의사에 따라 얼마든지 죽을 수 있다는 말인가? 그렇지 않아도 자살이 여기저기서 끊이지 않고 있는 우리의 현실에서 이것은 결코 가볍게 볼 수 있는 사안이 아니다. 생명자체에 대한 경시 풍조를 더욱 부추길 가능성이 높다.

셋째, 존엄사 혹은 소극적 안락사를 허용할 경우 적극적 안락사로 넘어가는 것은 그렇게 어려운 일이 아닌 듯 싶다. 이런 현상은 이미 서구사회에서 나타나고 있는 현상이다. 품위있게 죽을 권리를 강조하는 원리가 강조될 경우, 적극적 의미에서의 안락사를 반대할 수 있는 근거는 점점 기반을 잃게 될 것이다.

제4부

경제

1. 우리가 당면한 경제 위기의 근원적 이유에 대한 한 생각

이승구 / 조직신학

지금 온 세상이 경제 문제로 인하여 신음하고 있다. 미국에서 비롯된 경제적 위기가 미국의 경제적 현실을 날마다 어렵게 할 뿐만 아니라 온 세상에도 아주 심각한 영향을 미치고 있다는 것을 모든 사람들이 피부로 체감하는 듯하다. 이 경제적 위기 상황 속에서 많은 사람들은 20세기 초반에 역시 미국에서 나타났던 대공황을 떠올리며 상황이 점점 더 악화되고 더 복잡하게 될 것을 예측하며 두려워하는 듯하다. 경제 전문가들도 이를 해결할 수 있는 처방을 쉽게 내놓지 못할 정도이다.

그러므로 이런 경제적 위기의 원인이 무엇인지를 정확히 알아내어 제시하는 것도 쉽지 않은 일이다. 경제적으로는 몇 년 전부터 미국에서 나타난 '비우량 담보 대출' 문제의 여파와 그로부터 시작된 리만 브라더스를 비롯한 여러 금융기관의 파산, 그와 관련하여 나타나는 여러 기업의 파산 위험 등을 중심으로 이를 분석해 보려고 할 것이다.

그런데 이런 분석을 하는 분들도 이 모든 것은 결국 미국의 금융권을 좌지우지하던 월가(Wall Street)의 관련자들이 이제까지 계속되던 호황에 근거하여 무모하게 투자를 부추켜 온 것의 문제를 심각하게 지적하고 있다. 경제적 분석을 하는 분들이 이와 같이 주식 등의 금융권에서 부추켜 온 거품 경제의 문제점을 지적할 정도라면 지난 세기 말부터 오랫동안 얼마나 많은 사람들이 경제를 주도하는 분들이 일으킨 거품을 따라서 상당한 이익을 추구하고 있었는지를 짐작할 수 있다. 사실 우리는 오랫동안 우리들의 문제가 근원적으로 경제적 문제이며 경제 문제만 해결하면 모든 문제를 해결할 수 있다고 생각해 온 것이다. (오래 전 미국 대선에서 "바보야 문제는 경제야!" 라는 구호로 당선된 예들을 생각해 보라).

이런 점에서 이번 경제 위기의 근본적 원인은 인간들의 '탐심'이라는 데에 모든 이들이 의견을 같이 하는 것 같다. 경제 전문가들도 아주 예외적으로 이 상황에서의 문제는 우리들의 탐심이었다는 것을 지적할 정도이니, 성경과 기독교 세계관적 관점에서 이 문제를 바라보는 이들이 얼마나 더 심각하게 이 문제를 지적해야 할 것인가? 이렇게 인간 탐심의 문제를 우리 문제의 근원으로 제시할 수 있는 이런 상황은 (모든 사람들이 경제 문제 때문에 너무 많은 고통을 받고 있다는 점에서) 한편으로는 매우 안타까운 상황이기는 하지만, 또 한편으로는 매우 좋은 기회이다. 그 동안은 성경을 믿는 이들이 십계명의 마지막 말씀과 성경 전체의 사상에 비추어서 우리네 인간의 가장 심각하고 근원적인 문제는 탐심이라는 것을 계속해서 지적해 왔으나, 이 세상은 도무지 그런 말씀에 귀를 기울이지 않아 왔다. 더구나 성경을 읽고 그에 근거한 설교를 듣는 그리스도인들조차도 탐심이 인간 존재의 가장 근원적 문제의 하나라는 것에 주의를 촉구 받으면서도 상당수는 그 말씀에 귀 기울이지 않고 율법을 들으면서도 그 귀를 돌이켜 (잠 28:9) 율법의 의도를 파악하지도 않고 그에 근거한 삶을 살아가지 않았다. 그런데 이제 경제 문제로 고통하며 신음하는 이 세상 전체가 우리의 탐심이 모든 문제의 근원이라는 성경 메시지의 한 핵심을 들을 수 있는 상황에 와 있다.

그러므로 우리는 이런 상황 가운데서 이 성경적 메시지를 귀 기울여 듣고, 이 경고를 마음 속 깊은 곳에 새기고, 이를 듣지 않으려는 사람들에게 잘 전달해야 한다. 우리가 계속해서 자신의 탐심을 따라 살며, 그 결과 그 탐심을 확대해 가기 시작한다면 우리는 지속적으로 더 큰 문제 속으로 들어 갈 수 없다는 것을 더 분명히 전달해야 한다. 이를 가장 잘 전달하는 최선의 방법은 (1) 우리 마음속의 탐심을 버리고서, (2) 탐심을 버린 사람다운 삶의 태도를 가지고 경제생활을 하고, (3) 그리하여 이익이나 자산을 더 얻게 되면 그것의 상당한 부분을 어떤 방식으로든지(기업의 경우에는 재투자이든지, 장학 사업이나 사회 봉사 사역 등을 통한 사회적 환원의 방식이든지, 개인의 경우에는 구체적 구제와 봉사의 방식으로) 다른 이들, 특히 스스로는 자신들의 경제적 문제를 해결할 수 없는 분들을[성경의 용어로, "고아와 과부들"을] 위해 사용하기를 계속해야 할 것이다. 우리가 제시하는 문제점 지적과 해결 방안 제시는 아주 단순히 말하면 성경적 가르침의 근본으로 돌아가자는 것이다. 우리가 진정한 그리스도인이 되고, 진정한 교회 공동체의 모습을 이 세상에 제시하여 함께 나아 갈 때만 우리는 이 어려운 시대에도 하나님께서 우리를 부르신 부르심의 진정한 모습을 드러낼 수 있다. 개개인 그리스도인들과 교회 공동체가 그렇게 경제 생활하지 않는 모습을 볼 때 이 세상은 우리에게서 들을 도전의 말, 우리에게서 배울 문제 해결 방식을 전혀 듣지 못하게 되고 만다.

지금은 경제적 위기 가운데서 온 세상이 인간들의 지나친 탐욕이 문제를 일으키고 그것을 키웠다는 말을 들을 최소한의 준비를 갖추고 있다. 그런 의미에서 이것은 기독교적 메시지가 전달될 수 있는 기회라고 할 수도 있다. 그런데 아마 이 경제 위기 문제가 좀 완화되기만 하면 소위 그리스도인들부터도 다시 탐욕에 근거한 자기 추구(self-seeking) 노력을 지속해 갈 위험이 있다. 심지어 하나님의 이름과 그리스도의 이름을 동원해서도 추구되는 이런 자기 추구와 자기 사랑(amor sui)이 교회 안에서도 지속될 때 우리는 이 세상 그 어디서도 성경적 메시지를 들을 곳이 없게 되는 것이다. 이것은 경제적 위기보다도 더한 영적인 위기인 것이다.

그러므로 우리들은 모두가 인정하고 있는 심각한 경제적 위기 한 가운데서 그 근원적 문제가 부패한 인간성에서 나오는 탐욕이라는 사실을 직시하고, 우리부터 진정 그 탐욕을 버리도록 성령님의 힘을 의존해 나아가야 할 것이다.

2. 폭등하는 부동산과 그리스도인의 성경적 기준 – 부동산 광풍을 보면서

방선기 / 기독교교육학

작년에 우리 사회의 가장 큰 이슈는 부동산이었다. 큰소리치시는 대통령도 그것만큼은 잘못했다고 인정하는 문제가 바로 부동산이다. 이제 부동산은 우리의 문제 정도가 아니라 가히 광풍의 수준이 되어 버렸다. 이런 광풍에 크리스천들도 예외 없이 흔들리고 있다. 그런 모습을 보면 뾰족한 대책은 보이지 않는다. 그러나 성경은 이 문제를 대처하는 분명한 자세는 가르쳐 준다. 성경적인 자세를 갖는다면 결국은 해결할 수 있다. 모든 사람들이 이런 자세를 갖기를 기대하지는 못해도 적어도 크리스천들에게는 기대하고 싶다.

1) 걱정하지 말자.

부동산 열풍이 일어나면서 모두들 점점 집을 사기 어려워진다고 걱정들을 많이 한다. 자연스러운 반응이고 충분히 이해가 간다. 그러나 걱정을 한다고 이 문제가 해결되는 것이 아니다. 어떤 문제에 대해서건 걱정하는 것은 문제해결에는 아무런 도움이 되지 않고 걱정한 만큼 속만 상할 뿐이다. 그런데도 사람들은 저절로 걱정하게 된다. 자연적인 생각으로는 그것을 막을 수가 없다. 이에 대해서 성경은 걱정하는 것이 믿음이 없는 사람의 본능적인 반응이므로 그것을 떨쳐버리고 하나님의 나라와 의를 구하라고 한다(마6:31-33). 이 땅에서 하나님의 나라와 의를 이루는 문제에 대해서 깊이 생각하다보면 그런 걱정을 떨칠 수 있고 그러다보면 내가 어디서 살까 하는 문제는 나도 모른 사이에 해결되는 것을 보게 될 것이다. 그렇다고 경제문제에서 무책임해도 좋다는 말은 아니다. 다만 걱정 해봐야 부동산 문제를 해결하는데 아무런 도움이 되지 않는다는 것은 분명하다.

2) 욕심부리지 말자.

이렇게 부동산 문제가 심각하게 된 데 대해 정부의 무능함을 탓하게 된다. 물론 정부에서 책임을 맡은 사람들이 좀 더 잘 했더라면 하는 아쉬움이 있지만 아무리 최선의 정책을 세우더라도 사람들의 욕심 때문에 일어나는 문제를 사람이 다 해결할 수는 없다. 뉴턴은 "나는 천체의 움직임은 계산할 수 있어도 사람들의 광기는 도저히 예측하지 못하겠다."고 했단다. 사람들이 욕심을 채우려고 애쓰는 한 어떤 대책도 완전한 해결책이 되지 못한다.

욕심 자체가 죄는 아니다. 그것은 사람들이 살아가는데 필수적인 요소이다. 그것 때문에 우리의 삶이 더 발전하고 있다. 그런데 욕심이 있으면 판단을 그르치게 된다. 바둑을 둘 때 경기하는 사람보다 훈수를 두는 사람이 더 잘하는 것은 경기하는 사람에게는 욕심이 있기 때문이라고 한다. 그러므로 이런 상황일수록 욕심을 절제해야 한다(약 1:14-15)

욕심이 이기적이거나 좀 지나치게 될 때 그 결과는 부메랑이 되어서 다시 내게로 날아온다. 부동산으로 내가 돈을 벌면 나한테 좋은 것 같지만 결과적으로 우리 사회가 과열이 돼서 그로 인한 재앙을 면하지 못한다. 그러므로 내게 있는 욕심을 절제하도록 해야 한다. 그것이 지금 내가 할 수 있는 차선책이다.

3) 부화뇌동(附和雷同)하지 말자.

걱정을 하지 않고 욕심을 절제하려고 하지만 주변에서 '억 억' 소리를 내면 마음이 흔들린다. 이때 정말 조심해야 한다. 사실 이 방면에 능력이나 경험도 없는데 뛰어 들어서 은행 빚 때문에 나중에 고통을 당하는 사람들이 많다. 부동산 광풍으로 이익을 챙긴 사람도 있지만 대다수는 피해를 본다. 그런데 피해자들은 숨어서 안 보인다. 그렇기 때문에 진짜 문제는 그 방면에 능력도 재능도 없는 사람들까지 부화뇌동(附和雷同)하는 것이다. 그런 사람들을 향해서 바울은 이 시대의 풍조를 본받지 말라고 했다(롬 12:2) 비단 부동산 문제뿐 아니라 우리나라에서 일어나는 문제들의 대부분은 사람들이 자기주관이 없이 옆집이 하는 대로 따라가는 데서 일어난다.

아무리 내 주관을 가지고 살려고 해도 주변의 영향력이 막강해서 그 쪽으로 휘어지기 십상이다. 주변에서 일어나는 것에 끌려가지 않기 위해서는 하나님의 뜻을 분별하는 것이다. 하나님의 말씀을 묵상하고 기도에 깊이 들어가면 하나님의 뜻을 알게 되고 흔들리지 않을 수 있다.

이 세 가지 대안은 부동산 문제의 해결책이 될 수는 없을지 모른다. 그러나 부동산 문제로 인해 상한 우리의 마음을 회복할 수 있고 흐트러진 우리의 삶이 평안을 회복하게 될 것이다.

부동산 광풍을 보면서 여호사밧의 기도를 드려본다. "우리 하나님이여 저희를 징벌하지 아니하시나이까 우리를 치러 오는 이 큰 무리를 우리가 대적할 능력이 없고 어떻게 할 줄도 알지 못하옵고 오직 주만 바라보나이다"(대하 20:12).

3. 정부의 부동산 정책과 그리스도인의 경제관

한성진 / 교회사

'부'(富)가 가난한 이웃을 위해 사용될 때, 지상의 축복임과 동시에 하늘나라의 금고에 저장되는 순도 100%의 '재산'이 된다

노무현 정부는 2003년 5.23대책에서 새해 벽두의 1.11대책에까지 끊임없이 부동산 대책을 내어놓고 있다. 그러나 정책 양산에도 불구하고 성과는 거두지 못하고 있다. 집값은 매년 기록적인 폭등을 했고 정부와 국민은 온통 부동산에만 매달려 있다. 천정부지로 치솟은 아파트 값은 서민들의 내 집 마련 염원에 찬물을 끼얹은 지 오래다. 최근 공무원과 관련 학과등을 포함한 전문가 96명을 대상으로 1980년 이후 역대 정부의 주택 정책 만족도를 조사했다.

그 결과 참여 정부의 주택 정책은 최하위를 기록했다. 9개의 세부 항목을 보면 노무현 정부는 가격안정 항목에서 가장 낮은 1.99점(역대정권 평균 3.32)를 받은 것을 비롯해 경기활성화(2.21), 사회형평성(2.48), 투기조절(2.61), 공급정책(2.53), 내 집 마련(2.32), 시장중심정책(2.18), 좋은 품질(2.97)등 모든 면에서 역대 정권 평균에 미치지 못했다. 무엇이 이러한 실패를 불러 온 것일까?

상당수 전문가들은 실패의 요인으로 시장에 친화적이지 않는 무리한 규제 위주의 부동산 정책을 들고 있다. 효율성과 부작용을 정밀하게 분석해서 시행해야 할 대책이 수요, 공급의 흐름보다는 정치적인 이념 지향으로 밀어붙여 정책 효과를 반감시켰다는 것이다. 한편 일부에서는 정부의 정책이 공급 확대에 치중하여 오히려 투기 확대를 불러왔다고 비판한다. 이들은 공급 확대 정책 보다 '토지 공개념'에

입각하여 지가를 낮춤으로써 부동산 문제를 근본적으로 해결할 수 있다고 주장한다. 이 두 주장의 공통점은 문제를 '시스템'에만 돌리고 있다는 점이다.

주택문제를 '구조'나 '정책'의 문제로만 사고할 때, 참된 해결의 길은 요원해진다. 주택 문제는 '시스템'의 문제이자 '개인 윤리'의 문제다. 최근 청와대 홍보수석 비서관의 파렴치한 형태에서 보이듯, '개인윤리'가 뒷받침 되지 않는다면, 아무리 좋은 정책도 소용없다. 달리 말하면, 어떤 정부에서든지 정책 담당자 본인들의 윤리적 무장이 선결되지 않고는, 어떠한 규제 정책도 투기를 막을 수 없으며, 어떠한 공급 확대 정책도 집 없는 사람들의 숫자를 줄일 수 없다.

부디 크리스천 정책 입안자들이 대안이 되었으면 한다. 부유한 자를 인정하면서도 가난한 자에게 특별한 관심과 배려, 혜택을 주는 기독교적인 정신이 정책에도 반영되어야 한다. '시장'이 성장하면서도, 동시에 '어려운 분'들과 혜택을 나눌 수 있는 효율적 정책이 필요하다. '양극화'를 부추겨 정치적 입지를 확대하려는 정책에 크리스천은 더 이상 동참하지 않았으면 좋겠다. 아울러 공직자 개개인이 건전한 직업윤리를 갖추었으면 한다. 정책 정보를 활용하여 '치부(致富)'하는 '죄악'과도 결연히 단절하는 참된 용기를 보고 싶다. 왜냐하면 크리스천 공무원의 자정선언만이 얽히고설킨 이 사회의 부동산 문제를 풀 수 있는 실질적인 첫걸음이 될 수 있기 때문이다. 참으로 고린도후서 6장 10절과 같은 크리스천들이 정·관계에 넘쳐나기를 소망한다. "근심하는 자 같으나 항상 기뻐하고 가난한 자 같으나 많은 사람을 부요하게 하고 아무 것도 없는 자 같으나 모든 것을 가진 자로다"

이 와중에 그리스도인 각자는 어떻게 살아야 하는가? 우리 경제생활의 기준은 어떠해야 할 것인가? 크리스천의 '부'는 결코 '죄'가 아니며, 건전한 부는 하늘의 축복이다.

그러나 모든 크리스천이 '부'를 누리고 있지는 않다. 하루하루 먹고 살기도 힘들고, 미래를 생각하면 암울하기만 한 이들이 나날이 늘어나고 있다. '부'가 가난한 이웃을 위해 사용될 때, 지상의 축복임과 동시에 하늘나라의 금고에 저장되는 순도 100%의 '재산'이 된다.

부유한 크리스천은 '부'의 일부를 이웃을 위해 기꺼이 사용하자. 중간층의 크리스천은 늦기 전에 한 몫 챙기겠다는 생각보다는 근검절약 하면서 보다 어려운 이웃을 물심양면으로 돕자.

어려운 크리스천은 결코 낙심하지 말고 자신과 가족의 개선을 위하여 최대한 성실히 노력하자. 그리스도인이 솔선수범 한다면 100년전 평양 대 부흥의 경험처럼 다시금 교회가 이 사회의 참된 희망이 될 수 있다.

4. 원자력 에너지에 대한 묵상

방선기 / 기독교교육학

일본의 지진의 여파로 원자력 발전소가 붕괴되면서 원자력 에너지가 논란의 대상이 되었다. 이전에도 원자력 에너지에 대해서 찬반 논쟁이 있었지만 이번에는 그로 인한 부작용이 크기도 하고 우리에게 현실의 문제가 되니까 좀더 실감이 난다. 원자력 에너지에 대한 전문지식이 없는 사람으로 이 논쟁에 대해서 왈가왈부하기는 어렵지만 하나님의 말씀을 묵상하면서 희미하지만 이에 대한 하나님의 뜻을 찾아보고 싶다.

인류는 하나님의 뜻을 따라 만물을 다스리면서 다양한 기술을 발전시켜왔다. 하나님을 믿는 사람이건 하나님을 믿지 않는 사람이건 모두가 하나님이 주신 지혜로 하나님이 인류에게 주신 사명(창1:28)을 이루어 왔다. 그렇기 때문에 인류가 발전시킨 기술은 기본적으로 하나님에게서 나온 것이라고 말할 수 있다. 가인의 자손들이 목축기술, 악기제조 기술, 날카로운 기계를 만드는 기술을 가지고 있었는데 이 기술은 가인의 자손들이 개발한 것이지만 다 하나님에게서 온 기술이다.(창4:20-22) 이사야 선지자는 그 당시의 농업기술에 대해서 자세히 기록하면서 "이는 그의 하나님이 그에게 적당한 방법을 보이사 가르치셨다(사28:26)"고 했고, "이도 만군의 여호와께서 난 것이라 그의 모략은 기묘하며 지혜는 광대하다(사28:29)"고 하나님을 찬양했다. 인류가 개발한 기술은 기본적으로 그 원천이 하나님이시다.

그러나 인간의 죄로 타락한 세상에서는 인류의 삶에 유익하도록 허락하신 기술이 때때로 악의 도구가 되기도 하고 사람들에게 유해한 결과를 주기도 했다. 인류의 역사상 최상의 기술로 생각하는 인쇄기술은 성경을 모든 사람에게 보급하게 하는 선교의 도구로 아주 유익하게 사용되었지만 사악한 생각을 전하는 도구도 되었고 음란한 내용을 전파하는 도구도 되었다. 죄악 세상에서 모든 기술은 이런 양면성을 지니고 있다.

현대사회에 가장 강력한 영향을 미치고 있는 디지털 기술도 다를 것이 없다. 개인이 세상의 모든 정보를 쉽게 수집할 수 있어서 편리하고 유익하지만 동시에 잃어버리는 것도 많다. 인쇄기술의 경우와 마찬가지로 음란한 내용을 쉽게 접할 수 있게 되고 사람들이 깊이 생각하는 습관을 잃어버리기 쉽다는 부작용이 있다. 이런 양면성은 논쟁이 되고 있는 원자력 에너지에도 나타난다.

원자력 에너지는 전기를 발생시키는 에너지원 중에서는 가장 발전된 것으로 전통적인 화력발전에 비해 훨씬 깨끗하고 저렴하게 만들 수 있다는 이점이 있다. 그렇기 때문에 많은 나라들이 이를 개발하고 있다. 우리나라도 그런 나라 중의 하나이다. 그러나 이 기술 역시 양면성이 있다. 비전문가들도 다 알 수 있듯이, 북한이 문제가 되었듯이 원자력 에너지가 핵무기을 만드는데 사용될 수 있다는 점과 이번에 일본의 쓰나미 이후에 원자력 발전소가 붕괴를 통해 알 수 있듯이 원자력 에너지가 자연을 오염시키고 인체에 해를 끼칠 수 있다는 점이다.

원자력 에너지가 가지는 문제점만 생각해보면 원자력 에너지를 만드는 기술은 이 땅에서 아예 없애버려야 마땅하다. 그러나 그럴 수도 없고 그래서도 안된다. 그 기술이 인류의 삶을 위해서 이미 필수적인 것이 되었기도 했지만 그 자체가 여전히 하나님이 인류를 위해서 허락하신 선물이기 때문이다.

이런 양면성을 가진 것들에 대해서 하나님은 어떻게 대하라고 가르쳐 주는가? "하나님이 만드신 모든 것이 선하매 감사함으로 받으면 버릴 것이 없나니 하나님의 말씀과 기도로 거룩하여 짐이니라.(딤전4:4-5)" 사도바울이 전한 이 말씀은 원자력 에너지에도 적용된다고 믿는다. 지금 전 세계적으로 문제 거리가 된 이 원자력 에너지를 거룩한 도구로 회복하기 위해서는 사용할 때 하나님의 말씀이 가르치는 원리를 지키도록 할 것이며 기도하는 마음으로 제조하고 사용해야 할 것이다. 적어도 하나님을 믿는 사람들은 이런 확신을 가져야 하며 이런 확신을 믿지 않는 이들에게도 비종교적인 언어로 소통을 할 필요가 있다. 이를 위해서는 원자력을 연구하는 전문가들이나 이와 관련 있는 다양한 영역에서 일하는 전문가들의 의견에 귀를 기울여야 한다. 전문가들의 생각이 절대적으로 옳기 때문이 아니라 그들이 우리에게 주어진 권위이기 때문에 존중하는 것이다. 이 문제를 풀어가는 데 이념적인 편향을 가지고 다루지 않도록 조심해야 한다. 많은 경우에 그랬듯이 비현실적인 주장이 고상한 주장으로 변질될 우려가 있기 때문이다.

5. 원자력 에너지를 어떻게 볼 것인가?

김명호 / 기독교교육학

지난 2011년 3월 11일 강도 9.0의 대지진과 이어진 최고 높이 38.9m의 쓰나미로 인해 후쿠시마 원자력 발전에서 방사능이 유출되는 최악의 사고가 발생했다. 일본정부는 후쿠시마 원전사태를 최악의 등급인 7등급으로 격상했다. 환경뿐만 아니라 인체에도 심각한 영향을 줄 수 있는 방사성 물질이 누출되고 있기 때문이다. 1986년 체르노빌 원전 참사보다 상황이 나쁘다는 것이다.

원자력 발전은 지금까지 인류가 거둔 뛰어난 업적임에 틀림없다. 그러나 이러한 눈부신 과학적 업적은 분별력과 책임 있는 사용 속에서만 유익을 얻을 수 있다. 일본은 원자력 발전에 관해서 최고의 수준을 자랑하는 나라였지만 아이러니컬하게 지금 벌어지고 있는 사태에 대해서 일본은 속수무책인 것처럼 보인다. 이러한 사태를 바라보면서 하나님의 창조세계의 청지기직을 맡고 있는 그리스도인은 총체적이며 장기적인 안목을 가지고 원자력 발전에 대해 통찰할 필요가 있다.

원자력 발전이 비록 위험하기는 하지만 원자력 발전에 대해서 찬성하는 사람들은 원자력 발전이 다른 에너지원에 비해 온실가스 배출이 적은 친환경적이라고 평가한다. 앞으로 약 100년동안 상당히 경제적인 가격으로 우라늄을 구입해서 사용할 수 있다는 점에서 원자력은 지속적인 발전 가능성을 가지고 있다. 또한 원자력 발전은 다른 에너지 산업에 비해 훨씬 경제적이기도 하다. 우라늄 1 그램이 완전 핵 분열했을 때 나오는 에너지는 석유 9 드럼이나 석탄 3통에 맞먹는 에너지다. 그리고 매년 수천 명에 이르는 광부들이 석탄 작업 중 사망하는 것과 비교하면 다른 에너지 산업에 비해 인명피해가 가장 적은 에너지 산업이라고 할 수 있다.

하지만 반대 의견도 만만치 않다. 비록 석탄과 석유 같은 연료보다는 이산화탄소를 덜 배출하지만 태양광이나 풍력과 같은 신재생에너지보다는 더 많은 이산화탄소를 배출하고 있다. 가장 큰 문제는 방사성 폐기물이다. 지난 반세기 동안 발생한 고준위 방사성 폐기물의 누적량은 약 30만 톤에 달한다. 이러한 폐기물을 처분하는 과정과 비용을 생각하면 원자력발전은 더 이상 저비용 고효율 에너지가 아니라는 것이다.

체르노빌과 쓰리마일, 그리고 후쿠시마의 원전사태를 통해서 우리가 배울 수 있는 것은 원자력 발전이 인간이 제어할 수 있는 한계를 넘어서고 있다는 것이다. 단지 효율적이라는 이유만으로 이러한 위험을 묵인하거나 간과할 수 없다. 그렇다고 신재생 에너지 산업으로 원자력을 대신하자고 말하는 것도 현실을 외면하는 이상론일 뿐이다.

이런 상황 속에서 지구의 생태계를 다스리도록 소명을 받은 그리스도인은 우리의 소비지향적인 삶으로 인해 이러한 심각한 문제에 봉착했다는 사실을 인정하고 우리의 삶을 돌아볼 필요가 있다. 먼저 태양광과 풍력과 같은 청정에너지와 대체에너지 개발에 좀 더 노력해야 할 것이다. 더 많이 누리기 위해 필요 이상으로 무분별하게 전력을 사용하고 있는 우리의 모습을 반성하고 하나님께서 맡겨주신 창조세계를 지속가능하게 보전하기 위한 노력을 해야 할 것이다. 지금 실천할 수 있는 에너지 절약의 방안을 찾아 실천할 때 생명 공동체로 부름 받은 우리의 소명을 제대로 감당할 수 있을 것이다.

6. 저출산은 영적 문제이다

조병수 / 신약학

선진국 대열에 진입한 우리나라에 불어 닥친 여러 가지 심각한 문제 가운데 하나는 저출산이다. 저출산의 이유는 한 마디로 말하기 어려울 정도로 매우 복잡하다. 사회적으로는 환경오염으로 인한 불임, 결혼 연령의 상승과 미혼의 급증, 취업의 어려움, 자녀 교육비용에 대한 부담, 노후보장에 대한 불안감, 여성들의 학력 상승과 사회 진출 등을 꼽을 수 있고, 정신적인 측면에 볼 때는 개인 이기주의의 확대, 자녀에 대한 책임 회피, 자녀에 대한 기대감을 다른 것으로 대체하는 것, 부모가 된다는 정신력의 상실 등을 언급할 수 있다.

하지만 저출산과 관련해서 우리는 영적인 이유도 반드시 고려해야 한다. 저출산은 인류의 생육을 원하시는 하나님의 뜻을 막으려는 사탄의 작업이다. 오늘날 사탄이 하나님의 거룩한 목적을 방해하기 위하여 도입한 최악의 무기는 부정당한 낙태이다. 세간에 아기를 한 명 출산하는 동안 두 명 반 꼴의 태아가 낙태된다는 말이 돌 정도이다. 생명의 유기이자 파괴인 불합리한 낙태는 저출산의 최대의 적인 셈이다.

저출산의 결과는 상상을 초월하는 수많은 문제를 가져다준다. 저출산은 가계의 단절과 가족의 종말을 빚어낸다. 저출산은 한 세대가 넘기 전에 청년인구의 감소를 이끌어 노동력이 떨어지고 여러 분야에서 인재를 발굴할 가능성이 없어지게 되어 인구에 의한 자본력이 상실되고, 마침내는 국가 활동이 엄청난 저해를 받게 된다.

기독교가 저출산 문제에 신경을 써야 하는 가장 현실적인 이유는 당장에 피부로 느낄 수 있는 주일학교 학생의 급감 때문이다. 이것은 기독교 인구의 전반적인 감소로 이어지면서 교회의 자연적인 성장에 상당한 걸림돌로 작용한다. 하지만 저출산이 기독교에 미치는 영향은 그저 이런 성장방해 정도가 아니다. 그것은 결국 가정에서의 신앙교육만큼 중요한 것이 없는데 가족의 종말로 말미암아 신앙을 전수할 대상이 소멸되어 신앙의 계승이 이루어지지 않는 결과를 낳을 것이다.

더 나아가서 저출산으로 주일학교 인원의 감소가 가속화되면 목회자와 선교사를 지망하는 수가 떨어져 교회가 약화되고 선교가 악화될 것은 물론이고 사회에 거룩한 영향을 줄 훌륭한 기독교인들이 배출되는 데도 문제가 발생할 것이다. 어찌 보면 저출산의 결과인 주일학교의 위축, 목회자와 선교사의 감소, 사회에 영향력 있는 기독교인의 상실 같은 것들은 하나님의 교회를 무너뜨리기 위한 사탄의 가장 교활한 작전이다. 다시 말하자면 저출산은 기독교에서 미래를 빼앗으려는 사탄의 악랄한 수법이다.

따라서 기독교가 저출산의 문제에 적극적으로 대처하지 않는 것은 넋 없이 사탄의 계략에 빠져 허우적대는 것과 다를 바가 없다. 조금 더 강하게 말하자면, 성경을 통해 알려진 하나님의 뜻은 인류의 생육이므로 이 문제를 심각하게 생각하지 않는 것은 성경적 가르침을 떠난 비성경적 교회가 되는 것이며, 스스로 진리를 버린 기독교가 되는 것이다. 나아가서 기독교가 저출산을 대처하지 않고 방치한다는 것은 위에 언급한 문제점들을 모두 허용한다는 것과 같은 말이 되므로 기독교가 사회 문제 해결에 적극적이지 않을 뿐 아니라 사회 문제를 외면하는 비사회적 모습을 가지는 것 외에 아무 것도 아니다.

이 때문에 기독교는 저출산의 문제를 분명하게 직시하고 강력하게 대처해야 한다. 우선 기독교는 저출산이 얼마나 심각한 문제인지 안팎으로 교육하고 홍보하여 그 심각성을 드러내야 한다. 또한 기독교는 청년들에게 결혼의 중요성을 성경적이며 신학적으로 가르치고 결혼의 적령기를 놓치지 않도록 도전을 주어야 한다. 교회는 실제적으로 자주 결혼과 출산에 관한 세미나를 열어 기독교인들이 세속적인 가치관(재력, 직업, 학벌, 신분을 따지는)을 따라 결혼과 출산을 바라보지 않도록 경각심을 불러일으키는 것이 좋다.

저출산 문제를 극복하기 위해서는 목회자들에게 저출산이 초래하는 사회적 위기, 국가적 위기. 교회적 위기에 대한 인식이 향상되어야 한다. 목회자들은 가임기간에 있는 신자들에게 출산을 장려하고 교회들 사이에 청년들의 교제도 권장할 필요가 있다. 가능하다면 교회가 출산 장려금이라든가 영유아 교육을 위한 보조금을 제공하는 것도 저출산 문제를 일각에서 해결하는 생각할 볼만한 일일 것이다. 글을 맺으면서 마지막으로 하고 싶은 말은 기독교가 저출산 방지책을 다각도로 더 많이 연구해서 제시해야 한다는 것이다.

저출산이 문제해결의 지혜인가, 재앙인가? 국토연구원이 예상한 2050년 남한의 인구는 올해보다 700만명이 줄어서 4200만명이 되고, 우리 나라는 세계 4위의 인구감소국가가 될 것이라고 한다. 이와 같은 인구감소는 자연 수명의 단축이나 재난 등 사고로 말미암은 것이 아니다. 오히려 평균 수명은 점점 늘고, 그때 까지 한국은 세계 최고령국가가 될 것이라고 한다. 인구감소의 결정적인 원인은 저출산으로 말미암은 것이다. 이미 한국은 저출산율 세계 1위의 국가이다. 출생아 수는 2010년 43만5000명에서 2050년 19만3000명으로 급속히 줄고, 이런 추세라면 몇 세대 후에는 한국민족이 이 지구상에서 사라질 것이라는 예측을 하는 이들도 있다.

결혼하지 않는 독신 젊은이들이 많아지고, 결혼 연령이 늦어져서 출산 연령이 늦어지고, 전자파나 식품 혹은 환경 호르몬 등을 이유로 불임 여성이 증가하기도 하고, 젊은 부부들이 최소한의 자녀를 낳고 단산하는 것 등이 저출산의 원인이다. 그러나 가장 결정적인 원인은 젊은 부부들의 출산기피 혹은 출산억제이다. 즉 우리 나라의 저출산은 다분히 인위적이고 의지적인 선택의 결과인 것이다. 물론 이러한 선택으로 내모는 다양한 사회적 여건이 배경이 되고 있는 것이 사실이다. 자녀 양육과 교육이 주는 경제적 정신적 부담이 가중되면서 그 부담을 최소화하려는 부모로서의 자구책이기도 하고, 자식을 키우는 보람보다는 자신의 개인적인 삶을 누리는 것을 중요하게 생각하는 인식의 변화의 탓도 있고, 소수의 자녀에게 집중함으로써 더 높은 교육여건을 보장하여 제대로 자식을 키워보겠다는 소위 부모의 책임감과 욕구 등도 요인이다.

문제는 이러한 의식을 근거로 한 저출산 현상에 신자들도 동일하게 사로잡혀 있다는 사실이다. 저출산의 문제는 그러한 현상이 일어난 책임면에서도 기독교가 무관하지 않고, 그 문제를 해결해야 하는 사명에 있어서도 기독교가 무관하지 않다. 기독교는 자녀의 출산을 세상의 일반인들과는 다른 차원과 가치관에서 대할 것을 요구받고 있기 때문이다. 그리스도인은 자녀의 출산과 양육의 문제를 하나님이 세우신 창조 질서의 유지와, 창조 이후 주신 복된 명령의 수행이라는 점에서 인식하도록 성경은 요구하고 있다. 뿐만 아니라, 하나님과의 복된 언약을 유지할 뿐만 아니라 그 언약 관계를 오고 오는 세대에 전수함으로 말미암아 언약관계를 땅끝까지 그리고 세상 끝날까지 확장하여 언약백성으로 살게 하라는 복된 사명을 수행할 것을 요구받고 있다.

이슬람교는 지난 2-30년 이래 급성장을 기록해오고 있다는 것은 주지의 사실이다. 이슬람교의 급성장에 기여하고 있는 주요 요인 가운데 하나는 그들의 다출산으로 말미암은 자연증가라는 것도 주지의 사실이다. 1999-2000년 통계에 의하면 이슬람교도의 출생율은 2.07%(+0.66%)인데 비하여, 기독교도의 출생율은 1.22%(-0.19)이다. 기독교의 인구성장율은 세계인구성장율(1.47%)보다 낮고 이슬람교의 인구성장율보다 턱없이 낮다. 게다가 이슬람교는 출생한 사람의 97%가 이슬람교도가 되는 반면에 기독교도는 출생한 사람의 10%만이 기독교인이 되고 있어서 출생율 대비 성장률에서도 기독교는 이슬람교보다 턱없이 뒤지고 있다. 목숨을 건 선교도 필요하지만, 기독교인이 기독교인을 출산하여 양육하는 순리적인 증가도 못지않게 중요하게 감당해야 한다.

기독교인은 자녀의 출산을 경제적 능력, 교육적 효율성, 사회적 가능성 등의 차원 등에서만이 아니라, 하나님의 백성의 사명을 감당하며, 하나님의 백성됨의 복을 누린다는 차원에서 더 진지하게 인식해야 된다. 하나님이 기르시고 복되게 하신다는 하나님에 대한 믿음과 신뢰, 자기 자신의 삶을 즐기고 여유를 누리는 것 못지 않게 부모로서 하나님이 맡겨주신 자녀를 기르는 것의 의미와 가치를 중요하게 여기는 그리스도인 부모 의식, 하나님이 그의 백성에게 복으로 주신 문화명령과 선교명령을 수행하는 데 중요한 기여를 한다는 의식을 가져야 한다. 그리고 교회는 출산에 대한 신학적, 교회론적 근거들을 개발하여 교인들을 가르치고, 교회가 교회 안의 젊은 부부들의 출산과 양육을 선교적 차원에서라도 지속적으로 돕는 일을 감당하고, 동시에 교회들이 연합하여 국가가 출산과 양육의 책임을 전적으로 부모에게 맡기지 않고 함께 부담하는 정책을 더욱 폭넓게 시행하도록 하는 사회적 요구를 펼쳐가는 노력들이 필요할 것이다.

자녀를 출산함으로 갖게 되는 현실적인 어려운 상황들을 피해가기 위하여 택한 저출산이 개인적으로든지 교회적으로든지 그리고 민족적으로도 궁극적으로는 문제를 해결하는 지혜가 아니라, 큰 재앙을 불러오는 화근이 될 수 있음을 이 사회가 인식해야 한다.

제5부

문화와 사회 진단

1. 공의로운 하나님과 공정한 사회

조병수 / 신약학

최근 들어 우리나라에서는 여러 가지 계기로 "공정한 사회"가 화두로 자주 등장하고 있다. 우리는 두 말 할 나위 없이 공정한 사회를 이룩해야 한다. 그것은 너무나도 당연한 것이다. 하지만 문제는 어떻게 해야 공정한 사회를 형성할 수 있느냐 하는 것이다.

사람은 절대로 공정한 사회를 만들 수가 없다. 왜냐하면 인간은 그 자체가 공정하지 않기 때문이다. 안 된 말이지만, 최대한 타익적인 인간조차도 최소한 이기적인 존재이다. 모든 사람은 예외 없이 자기를 중심으로 생각하기 때문에 남의 눈에 묻은 티는 보지만 내 눈 속에 박힌 들보는 보지 못한다. 아무리 자기중심의 사고를 배제하려고 발버

둥 쳐도 그렇게 할 수 없는 게 사람이다. 역사가 이것을 증명한다. 그러므로 공정한 사회를 이룩하는 일은 인간 밖에서 출발해야 한다.

공정한 사회를 실현할 수 있는 유일한 길은 오직 만물의 창조주이시며 섭리자이신 하나님에게서 발견할 수 있다. 하나님만이 공정한 사회를 만들기 위한 표준이시다. 사회에 대하여 진실로 공정하신 분은 하나님뿐이시다. 왜냐하면 하나님은 인간에게서 얻으실 것이 없기 때문이다. 만물을 창조하신 하나님은 스스로 충분하시다. 하나님께는 부족한 것이 조금도 없다. 하나님은 사람에게 무엇을 받으셔야만 비로소 채워지시는 분이 아니다. 따라서 하나님은 인간에게 아무것도 받아야 할 것 없으므로 객관적으로 가장 공정하시다.

하나님은 자신의 공정성을 다양한 방식으로 표현하신다. 공의의 하나님은 넓게 볼 때 모든 사람에게 동일한 은혜를 주신다. 하나님은 해를 선인과 악인에게 비추시고, 비를 의인과 죄인에게 내려주신다(마 6:45). 또한 하나님은 신자와 불신자에게 사회적으로는 공정하게 대하신다. 그래서 하나님은 과부와 고아를 돌보는 것 뿐 아니라 나그네를 돌볼 것을 엄중하게 요구하셨던 것이다(신 14:28-29). 신자들의 사회라는 아주 좁은 범위에서 볼 때도 하나님은 공정성을 발휘하셨다. 하나님은 광야의 이스라엘 백성이 만나를 거두었을 때 많이 거둔 자도 남지 않고 적게 거둔 자도 모자라지 않게 하셨다(출 16:18; 고후 8:15).

하나님의 공정하심은 역사상에 하나님의 사람들을 통해서 구체적으로 표현되었다. 구약시대에는 모세가 도량형에 부정을 저지르는 것을 엄격하게 금지했고(레 19:35-36), 선지자들은 가난한 자들에게 어떤 식으로든지 불의한 폭력을 가하는 것을 맹렬하게 공격했다(사 5:7). 신약시대에는 세례자 요한이 여러 계층의 사람들에게 설교를 하면서 공정함을 요구했고(눅 3:10-14), 우리 구세주 예수 그리스도는 세리와 죄인의 친구가 되어주셨고(마 11:19), 사도들은 사람을 외모로 차별하지 말 것을 강조했다(롬 2:11; 약 2:1).

하나님은 공의로운 분이시기 때문에 선에 대하여는 보상하시고 악에 대하여는 보응하신다(롬 2:6-8). 하나님의 공의는 하나님의 지극히 높은 존엄을 거스르는 죄들이 최고의 벌 다시 말해서 몸과 영혼에 영원한 벌을 받기를 요구한다(하이델베르크 신앙교육서 11문답). 하나님은 공의롭기 때문에 많이 받은 자들에게는 많이 요구하시고 많이 맡은 자들에게는 많이 달라 하신다(눅 12:48).

이렇게 볼 때 공정한 사회를 실현할 수 있는 유일한 방법은 공정하신 하나님을 표준으로 삼는 수 밖에는 없다. 우리가 공정하신 하나님 앞에 자신을 세울 때 비로소 공정한 사회를 만들 수 있는 길이 열린다. 사회를 공정하게 만들기 위해서 우리 사회를 하나님의 공정하심에 기초시켜야 한다. 하나님의 공정성을 표준으로 삼는다는 것은 첫째로 우리가 하나님 앞에서 끊임없이 회개하면서 우리 자신의 욕심을 최대한 배제하고 스스로 낮아지는 것을 의미한다. 더 나아가서 하나님의 공정성을 표준으로 삼는다는 것은 오직 하나님의 공의로운 시각을 통하여 다른 사람들을 이해하고 하나님의 공의를 실천하기 위한 목적으로 사회를 선도하는 것을 의미한다. 만일 우리가 공의로우신 하나님께로 철저하게 돌아간다면 공정한 사회가 구현되는 날은 아주 멀지 않을 것이다.

2. 성경을 통해 바라본 공정한 사회

방선기 / 기독교교육학

이명박 대통령이 '공정한 사회'를 지향한다고 말하면서 갑자기 이 말이 우리 사회의 중요한 화두가 되었다. 공정한 사회를 생각하면 제일 먼저 떠오르는 것은 억울한 사람이 없는 사회다. 그러나 이것은 다분히 감성적인 정의다. 학자들은 훨씬 논리적인 정의를 한다. 공정한 사회는 출발이 평등하며 경쟁과정에서 반칙이 없는 사회를 말한다고 한다. 이 둘 중에 어느 하나라도 없으면 진정한 의미의 공정이 아니다. 공정한 사회를 이루기 위해서는 모두가 똑같은 선에서 출발하도록 해야 하는데 현실적으로 쉬운 일이 아니다. 이미 경제적으로나 사회적으로 우위를 점한 사람들의 자녀와 그렇지 않은 자녀가 똑같이 출발하기는 어렵다. 그렇기 때문에 제도적으로 보완할 필요가 있다. 농촌 출신 학생들에게 입시에 특혜를 주는 것이 좋은 예가 된다. 경쟁과정에서 반칙이 없도록 하는 것은 그리 어려워 보이지 않지만 현실에서는 그런 반칙이 얼마든지 있다. 어느 장관의 딸이 공무원으로 특채된 것이 문제가 되었던 것은 바로 경쟁과정에서 일어난 반칙이기 때문이다. 이 문제 역시 제도적인 보완이 필요하다. 그런데 이런 제도들이 제대로 역할을 하기 위해서는 정신적인 기반이 있어야 한다. 성경은 바로 이런 정신적 기반을 가르쳐 준다.

공정한 사회를 위해서 성경이 가르치는 가장 기본 원리는 하나님이 공정하신 분이라는 사실이다. 그는 진실한 하나님이시며 공의롭고 정직하며 그의 모든 길이 공평하다.(신32:4) 그러므로 그 분이 통치하시는 나라는 공정한 나라이다. 그래서 우리는 공정한 사회를 이루기 위해서는 주기도문대로 하나님의 나라가 이 땅에 임하기를 기도해야 한다. 완전한 하나님의 나라는 주님이 오실 그때에 이루어지지만 이미 이 땅에 이루어진 공정한 사회의 그림자가 있다.

첫째는 구약의 제사를 드리는 과정에서 나타난다. 모든 사람들이 다 똑같은 제물을 드리지 않는다. 보통은 소나 양으로 드리지만 가난한 사람들은 상대적으로 가격이 저렴한 비둘기로 드릴 수 있게 했다. (레12:8)우리 주님도 아기 때 결례를 드릴 때 비둘기를 드렸다.(눅2:24) 경제적인 형편이 다른 것을 인정하고 거기에 맞게 제물을 드리도록 한 것이다. 이런 약자를 위한 배려의 정신이 있을 때 경쟁에 공정함을 유지할 수 있다. 그런 사회가 바로 공정한 사회가 된다.

둘째로 신약에서는 포도원 비유에서 공정이 잘 나타나 있다. 아침부터 일한 사람들은 저녁에 일을 시작한 사람과 똑같은 품삯을 받게 되자 불만을 터뜨렸다. 주인의 처사가 공정하지 못하다는 것이었다. 그때 주인은 그들에게 약속대로 품삯을 주었으니 불평하지 말라고 했다 여기서 주님은 그 주인의 입을 통해서 은혜를 통해서 얻는 공정함을 가르쳐주었다. (마20:1-16) 은혜를 모르고 공평한 것을 주장한다면 억울함을 느낄 사람이 많아질 것이다. 출발을 평등하게 하기 위해서는 은혜를 베푸는 것이 필수적이다. 우리 사회가 하나님의 은혜를 이해할 때 진정으로 공정한 사회를 이룰 수 있을 것이다.

셋째로 신구약을 통해서 공정을 가장 잘 나타내고 있는 것은 역시 복음이다. 유대인들은 자기들만이 하나님의 자녀가 될 수 있다고 생각했지만 모든 믿는 자에게 미치는 하나님의 의는 차별이 없다.(롬 3:22) 이런 공정함의 뿌리는 바로 하나님이 모든 사람을 똑같이 사랑하신 것이다. 공정한 사회를 이루기 위해서 어떤 제도를 마련하든지 하나님의 사랑으로 해야 제대로 유지된다. 사랑이 없이 만들어진 제도는 일시적으로 유지되지만 시간이 가면 결국에 누군가의 불평을 사게 되고 원래의 의도와 관계없이 사라질 수 있다. 모든 것으로 구제하더라도 사랑이 없으면 아무 유익이 없다고 했다.(고전13:3) 공정한 사회를 만드는데 바로 복음에 나타난 하나님의 사랑이 필수적이다. "너희 모든 일을 사랑으로 행하라.(고전16:14)" 이 말씀은 개인의 삶에서만이 아니라 사회의 공적인 영역에서도 여전히 필요한 말씀이다. 양국의 문화적 간격을 메우는 도구가 될 수 있을 것이다.

3. 세대간의 갈등, 어떻게 풀까?

노상헌 / 기독교상담학

세대간의 갈등 어떻게 풀까? 먼저 문제 풀기를 시작하기 전 세대차는 어쩔 수 없는 현실임을 인식하고 있는 그대로 바라보는 관점이 중요하다. 즉, 세대간 갈등은 해결해야 할 어떤 특별한 문제나 비정상적 현상이라기보다 일상이며 정상이라는 것이다. 영적 성장의 필요성을 강조하는 "내가 어렸을 때에는 말하는 것이 어린아이와 같고 깨닫는 것이 어린아이와 같고 생각하는 것이 어린아이와 같다가 장성한 사람이 되어서는 어린아이의 일을 버렸노라"(고린도전서 13:11)는 사도 바울의 가르침 가운데 어린이와 성인의 생각과 말의 필연적 차이를 암시한다. 곤충들은 자라며 몇 단계의 탈피를 거친다. 예를 들면, 나비는 유충과 번데기의 생물학적 변형 단계들(biological transformational stages)을 거치며 나비라는 성충이 된다. 각 단계들의 차이를 상상해 보라! 먹이도 다르고 보는 것도 다르다. 인간도 이와 유사하게 생물학적 변화 단계를 거치며 성장하는데 문제는 곤충과 같이 외형적으로 뚜렷이 드러나지 않는다는 것이다. 그로 인해 변화 인식이 어렵고 갈등이 필요이상으로 심화될 수 있다.

발달 심리학은 아이들이 의존적 단계, 독립적 단계, 그리고 상호 의존적 단계라는 성장 과정을 통해 세대간의 인식과 관심의 차이를 설명한다. 가족 치료학에서는 "인생주기"(life cycle)란 개념으로 역시 세대간 차이의 필연성을 설명한다. 부부 치료학에서는 이런 인생주기에 건강한 부부는 몇 차례 재혼해야 한다고 말한다. 건강한 부부관계를 유지하려면 인생주기마다 어쩔 수 없이 일어나는 개개인의 변화로 새로운 부부생활에 적응해야 한다는 것이다. 이런 생물학적 요소에 문화적 요소를 가미한다면 세대간의 간극은 더욱 커질 수밖에 없다. 인간은 생태학적 존재로서 자신이 처한 환경에 상상할 수 있는 것보다 더 많은 영향을 받는다. 신세대와 구세대의 성장 환경이 다르고 현재 처한 환경이 다르다. 그런 면에서 세대간의 갈등은 필연이다. 그렇다면 세대간 갈등을 어떻게 극복해야 할까?

첫째, 세대간 갈등을 기회로 인식하는 것이다. 어쩔 수 없는 세대간의 갈등을 오히려 의미 있는 대화와 관계 그리고 상호 성장 기회로 삼자는 것이다. 갈등은 의미 있는 대화가 필요하다는 하나님의 필요성을 뜻하는 것이다. 의미 있는 대화는 의미 있는 보다 깊은 관계로 이어진다. 그리고 갈등을 그런 대화와 관계로 이어갈 때 서로 성장하게 될 것이다.

둘째, 의사소통 훈련 기회로 인식하는 것이다. 의사소통의 기본은 이해이다. 이해란 상대 입장에 서는 것으로 영어의 이해("understanding")가 바로 그런 뜻이다. 상대의 입장에 서서 이해한다는 것은 필립보서 2장의 케노시스(kenosis) 원리을 적용하는 것으로 하나님이신 당신 입장을 내려놓고 우리의 입장인 인간의 형체로 내려와 우리와 함께 하신 예수님을 닮는 영적 훈련이다. "아, 그렇구나!"란 말이 나올 때까지 상대의 입장에 서서 들어보자. 그렇면 소통이 되고 세대간의 갈등을 극복할 수 있을 것이다. 이해받으려면 먼저 이해해야 한다.

마지막으로는 긍정적 의도로 갈등을 바라보는 것이다. 사도 바울은 "하나님을 사랑하는 그 뜻대로 부르심을 입은 자들에게 모든 것이

합력하여 선을 이루느니라"(로마서 8:28)고 말씀하셨다. 보이는 갈등 이면에는 "선"이라는 긍정적 의도가 있다는 뜻이다. 따라서 그리스도인의 과제는 갈등 속에 긍정적 의도를 발견하고 그 관점에서 갈등을 재인식하라는 것이다. 예들 들어, 내 운전솜씨에 빵빵거리는 옆차를 보며 "저 사람 왜 저래, 기분 나쁘게."라고 인식할 수도 있지만 "아, 저 사람이 내 운전에 뭔가 불안감을 느끼고 안전하고 싶어 하는구나"라는 상대의 긍정 의도를 발견한다면 상황을 다르게 인식하게 될 것이다. 그 자체로 갈등이 없어질 수 있다. 그렇지 않으면 긍정적 의도에서 다양한 대안들을 찾아낼 수도 있다.

4. 찬송으로 빚어진 세대간의 갈등, 어떻게 풀 것인가?

이순근 / 실천신학

목회하던 미국 볼티모어의 벧엘교회에서는 5월 가정의 달을 맞아 부모들과 자녀들이 함께 연합예배를 드리려면 언제나 어떤 "찬송"을 불러야 하는가를 놓고 고민하고 갈등했었다. 2세 자녀들은 한글을 모르고, 또 1세들이 부르는 찬송가를 잘 모른다. 그리고 1세들인 부모들은 영어로 찬송을 부르는 것에 익숙하지 않다. 그리고 또 2세들이 부르는 새로운 복음찬송들을 잘 모른다. 이런 일들은 가정에서 가정예배를 드릴 때도 마찬가지이다.

그런데 한국에 와서 보니까 여기도 비슷한 현상인 것 같다. 지금 부모 세대는 찬송가에 있는 찬송들을 부르고, 다음 세대는 새로운 복음찬송들을 부른다. 얼마 전에 목회하는 다애교회에서 가정의 달을 맞아 온 가족이 함께 연합예배를 드릴 때 중고등부 찬양대가 찬양을 인도했는데 어른들도 부를 수 있도록 선곡에 상당히 신경을 쓴 것을 알 수 있었다.

앞으로 세월이 흘러서 20-30년 지나면 한국교회에서 11시에 드려지는 예배에서는 어떤 찬송이 불리워질까? 아마도 우리가 지금 부르는 찬송들 보다는 새로 작곡된 찬송들을 주로 부르고 있지 않을까 싶다.

찬양 가사는 그 시대의 신앙과 경건의 수준을 보여준다. 오늘 어른 세대는 주로 200여년 전에 미국의 천막 집회에서 많이 불려 졌었던 찬송들과 그 전에 불려졌던 예배와 경배에 관한 찬송들을 모아 소중한 영적 유산으로 여기면서 오늘까지 예배 중에 부르고 있다. 그래서 그런지 요즘 젊은 세대의 새로운 찬양들을 부르면 왠지 가사와 곡들이 익숙하지 않고, 찬양 부를 때 소위 은혜가 덜 되는 느낌까지 든다. 그래서 다음 세대의 찬양을 생각하면 왠지 걱정스럽다.

그러나 시편 40편은 새 노래로 하나님을 찬양하라고 한다. 새롭게 경험한 하나님을 새로운 찬양가사로 찬양하라는 뜻이라고 본다. 비록 지금 기성세대가 볼 때 오늘 젊은 세대의 찬양이 다소 미숙하고, 문제가 있어 보여도, 중요한 것은 현재 세대가 자신들이 새롭게 경험한 하나님을 찬양한다는 것을 높이 평가해야 할 것이다. 그리고 계속 새 노래로 그들이 만난 하나님을 찬양하도록 격려해 주어야 할 것이다.

갈등은 서로 다른 견해가 부딪힐 때 일어난다. 세대가 다르면 어차피 생각의 차이는 있게 마련이다. 진리에 관한 문제가 아닌 한, 윗세대가 다음 세대를 용납해 주고, 미숙해도 받아주는 것이 현실적인 대안이라고 본다. 결국 중요한 것은 신앙의 대물림이 아닐까?

5. 댓글을 어떻게 쓸 것인가? - 마음을 살피시는 하나님 앞에서 쓰라

김병훈 / 조직신학

인터넷의 전면적인 보급으로 인하여 의사소통의 이메일, 채팅, 인터넷 카페, 개인 홈피 등 새로운 방식들이 나타났다. 최근 몇 년 사이에 많은 관심과 논의를 유발시켰던 인터넷 댓글은 이러한 새로운 방식들과 관련하여 부수적으로 등장한 또 하나의 방식이다. 댓글은 상대의 글에 대한 답글의 일종이지만 인터넷을 통하여 즉각적인 인터페이스가 이루어진다는 점에서 이성적이기 보다는 감정적인 영향을 미친다. 물론 댓글을 통하여서도 논리적 대화가 가능하겠지만 대체로는 상대의 주장이나 설명에 대해서 댓글자가 자신의 감상이나 느낌을 짧은 형식으로 덧붙이는 양상을 갖는다.

이러한 특징들이 긍정적으로 활성화가 될 때, 댓글은 비록 인터넷 상이지만 사람들이 서로의 생각을 짧은 감상의 표현을 통해 나눔으로써 교제의 활력을 도모케 하는 데 매우 유익하다. 하지만 상대방에게 모욕감이나 치욕감을 주기 위하여 악의적인 댓글을 쓰는 경우에는 해악성이 이루 말할 수 없다. 비방, 욕설, 심지어 거짓 소문을 퍼뜨리는 등의 악성 댓글 또는 악플(악성+reply)들은 단지 상대방과의 개인적 관계에만 영향을 미치는 것이 아니다. 인터넷의 특성상 짧은 시간 내에 많은 사람들에게 전달됨으로써 이에 동조하는 또 다른 악성 댓글들이 군중심리의 흐름을 타고 밀려들어오게 되면 그것의 악한 영향력은 걷잡을 수 없이 커지게 된다.

최근에 몇몇 유명 연예인들이 잇달아 자살이라는 비극적 행동을 하게 된 배경에 악플로 인한 격심한 정신적, 심리적 고통이 있었다는 사실이 밝혀짐에 따라서 댓글 문화에 대한 사회적 반성들이 일어나고 있다. 정부는 인터넷 실명제를 비롯하여 사이버 모욕죄를 입법화하려는 시도를 행함으로 찬반의 논란을 일으키고 있으며, 몇 몇 시민단체들과 연예인들의 각종 단체들은 악플이 아닌 선플(선한 reply)달기 운동을 벌이기로 결의하였다.

정부의 입법과 관련한 반대 주장의 초점은 악플을 막기 위하여 인터넷 실명제에 더하여 사이버 모욕죄까지 입법화 하게 될 경우, 인터넷 상의 자유로운 의사소통이 위축이 되어 정보전달, 정보오류수정, 대중적 의견과 감상을 모으는 여론 형성의 기회 등이라는 순기능마저도 사라질 것이라는 데에 있다. 그리고 보다 더 직접적인 이유는 정부가 건전한 비판과 표현의 자유를 억압할 우려가 높은 '악법'이 될 것이라는 이해에 있다. 요컨대 정부가 악하면 '악플'을 막기 위한 '선한' 법이 오히려 '악법'이 되어 더 큰 문제를 일으키게 될 것이라는 우려이다. 이에 대하여 정부의 악용은 여론의 높은 의식이 적절히 통제할 것이므로 논점에서 비껴간 것이며, 민주주의 사회에서 표현의 자유는 체제를 유지케 하는 초석이지만 그것이 인격권을 침해하는 비방이나 욕설들이 제한없이 방치될 것을 요구하는 것이 아니며, 그럴 경우 표현의 자유는 비방이나 욕설에 대한 두려움으로 인해 오히려 위축이 될 수 있기 때문에 인터넷 실명제와 사이버 모욕죄는 신설이 되는 것이 좋다는 주장도 제기된다.

댓글의 순기능을 살리고 역기능을 약화시키기 위한 노력조차 선한 결과에 대한 확실한 전망을 보장하지 못하는 까닭은 무엇일까? 자신과 견해를 달리하는 진영에 대해 감정적으로 용납지 못하고 또한 편

견으로 인하여 균형이 잡힌 사고를 하지 못하는 데에 그 이유가 있다는 것이 한 가지 답이다. 흔히들 말하는 바처럼, 제도가 바뀌어도 사람이 바뀌지 않으면 백약이 무효이기 때문이다. 악플을 규제하기 위한 사회여론의 조성과 시민운동 그리고 정부의 적절한 법률 제정 등은 다 필요한 일이며 일정한 정도의 효과를 기대해 볼 만한 일이다. 이것은 하나님의 법이 양심에 영향을 주어 심판에 대한 두려움으로 인하여 악행을 다소 제어하는 기능을 하는 원리에 비추어 볼 때 기대해 봄직 한 일이며 기독교인들이 적극적으로 참여하여 이러한 노력들이 구체화되고 열매를 맺을 수 있도록 참여를 하여야 한다.

이러한 노력에 덧붙여 기독교인들이 앞서서 새로운 댓글 문화를 열어가야 한다. 즉 악플을 제어하기 위한 사회적 노력에 더하여 선플을 쓰는 모범적 노력을 행하여야 한다. 이것은 기독교인들에게 주어진 마땅한 신앙적 기대이며 또한 의무이기도 하다. 기독교인들이 댓글을 쓴다면 그것은 반드시 선플이어야 한다는 것은 신앙의 원리상 당연한 일인 것이다. 하나님의 사랑과 그리스도의 은혜로 인하여 죄에서 구원을 받은 기독교인들은 성령의 도우심으로 하나님의 법에 순종하는 새생명의 삶을 살도록 요청을 받는다. 그 부르심은 보이지 않는 곳에서도 은밀히 행한 모든 것을 보시는 하나님께서 주시는 명령이다.

기독교인의 윤리는 외면적일 뿐만 아니라 내면적인 것이다. 예수님은 형제에게 노하는 것이나 바보라 조롱하는 것이나 미련한 놈이라 하는 것도 모두가 원리적으로 '살인하지 말라' 는 계명을 어기는 것이라고 교훈하셨다.(마 5:21-22) 하나님의 계명은 사랑의 원리에 따라서 행하여 질 때라야만 지켜지는 것이다. 예수님을 시험하여 율법

중에 어느 계명이 가장 큰가를 물은 어느 율법사에게 예수님께서 대답을 하신 것은 "네 마음을 다하고 목숨을 다하고 뜻을 다하여 주 너의 하나님을 사랑하라"였으며 또한 "네 이웃을 네 몸과 같이 사랑하라"였다. 계명들 가운데 어느 하나를 택하여 말씀하신 것이 아니라 모든 계명들이 주어진 하나님의 뜻, 곧 계명의 원리를 밝혀주셨다. 이것은 율법의 순종이란 단지 외적인 측면이 아니라 내면적인 측면을 따라 행하여져야만 하는 것임을 드러내신 것이다.

그렇게 볼 때 인터넷 댓글 문화와 관련한 논란은 그리스도의 복음을 전파할 좋은 기회일 수가 있다. 기독교인들이 잘못된 정보나 의견에 대해서도 "악에게 지지말고 선으로 악을 이기라"(롬 12:21)는 주님의 교훈에 따라 덕을 세우는 선플을 쓸 때, "악은 모든 모양이라도 버리라"(살전 5:22)는 주님의 명령에 따라 악플의 표현들을 삼갈 때, "사람의 마음과 양심을 감찰하시는"(시 7:9) 하나님 앞에서 자신의 내면적 죄성을 살피며 성령의 도우심을 구하며 그리스도의 영광을 높일 때, "너희의 착한 행실을 보고 하늘에 계신 너희 아버지께 영광을 돌리게 하라"(마 5:16)는 말씀대로 하나님의 영광을 나타내는 교회가 될 수가 있을 것이다. 아프간 피납의 사태로부터 댓글로 인하여 많은 어려움을 당하고 있는 기독교인들이 악플의 논란이 사회적 문제로 드러나는 이 때에 오히려 선플의 모범을 보임으로써 사회의 윤리적 방향을 이끌어 가는 기회로 삼을 수 있기를 기대해 본다. 샬롬!

6. 댓글을 어떻게 읽을 것인가? – 댓글은 댓글로 읽어라

이성호 / 교회사

댓글을 어떻게 읽을 것인가라는 주제에 대해서 글을 쓰면서 보다 근본적인 질문이 생겼다. "댓글이 꼭 있어야 하는가?" 또는 "댓글을 꼭 읽어야 하는가?" 라는 질문이었다. 만약 댓글이 없어도 되고, 댓글을 읽지 않는 것이 좋다면, "댓글을 어떻게 읽을 것인가?"에 대한 답은 "댓글을 읽지 말자!" 가 답변이 될 것이다. 한국 사람들은 의례히 홈페이지에 게시판과 댓글 기능이 꼭 있어야 한다고 생각하는데, 미국의 웹사이트에는 그런 기능이 거의 없고 있다하더라도 활성화된 경우도 드물다. 댓글 문화가 너무나 오염이 된 오늘날 한국사회에서, 댓글이 없어도 된다는 생각이나 댓글 그 자체를 거부하는 것도 하나의 훌륭한 그리스도인의 삶의 방식이 될 수 있다고 생각한다. 특히 악플이라고 불리는 악의적인 댓글에 대해서는 무대응보다 (심지어 선플보다도) 더 효과적인 대응방법은 없다.

하지만, 한국 사회는 게시판이나 댓글이 이미 하나의 필수적인 문화로 자리 잡았기 때문에 이것들을 전적으로 거부하는 것은 쉽지 않을 것이다. 만약 댓글을 읽기로 마음먹었다면, 한 가지 주의할 것이 있다. 그것은 바로 댓글도 하나의 글쓰기 "장르"라는 것이다. 장르는 글의 내용을 전달하는 방식이다. 글은 내용도 중요하지만 형식도 중요하다. 똑같은 내용도 편지로 보낼 수도 있고, 이메일로 보낼 수도 있다. 그러나 받는 사람은 형식에 따라서 그 형식에 담긴 내용을 전혀 다른 비중으로 받아들이게 된다. 어떻게 보면, 글의 형식 자체가 어떤 내용을 담고 있다고도 말할 수 있다.

예를 들어, 담임 목사가 교회 홈페이지에 쓴 어떤 글에 대하여, 어떤 성도가 간단한 비평을 댓글로 달았다고 치자. 그 성도는 목사와 주일날 직접 만나서 말로 하거나, 편지를 쓰거나, 전화를 하거나, 메일로 자신의 견해를 표시할 수 있었다. 그런데 댓글로 자신의 생각을 표현한 것은 그 글을 쓴 목사와 직접 소통하기 보다는 교회 전체에 자신의 생각을 "가볍게" 표시하려고 한 것임이 분명하다. 이런 경우에 목사는 "이 성도는 이렇게 생각하는구나!" 라고 가볍게 읽는 것이 올바른 댓글 읽기이다. 그런데, 목사가 그 글을 "심각하게" 보고 여러 가지 고민을 하면서 글자 한 자 한 자 짚어 가면서 온갖 유추를 하여 "이 성도가 나를 싫어하는구나!" 라고 결론을 내리면, 그것은 전혀 올바른 독법이 아니다.

댓글을 올바로 읽지 못하면 올바르게 반응을 할 수 없다. 그 댓글을 읽고 자기를 싫어한다고 최종적으로 결론을 내리면, 자질 없는 목사라면, 그 성도에게 당장 전화를 걸어서 자신의 분을 쏟을 것이고, 훌륭한 인격을 갖추었다 하더라도 새벽기도나 철야기도를 열심히 한 후에, 그 성도에 전화를 걸어서 조심스런 목소리로 "아무개 성도님, 저를 좀 오해하시는 것이 있는 것 같은데 오늘 저녁 교회에서 만나서 오해를 푸는 것이 좋겠습니다." 라고 할 것이다. 어떤 경우에든 그 성도는 크게 당황할 수밖에 없다.

어떤 성도가 다른 방식이 아니라 댓글로 비평을 썼다면, 그 이유는 목사와 성도들의 관심을 받고 싶었기 때문이다. 따라서 목사는 댓글 속에서 관심을 받고 싶어하는 성도의 마음을 읽어야 하고, 글의 내용을 분석하여 그 바로 밑에 자신의 비평적 댓글을 달아서 그 성도가 잘

못 생각하는 것을 교정시키려고 해서는 안 된다. 목사가 할 일은 "그 렇게 생각할 수도 있겠네요. 생각을 좀 더 듣고 싶습니다."라고 간단 히 관심을 표시하는 것이다. 댓글은 댓글로 취급하는 것이 가장 좋 다. 바른 댓글 읽기는 성도와 바른 소통을 위한 기초이며, 이 바른 소 통 위에 바른 교회가 효과적으로 설 수 있다.

얼마 전에 제임스 답슨(James Dobson)이 그의 한 저서에서 현금의 미국 문화를 다음과 같이 비평한 적이 있다: "미국의 문화는 성적인 함축들로 가득 채워져 있다(The American culture is fully charged with sexual connotations)." 방송이나 인터넷, 광고 문화를 포함한 사회 소통과 관련된 미국 문화 전반이 건전한 절제의 수준을 훌쩍 넘어서서 인간의 말초적 감성을 극도로 자극하는 방향으로 발전하고 있는 데 대한 경고였던 것으로 생각된다. 실제 미국에서 생활해 보면 케이블 방송이나 인터넷 등 시청 선택이 가능한 매체들은 차치하고라도 공공성을 생명으로 하는 지상파 TV까지도 지나칠 정도로 성적인 내용을 많이 취급하고 있는 것을 본다. 특히 미국인들이 많이 시청하는 시트콤이나 토크쇼 등은 음담패설 류의 선정적인 대사나 조크가 빠지고는 거의 프로가 진행될 수 없을 정도이다. 답슨의 평가는 그대로 정확한 것이라는 생각이 든다.

한국의 TV는 어떠한가. 한국의 지상파 TV는 미국의 TV에 비하면 그래도 현재로서는 건전한 편이다. 음란한 언급의 빈도에 있어서나 노골성의 정도에 있어 지금은 상대적으로 건전하다. 그러나 기본적으로는 미국의 TV들과 꼭 같은 위험을 지니고 있는 것으로 보인다. 선정성과 폭력성의 수준이 꾸준히 미국의 TV를 닮아가고 있고 또한 닮아가려 하고 있기 때문이다. 상업성의 유혹, 즉 시청률을 높여야 한다는 압박이 TV 프로 제작자들로 하여금 이기적이고 탐욕적인 인간의 말초신경을 자극하는 프로들을 생산하는 쪽으로 기울게 한다. 일례로 요즈음의 드라마들을 보면 선정성이나 폭력성에 있어 전보다 훨씬 대담해지고 노골화하고 있다.

현대 문화는 영상시대라는 말로 표현될 만큼 영상에 의한 소통이 원하든 원하지 않든 일반화된 시대이다. 이럴 때일수록 사회의 정책 입안을 책임진 이들은 대중문화의 건전한 발전에 신경을 써야 할 것이다. 도덕적으로 건강하지 않은 문명이나 문화는 결국 파멸하고 만다는 것은 성경도 그렇고 인류 역사가 분명히 보여주는 교훈이다. 상업성에 기반을 둔 자극적인 영상물이 사회의 도덕을 심각하게 타락시키고 더욱이 절제력이 약한 청소년들에게 악영향을 미친다는 사실을 누구도 부인할 수 없을 것이다. 그럼에도 불구하고 경제적 이익의 논리로만 문화 정책이 흘러온 것은 그만큼 싸워야 할 싸움이 힘들고 치열한 것이라는 방증이 될 것이다. 그러나 오늘날처럼 경제 논리에 밀려 음란물이나 폭력물이 TV나 인터넷 매체에 무시무시한 수준으로 노출되게 하는 것은 도저히 사회의 미래를 생각해야 할 정치, 경제, 언론, 문화 엘리트들이 저질러서는 안 될 범죄라고 생각한다.

상업성과 인간 본성의 부패성이 오늘날 TV를 비롯한 영상 매체를 끝없이 오염시키고 있다. 서구의 훌륭한 정신이나 좋은 문화는 힘써 본받으려 하되 타락해가는 사회의 썩은 물까지 본받으려 해서는 결코 안 된다(지금까지는 분별없이 받아들이는 방향으로 서구 문화 습득이 이루어져 왔다). 일단은 정책 입안 엘리트들이 이 점에 심각한 경각심을 가져주었으면 한다. 교회는 인간의 참된 삶의 질이 무엇인지 가르쳐줘야 한다. 사회와 소통을 게을리 하지 말고 성경이 가르치는 절제와 사랑의 참된 가치를 사회에 전파하고 이 가치를 공유하고자 해야 한다. 인간은 휴식도 필요하고 오락도 필요한 존재이다. 건강한 휴식과 오락의 모델을 적극적으로 개발하고 제시해줘야 한다. 성인들을 위해서 그렇게 해야 하고 특히 자라나는 어린이 청소년들을 위해서 그렇게 해야 한다. 도덕, 문화, 정신적 가치에 있어 한국 사회는 위기이다. 먹고 사는 것만 생각하고 가르치는 것은 지도자들의 일도 아니고 더욱이 교회의 일은 아니다. 하나님 앞에 바르고 건강한 사회를 만들어 내는 것이 지도자들과 교회가 해야 될 일이다(참고: 롬 14:17). 위기와 아픔은 정화의 기회인 줄 알고 우리 사회의 오늘과 내일을 새로 정비해야 하겠다.

8. 기독교인은 TV를 이렇게 본다

김명호 / 기독교교육학

현대인들은 상당히 많은 시간을 TV 앞에서 보낸다. 여러 가지 여가를 보내는 시간 가운데 우선순위를 차지하고 있는 것이 현실이다. 그만큼 TV가 우리에게 미치는 영향은 크다. TV가 전해주는 정보는 다수의 사람들에게 급속도로 전파되고 새로운 문화를 형성해간다. 감정이입을 통해서 자연스럽게 설득하고 있기 때문에 사람들은 거부감 없이 TV가 전해는 가치관을 자신의 것으로 받아들이고 그 문화를 모방하도록 만든다.

TV는 강력한 힘을 가지고 있다. TV는 계속적으로 장면과 소리를 쏟아내면서 생각할 여유를 주지 않는다. 내용에 대해서 평가할 틈을 주지 않는다. 그 앞에 지켜보는 시청자들을 제압하고 바보로 만든다. 일방적으로 정보를 쏟아내는 TV의 권력은 가공할 만하다. 드라마의 멋진 주인공은 사람들의 혼을 빼앗고 일상생활을 제대로 할 수 없는 폐인으로 만들기도 한다. TV를 가지고 있는 가정은 가족간에 대화하는 시간이 줄고 사회활동의 모임에 참석하는 수도 줄어든다. 심지어 친구나 이웃의 방문도 준다. 독서할 시간도 줄어들 수 밖에 없다. 그리스도인들에게 TV는 성경말씀을 묵상하거나 기도하는 시간을 빼앗는 강력한 영적 경쟁상대다. 이런 측면에서 TV는 단순한 바보상자 정도가 아니라 우상의 자리를 차지하고 있다. 현대인들은 TV를 앞에 놓고 날마다 묵상하며 즐거워하며 예배한다.

TV가 이렇게 강력한 권력을 행사할 수 있는 것은 시각적이고 극적인 매체이기 때문이다. TV 앞에서는 다른 것을 할 수가 없다. 오로지 집중하도록 만든다. 일방통행식으로 정보를 제공하기 때문이다. 시청하는 사람이 TV에 나오는 사람들을 바꿔놓을 수는 없다. 그저 그곳을 통해 흘러나오는 정보를 받기만 해야 한다.

그리스도인으로서 우리는 TV를 어떻게 다루어야 할까? 우리는 TV를 다스릴 책임이 있다. 그리스도인으로서 우리는 가정에서 제사장, 선지자, 그리고 왕으로서의 책임을 맡았다. 가정에서 발생하고 있는 도덕적 해이와 영적 황폐를 막는 것은 우리의 책임이다. 악한 영향력과 맞서 가정을 보호하는 것은 우리의 책임이다. 그렇다고 TV의 가공할 만한 위력 앞에서 소극적으로 세속문화와 담을 쌓고 살아가는 것은 그리 권할 만한 방법은 아니다. 우리 집안에서 TV를 없앤다고 해서 우리의 문제가 해결되는 것은 아니다. 반대로 TV를 잘만 활용하면 시대의 문화를 이해하는 통로가 될 수도 있다. 우리가 거룩한 영향력을 끼쳐야 할 일상생활 속의 사람들을 이해할 수 있도록 우리를 안내하기도 한다. 우리와 다른 세대의 문화 역시 우리가 넘어서야 할 타문화라고 할 수 있다. 우리는 이런 문화를 향해 선교적 사명을 가지고 타문화를 이해하고 나아가야 한다.

그렇다면 그리스도인으로서 우리는 TV를 어떻게 다스리면 좋을까? 먼저 주도적으로 생활의 우선순위를 가지고 TV 시청하는 시간을 줄일 필요가 있다. 우리에게 주어진 시간의 범위 안에서 꼭 봐야 할 프로그램이 무엇인지를 선택하고 계획하는 것이 좋다. 그저 소파에 앉아서 리모컨을 눌러 채널을 이리저리 돌리며 시간을 낭비하는 것은 그리스도인들에게 결코 추천할 만한 방법이 아니다. 가능하다면 플러

그를 뽑아라. TV를 보기 위해서는 무릎을 꿇고 엎드려서 플러그를 다시 꽂도록 만들면 그런 불편을 감수하는 과정 속에서 시청여부를 선택할 수 있는 여유를 갖게 될 것이다. 우리 자신이 건전하지 못한 내용들에게 쓸데없이 노출되지 않도록 자신을 지키는 것도 중요하다. 소극적이고 개인적인 시청법뿐만 아니라 프로그램의 내용에 따라 시청자들을 제한하도록 검열제도를 엄격하게 운영하는 것도 필요하다. 나아가 정부의 감독 기관에 불건전한 정보들이 전달되지 못하도록 압력을 행사하는 적극적인 그리스도인의 자세도 필요하다. TV를 다스리는, 건강한 그리스도의 제자로 살아가라.

9. 기독교인이 바라본 '강남스타일'

김명호 / 기독교교육학

가수 싸이의 '강남스타일'이 대세이긴 대세인가 보다. 열기가 식을 줄을 모른다. 최근 빌보드 챠트에서 디지털송 분야 1위를 차지했다. 9월 30일에는 영국의 오피셜 챠트 컴퍼니 UK 싱글챠트에서도 1위를 차지했다. 2012년 11월 17일 현재, 강남스타일의 유투브 영상의 클릭수는7억4천을 넘었다.

플래시몹(네티즌이 오프라인에서 벌이는 일종의 해프닝으로 이메일이나 휴대폰으로 연락을 해서 약속장소에 모여 아주 짧은 시간 동안 약속된 행동을 하고 아무 일도 없었다는 듯이 흩어지는 모임이나 행위)도 '강남스타일'이 대세다. 한국 가수로는 최초로 MTV 유럽 뮤직 어워드 '베스트 비디오'를 수상하며 이탈리아 로마의 로폴로 광장에서 3만여 관중과 함께 말춤 플래시몹을 만들었다. 마치 월드컵에서 우승을 해서 모인 것 같은 착각이 들 정도였다. 에펠탑 광장에서 2만 명이 모여 강남스타일 플래시몹을 펼쳤고 폴란드 바르샤바 코페르니쿠스 동상앞에서도 같은 행사가 열렸다.

강남스타일이 이렇게 화제가 되면서 한국교회 내에서도 강남스타일 패러디물을 쏟아내고 있다. 대전의 한 교회에서 제작한 '교회스타일'이 있는가 하면, '수련회 스타일' '우리 셀 스타일' 등의 패러디가 올려졌다. 많은 사람들에게 관심거리가 된 강남스타일을 패러디해서 젊은이들에게 수련회에 함께 가자고 하는 모습이 어찌 보면 가상하다고 생각할 수도 있겠지만 강남스타일의 가치관을 그대로 수용해 마치 세상을 따라가기에 급급한 연약한 교회의 현실을 대변하는 것을 보는 같아서 마음이 씁쓸하기 그지 없다.

강남스타일은 심오한 어떤 철학이나 메시지가 없다. 어찌보면 쓰레기같은 내용으로 채워진 가사에 반복적인 멜로디로 그저 머리를 비우고 무턱대고 몸을 흔들며 놀기에 좋은 곡이다. 뮤직비디오를 채우고 있는 영상도 마찬가지다. 망가지며 보여주는 몸개그 수준의 영상은 그저 낄낄거리며 보기에 딱 좋은 수준이다. 카메오로 출연해서 함께 춤을 추는 팀도 약간 바보같은 분위기를 보여주는 무한도전팀이다. 그런데 한국말로 부르는 이 노래가 전세계를 움직이고 있다. 무슨 내용인지도 모른채 많은 사람들이 따라서 말춤을 추고 있다.

어쩌면 우연의 일치라고 할 수 있겠지만 이런 컨텐츠가 주목받을 만한 환경이 조성되었다. 급속도로 확대된 인터넷 인프라에 스마트폰과 같은 디지털 통신 기술의 발전으로 인해 형성된 거대한 디지털 하이웨이를 통해 고속질주할 수 있는 여건이 마련되었다. 게다가 최근 세계 경제가 어려움을 겪으면서 암울해진 사회는 뭔가 신나는 일이 없을까 찾고 있었다. 이렇게 조성된 인프라 속에서 강남스타일은 전 세계의 주목을 받을 수 있었다.

문화심리학자들은 싸이의 강남스타일을 'B급 문화'의 현상으로 해석한다. 원래 B급 문화는 주류문화에서 벗어난 하위문화(subculture)라는 의미를 가지고 있지만, 고상한 A급 주류문화가 채워줄 수 없는 가려운 구석을 긁어주면서 마니아층을 형성했다.배가 불룩하게 나오고 못생긴 모습의 싸이가 보여주는우스꽝스러운 춤은 국적을 불문하고 모든 사람에게 쉽게 다가갈 수 있었다. B급 문화가 가지고 있는 위로와 응원의 메시지도 한 몫을 했다고 본다. 싸이는 주변의 놀이터나 아무도 보지 않는 화장실에서 누구나 한번쯤을 해보았을 법한 짓을 직접 해보인다. 그것도 과장된 액션으로 아무렇지도 않은 것처럼. 그런 그의 행동은 대중들을 위로하는 방편으로 쓰임받고 있다.

이런 B급 문화는 이미 우리 사회 속에서 오랫동안 토양을 형성해왔다. A급에 못미치는 B급이 아니라 A급 말고도 다른 무엇인가가 있다는 것을 보여주는 상징으로 B급이 자리잡아가고 있다. 어쩌면 한 차원 낮게 평가되었던 한국의 문화가 이제는 한류를 통해 세계 속에 인정받는 것도 그 예가 될 수 있을 것이다. 헐리우드 영화와 비교하면 B급일 수 밖에 없었던 한국영화가 국제 무대에서 인정받고 있는 것도 마찬가지다.

이런 측면에서 싸이의 강남스타일은 단순하게 한 사람의 재주가 탁월한 기획과 노력을 통해서 인정받은 것이라 말하기가 어렵다고 본다. 여러가지 다양한 환경들이 때를 맞춰 상승효과를 만들어내고 있다고 말할 수 있다. 싸이의 강남스타일과 K-Pop, 한국 영화와 드라마와 같은 대중문화를 중심으로 일어나고 있는, 한류라고 일컬어지는 이러한 흐름은 한국에 대한 이해와 동경에 긍정적인 영향을 끼치고 있다.

선교지에서는 한류의 열풍과 함께 한국어를 배우고자 하는 외국인이 늘고 있다. 한국어를 배우기 위해 한국어 예배에 참석하는 사람들도 생겨나고 있다. 한국이라는 나라에 관해서 호감을 가진 사람들이 늘어나고 김치, 고추장, 라면, 가전제품 등의 한국관련 상품을 선호하는 사람도 늘어가고 있다. 한국인에 대해서도 마음을 열고 있다. 이러한 흐름은 하나님이 주신 기회다. 한류의 에너지를 영적으로 전환시켜 보다 적극적으로 복음전파에 활용할 수 있는 방안을 찾아야 한다.

한국교회에는 특유의 교회문화가 있다. 예배와 CCM분야의 많은 사역자들, 사회의 여러 분야에서 인지도를 가지고 있는 그리스도인들, 특별히 예술과 연예계에서 뛰어난 역할을 하고 있는 그리스도인들이 있다. 또한 수많은 신학교에서 준비되고 있는 사역자들이 있다. 기업을 운영하는 많은 기독실업인들이 가지고 있는 네트워크와 경험도 있다. 이러한 자원들을 가지고 세계를 향해 나아간다면 싸이의 강남스타일을 능가하는 거룩한 영향력을 끼칠 수 있다.

문제는 이러한 잠재적 영향력을 가지고 있지만 패배주의에 빠져있는 교회다. 교회가 가지고 있는 기득권을 주장하며 누리려고만 한다면 교회는 본질을 잃고 추락할 수 밖에 없을 것이다. 세상에서 구별하여 교회공동체를 부르신 하나님은 우리를 다시 세상에 파송하신다. 성도 한 사람 한 사람이 잠에서 깨어나 각자에게 주신 사명의식을 가지고 세상 속으로 들어가라고 파송하신다. 세상을 향하여 진정성을 가지고 섬기기 위해서는 존 스토토의 말처럼 안을 향해 둥그렇게 원을 그리며 손잡고 있는 교회의 패러다임이 바뀌어야 한다. 세상을 향해 방향을 바꿔야 한다.

아무 생각없이 대중문화를 따라가며 패러디하는 생각없는 교회도 문제지만 우리만의 독특한 색깔과 모양새를 드러내지 못하고 기가 죽어 패배주의에 빠져있는 교회도 문제다. 우리가 가지고 있는 강력한 문화의 에너지를 끌어모아 진정성을 가지고 세상을 향해 전속력으로 나아가는 교회가 될 필요가 있다. 힐링을 갈망하고 있는 세상을 향해 진정성을 가지고 치유의 손길을 뻗을 수 있는 섬기는 교회가 되어야 할 것이다.

10. 스포츠와 신앙생활

김추성 / 신약학

지난 동계올림픽을 통해 우리는 스포츠의 위력을 새삼 실감하였다. 온 국민이 함께 울고 웃으며 한 마음으로 응원하였고 대한민국 국민 된 것을 자랑스럽게 생각하였을 것이다. 과거 어느 때 보다 스포츠는 싫든 좋든 현대인의 곁에 이미 너무 가까이 다가와 있다. 스포츠는 스포츠의 범주를 넘어서서 국가의 브랜드 역할을 할 정도로 과거와는 다른 의미를 가지고 있다. 스포츠에 대해 보다 적극적이고 능동적인 자세가 요구되는 시대에 우리는 살고 있다.

무엇보다도 현대인에게 적절한 운동은 반드시 필요하다. 건전한 육체에서 건전한 정신이 나온다는 고대의 격언은 하나도 틀리지 않는다. 과거 헬라 사회에서 알렉산더 대제는 그가 정복하는 곳마다 김나지움을 건설하게 하였다. 김나지움은 헬라문화를 전파하는 중심 기관이라고 볼 수 있는데 김나지움에서는 전인교육의 일환으로 반드시 운동을 가르쳤다고 한다.

건강에 관한 서적치고 운동의 중요성을 강조하지 않는 책은 보기 힘들 것이다. 그만큼 현대인은 일반적으로 정신적 노동에 지쳐있고 하루 종일 컴퓨터에 앉아서 시간을 보내야 하는 사람이 늘고 있기 때문이다. 사관학교에서 생도들이 한 가지 이상의 무술을 필수적으로 연마하게 하는 것은 매우 지혜로운 일이다. 기독교의 근본정신은 육체를 무시하지 않는 것이다. 지나치게 영적인 것을 사모하며 육체를 학대하는 것은 금욕주의, 영지주의에 가까운 것이다.

바울은 얼마나 육체의 중요성을 강조했는가. "누구든지 언제든지

제 육체를 미워하지 않고 오직 양육하여 보호하기를 그리스도께서 교회를 보양함과 같이 하나니"(엡 5:29). 외국에서 대학 입학 조건으로 지원자의 스포츠 능력을 중시한다는 것을 우리는 유념할 필요가 있다. 체력이 뒷받침되지 않고는 사실상 아무 것도 제대로 할 수가 없다. "육체의 연습은 약간의 유익이 있으나 경건은 범사에 유익하니"(딤전 4:6). 이 말씀은 분명히 경건의 중요성을 강조한 말씀이다. 그러나 우리는 바울이 육체를 멸시하는 것으로 생각해서도 안 될 것이다. 바울 사도는 스포츠를 적극적으로 권하거나 게임에 참여할 것을 권면하지는 않는다. 아마도 당시 운동경기가 이방신의 제의의식과 관련되어 있기 때문인지 모르겠다. 또한 당시에 피를 부르는 잔인한 격투기가 성행했기 때문일 수도 있다. 여하튼 스포츠에 대해 적극적인 권유를 하지 않은 것 같다. 그러나 디모데의 건강을 위해 포도주를 마시라고 권하는 바울이 아닌가. 또한 여기서 우리는 고대사회와 현대사회의 차이점을 이해할 필요가 있다. 잠깐만 생각해보아도 직종과 계급에 따라 차이가 있기는 하겠지만 고대 사회의 사람들은 오늘날보다 훨씬 더 육체노동을 많이 했을 것이다. 고대인들은 특별한 운동을 필요로 하지 않을 정도로 이미 육체를 많이 사용하지 않았겠는가. 필자가 어렸을 때만해도 2시간 정도 매일 학교를 걸어서 다녔다. 오늘날도 시골에서 하루 종일 농사짓는 농부들이 무슨 운동이 더 필요하겠는가? 그러나 도시에 사는 현대인은 다르다. 사무실에서 시간을 보내며 격무에 시달리는 현대인에게 운동은 필수적인 것이다. 일전에 어느 간호사 출신의 사모가 말하기를 환자는 자기 병에 대해서 책임을 져야 한다는 것이다. 불가피하게 아픈 경우도 있지만 대부분이 자기 자신의 몸을 제대로 돌보지 않았기 때문이라는 것이다.

필자 역시 거의 운동을 하지 않고 오랫동안 공부하다가 30 대 중반에 건강을 잃어버렸다. 그 때부터 운동을 조금씩 하기 시작해서 건강을 회복하였다. 일선 목회자들 역시 예외가 아니다. 요새는 목회자가 넘쳐나는 시대라 목사가 아프면 책상을 빼버린다고 한다. 냉혹하고 서글픈 현실이다. 아무도 목회자의 건강을 돌봐주지 않는다. 자신의 몸을 스스로 돌볼 줄 알아야 한다. 한편, 스포츠가 아무리 필요한 것이고 유익한 것이라 할지라도 역시 여기에도 절제가 필요하다. 적절하게 절제된 운동은 우리의 삶을 더욱 윤택하게 할 것이다. 무엇이나 과도한 것은 유익이 되지 못한다.

11. 3등 기억하기

이성호 / 교회사

지난 2월 한 달 동안 동계 올림픽 경기를 본 대한민국 국민들은 모두 감동의 물결에 휩쓸렸을 것이다. 메달 수에 있어서 역대 최고의 성적을 거두면서 한국은 동계 스포츠에 있어서 강한 나라임을 드러내었다. 특히 김연아 선수가 보여 준 연기, 그리고 그녀가 획득한 금메달은 수많은 사람에게 큰 감동을 주기에 충분하였다.

이제 시간이 좀 흘렀다. 시간이 흘렀다는 말은 이제 침착하게 우리의 행동을 성찰해야 할 때가 되었다 말이다. 모든 것이 그렇지만, 스포츠에도 순기능이 있고 역기능이 있다. 그런데, 그 역기능이 생각 외로 클 수 가 있다. 한국에 있어서 스포츠의 가장 큰 역기능은 지나친 경쟁의식이다. 경쟁 자체가 나쁜 것은 아니지만 지나친 경쟁은 우리로 하여금 살인의 뿌리인 시기심을 자극한다.(하이델베르크 요리문답 106문 참조)

실제로, 이번 동계 올림픽에서 우리 국민들은 지나치게 일본 선수 아사다 마오에 대해서 정도에 지나치는 적개심을 표출하였을 뿐만 아니라 그녀의 연기를 폄하하였다. 필자는 집에 텔레비전이 없고, 또한 스포츠에 별 관심이 없어서 경기를 시청하지는 않았지만, 올림픽에서 은메달을 딸 정도의 실력이면 아사다 마오의 연기도 대단한 연기였음에 틀림이 없었을 것이라 생각한다. 우리는 김연아와 아사다 마오의 연기를 함께 즐길 수는 없을 것일까?

한국 국민의 지나친 경쟁의식은 특히 금메달에 대한 집착으로 나타난다. 심지어 금메달 수로 각국의 성적순을 매긴다; 은메달 100개를 따도 금메달 하나의 가치에 미치지 못한다. 이런 말도 안 되는 계산법을 한국 사람들은 당연하다고 생각을 하고 있다. 1등만 좋아하는 대한민국 국민의 정서는 금메달은 승자고 은메달이나 동메달은 패자라는 생각을 하는 경향을 보인다. 이제는 쇼트트랙에서 금메달을 따는 것이 너무나 당연한 것으로 간주되고 있다.

그래도 이번에 대부분의 한국 사람들은 피겨 스케이팅에서 2등을 한 사람은 기억하고 있을 것이다. 하지만 3등을 기억하는 사람들은 얼마나 될까? Joannie Rochette(조애니 로세트), 이번 피겨 스케이팅에서 동메달을 딴 24살의 '나이 든' 캐나다 선수이다. 그녀가 동메달을 따기 불과 4일전 불행하게도 그녀의 어머니가 심장마비로 돌아가셨다. 이 점에서 그녀의 동메달은 너무나 기쁜 동메달이다. 그러나 또한 너무나 슬픈 동메달이기도 하다. 이번 올림픽 개최국인 캐나다 사람들은 그녀로 인해 말로 표현할 수 없는 안타까움을 경험하였다.

그동안 대한민국은 김연아의 금메달에 휩쓸려 다른 사람들과의 기쁨과 슬픔을 보지 못하였다. 지금 그녀가 있게 된 이유는 캐나다 코치가 있었기 때문이다. 한국사람들이 김연아 뿐만이 아니라 캐나다인 로세트의 동메달도 함께 기뻐하고 그녀에게 위로의 메시지를 전달 할 수 있는 여유는 없는 것일까? 세상은 1등만 기억한다고 한다. 그리스도인들이 세상 사람과 다른 점이 있다면, 그것은 바로 그들이 3등을 기억하는 존재로 살아가야 한다는 것이다.

12. 외모지상주의 어떻게 생각할 것인가? – 외모지상주의적 루키즘 문제있다.

노상현 / 기독교상담학

성경은 하나님이 천지를 창조하시며 창조 때마다 "보시기에 좋았더라"(창 1:4, 10, 12, 18, 21, 25)고 말씀하시고 "지으신 모든 것을 보시고는 보시기에 심히 좋았더라"고 하셨다고 기록한다. 그래서 그런지 하나님의 형상대로 지음을 받은 인간에게도 이런 아름다움을 추구하는 미학적 본능과 욕구가 태초로부터 존재했던 것 같다. 이브를 향해 "이는 내 뼈 중의 뼈요, 살중의 살이라"고 한 아담의 사랑고백은 동서고금을 통해 가장 아름다운 사랑의 고백이며, 모든 것을 지으시고 보시기에 심히 좋았더라고 말씀하신 하나님의 심미안적 속성을 담고 있으며, 그 속성을 그대로 반영하는 고백이라 할 수 있다. 아름다운 동산, 아름다운 광경, 아름다운 사람, 아름다운 꽃, 예쁜 접시 등 사람들은 자연스럽게 아름다움을 추구한다. 그리고 이런 아름다움을 추구하는 미의식은 사람을 동물과 구분하게 하는 근원적인 요소 중에 하나인 것은 분명하다. 아름다움을 추구하지 않는 세상이 어떨지 상상해보라! 그곳은 분명 천국은 아닐 것이다.

성형수술과 자아존중감과의 관계를 연구한 다양한 보고서들은 적절한 성형수술은 자아상에 긍정적인 영향을 미친다고 공통적으로 보고한다. 예를 들어 평소에 몸의 어느 부분이 마음에 들지 않아 고치고 싶었던 사람이 그런 기회를 갖게 될 때 자신의 몸에 보다 긍정적인 생각을 갖게 되고 그에 따라 보다 높은 자존감을 갖게 된다는 것이다. 이런 점에서 현대 성형의학의 발전은 많은 사람들에게 큰 축복일 수 있다. 최근 1,264명의 취업예비자들을 대상으로 한 어떤 조사에 의하면 응모자의 98%가 "외모가 취업에 중요한 영향을 미친다"고 응답했고, 이들을 뽑는 기업의 인사 담당자 584명 중 94%가 채용시 "외모를 고려한다"고 말했다고 한다. 이런 현실을 살아가야 하는 젊은이들에게 성형수술은 하나의 격려와 기회가 될 수 있다. 실상 필자가 도와주었던 한 내담자는 신앙, 성격, 그리고 실력은 다 좋은데 입술 끝이 아래로 축 쳐서 늘 화가 나 보이는 얼굴 때문에 면접에서 늘 낭패를 보았다. 모험으로 성형수술을 했는데 첫 입사시험에 시원하게 합격하여 성형수의 위력을 경험한 적이 있다. 이런 것은 비성경적이라고 말할 것도 없고 오히려 이런 기회를 가능케 하신 하나님께 감사할 따름이다.

문제는 외모지상주의인 '루키즘(lookism)이다. 루키즘은 미국 뉴욕타임스의 저명 칼럼니스트 윌리엄 새파이어가 처음 소개한 단어로 인종, 성, 종교, 이념 등과 함께 인류 역사에 불평등을 만들어낸 원인의 하나로 외모를 지목하고, 외모가 개인간 우열과 인생의 성패를 가르는 전부가 되어가는 21세기판 지구촌 차별주의 현상을 지칭하는 말이다. 20세기 후반부터 시작된 루키즘은 앞 세대와 다르게 아름다움을 전적으로 외모에서 찾는다는 것이다. 이런 루키즘 문화가 등장하기 전에도 미와 아름다움을 추구하는 루키즘이 있었다. 이전 아날로그 그 루키즘은 앞 세대와 다르게 아름다움을 전적으로 외모에서 찾는다는 것이다. 이런 루키즘 문화가 등장하기 전에도 미와 아름다움을 추구하는 루키즘이 있었다. 이전 아날로그 루키즘은 아름다움의 기준으로 미덕, 인성 등과 같이 내면적 가치와 사람 됨됨이도 외모만큼 중요한 요소였다. 그러나 이 현대판 디지털 루키즘은 그 아름다움을 전적으로 외모에서 찾는다는 것이다.

외모지상주의적 루키즘은 많은 심각한 문제를 갖고 있다. 먼저 이런 지상외모주의적 가치관이 전반적으로 반기독교 가치관이라는 것이다. 하나님은 루키즘에 대해 "사람과 같지 아니하니 사람은 외모를 보거니와 나 여호와는 중심을 보느니라"(삼상 16:7)고 밝히셨고, 실제로 우리를 외모로 취하지 아니하셨다(롬 2:11)고 말씀하시며 사람을 "외모로 취하지 말라"(약 2:11) 하셨다. 베드로 사도는 우리가 "오직 마음에 숨은 사람을 온유하고 안정한 심령의 썩지 아니할 것으로 하라"고 하셨는데 "이는 하나님 앞에 값진 것"이기 때문이라 말씀하신다(벧전3:4).

외모지상주의는 또 다른 심각한 문제는 외모라는 조건이 서로를 평가하는 중요한 기준이 되어 온통 외모에 집중하게 한다는 것이다. 이것은 외모 우상주의라는 반성경적인 삶을 초래할 뿐만 아니라 개인으로 하여금 심각한 중독 증상으로 고통 받게 한다는 것이다. 예를 들어, 필자가 돕고 있는 한 고등학생은 몇 개월을 굶으며 살을 빼고, 소화기장애가 일어나는 것을 알면서도 계속 다이어트 약을 먹고, 그것으로도 부족해 때로는 억지로 먹은 것을 토해내기도 한다. 그 부작용으로 우울증과 신경과민증까지 보이면서도 그칠 수 없어 결국 상담실을 찾게 된 것이다. 이것이 외모지상주의가 가져다 주는 악이다.

그러나 외모지상주의가 갖고 있는 가장 큰 불행은 무엇보다도 혐오스러운 사단의 전술에 있다고 생각한다. 사단의 달콤한 약속은 아담과 하와에게 큰 비극이 되었다. 외모지상주의는 그와 유사한 성격을 갖고 있다. 원래 자존감이 낮은 사람들이 연구보고에 의하면 흥미롭게도 성형중독에 빠진 사람들인 일반인들보다 자존감이 낮다. 이 외모의 변화를 통해 자존감을 높여보려고 했지만 그 성형비밀로 인해 더 큰 자존감의 고통을 갖게 된다는 것이다. 우스꽝스러운 예 하나를 들면, 한 잡사님이 찾아와 "목사님, 부끄럽지만 제가 처녀 때 제 턱이 너무 각이 지어 있어서 수술을 했었어요. 그런데 우리 딸 턱이 제 것과 똑같아요. 남편이 종종 '쟤는 어디에서 왔어. 도대체 누구를 닮은거야, 신기하군.' 이라고 할 때마다 가슴이 두근거려요. 어떻게 해야 하나요?" 라고 물은 적이 있다. 이것이 성형수술이란 남들에게 말 못할 비밀을 가진 사람들의 모습이다. 성형수술은 결코 낮은 자존감 문제를 해결하지 못한다. 그것은 또 하나의 사단의 기만 전술일 뿐이다.

13. 하나님의 관점으로 사람을 보아야

방선기 / 기독교교육학

요즈음 사람들이 유난히 외모에 관심을 쓰는 것 같다. 원래 사람의 눈이 외모를 볼 수 밖에 없으니 당연한 일이라고 생각한다. 더구나 요즈음처럼 듣는 것보다 보는 것이 더 강조되는 문화적 환경에서는 어쩔 수 없을 것 같다. 이런 현실은 크리스천이라고 다를 것이 없다. 사실 하나님께서도 당신은 사람의 중심을 보지만 사람은 외모를 본다는 것을 어느 정도 인정하셨다. 뿐만 아니라 그렇게 해서 선택한 다윗을 묘사하는 데도 성경은 "그의 빛이 붉고 눈이 빼어나고 얼굴이 아름답더라(삼상16:12)"고 했다. 그러니 우리가 자신의 외모에 신경을 쓰거나 다른 사람의 외모를 보고 그 사람에 대해서 평가를 하는 것 자체는 크게 나무랄 일은 아니다. 그러나 요즈음 우리 사회에 판을 치고 있는 외모지상주의는 문제가 있다. 이것은 개인의 삶은 물론 사회전반에 부정적인 여향을 미치고 있다. 이것은 개인의 삶은 물론 사회전반에 부정적인 영향을 미치고 있다. 그러므로 크리스천은 이런 세대를 본받지 않으면서 그 속에서 하나님의 뜻을 분별해야 한다.

첫째로 외모지상주의의 문제는 외모에 대한 지나친 집착으로 나타난다. 외모를 아름답게 하기 위해서 성형이나 다이어트를 하는 것 자체가 잘못된 것은 아니지만 그것이 지나쳐서 자신의 몸으로 학대하는 수준에 이른다면 그것은 문제가 된다. 외모 때문에 경제적으로 무리하게 소비를 하는 것은 또 다른 문제이다.

둘째로 외모지상주의의 문제는 획일성으로 나타난다. 누구의 얼굴처럼 고치고 싶다든가 키가 얼마나 커야하고 몸이 날씬해야 한다는 기준들을 보면 도무지 개인의 다양성이 설 자리를 찾을 수가 없다. 그러다보니 외모들이 다 비슷비슷하게 되어서 우리 안에 있는 아름다움을 발견하지 못하게 된다. 정말 안타까운 일이다.

끝으로 외모지상주의는 점차 내면의 아름다움을 보는 눈을 점점 어둡게 만든다. 그러다보면 자신의 내면세계도 황폐해지고 다른 사람의 내면도 보지 못하게 되어서 사람과의 관계가 점점 피상적으로 변하게 된다.

이런 외모지상주의를 극복하기 위해서는 크리스천들이 먼저 외모에 대한 관심을 절제해야 하며, 외모에 대한 다양한 기준을 갖도록 하며 눈에 보이지 않는 내면을 보도록 노력해야 한다. 그렇게 될 때 비로소 하나님의 관점으로 사람을 보게 될 것이다.

잘 알려진 대로 지금 우리나라의 술 소비량은 세계에서 상당히 높은 편에 속한다. 앞으로도 경제적인 여건이 향상될수록 술 소비량은 꾸준히 증가할 전망이다. 게다가 토속 재료를 활용하여 우리나라 사람들의 구미에 맞는 술을 개발하는 일들이 많아지면서 술 소비량 증가의 현상은 계속될 것이 분명하다. 특히 술 소비량이 높아지는 까닭은 술이 유난히 감정적인 우리나라 사람들의 정서에 잘 맞는 듯이 보이기 때문이다.

술은 감정과 매우 깊은 관계를 가지고 있는 것 같다. 사람들은 대체로 두 가지 이유 때문에 술을 마시는 것으로 정리해볼 수 있다. 일반적으로 사람들은 기쁜 일을 만났을 때나 괴로운 일을 당할 때 술을 마신다. 한편으로 술은 즐거움의 표로 인식된다. 그래서 교제, 축하, 위안, 자기만족 등을 위해서 술이 사용된다. 다른 한편으로 술은 괴로움을 해소하는 도구로 사용된다. 사람들은 상심, 좌절, 불만, 원한, 이런 것들을 잊어버리기 위해서 술을 마신다. 음주는 희락을 표현하는 방식이자 고통을 잊기 위한 방식이다.

신자들에게는 술이 기쁨을 나타내거나 슬픔을 해소하는 궁극적인 도구가 아니다. 어떤 상황에서든지 신자들이 감정을 표출하는 가장 아름다운 방식은 하나님과의 관계이다. 성경을 묵상하거나 기도하는 것 또는 찬송하는 것은 기쁜 마음을 북돋아주고 괴로운 마음을 안정시킨다. 예나 지금이나 하나님과의 교제를 통해서 여러 가지 감정을 표현하는 것이 신자들에게 가장 훌륭한 자세이다.

이 때문에 성경은 술에 대하여 분명하게 부정적인 입장을 취한다. 술 취함에 대한 성경의 첫째 언급은 홍수 후에 노아가 포도주에 취해서 자식들에게 부끄러운 모습을 보여준 사건이다. 노아의 술 취함은 결국 자식들 가운데 누구에게는 축복을 말하고 누구에게는 저주를 내리는 엄청난 해프닝을 자아냈다. 이 사건은 술 취함이 치명적인 문제를 초래할 수 있다는 전제 아래 신자들이 술에 대하여 얼마나 조심해야 하는지 시사하는 중요한 상징성을 가진다.

성경은 불신 세상 사람들의 모습을 제시할 때 술 취함을 운운하는 경우가 많다. 술 취함은 신자들이 결사적으로 피해야 할 악덕목록 가운데 한 항목을 차지한다(롬 13:13; 고전 6:10; 갈 5:21; 벧전 4:3). 앞에 나열한 성경 구절들을 읽어보면 술 취함이 얼마나 심각한 것인지 금방 알 수 있다. 술 취함의 무게는 음행, 도적질, 폭행, 사기 등과 전혀 다를 바가 없기 때문이다. 한 마디로 말해서 술 취함은 방탕함을 가장 명백하게 보여주는 대표적인 케이스이다(엡 5:18). 그래서 만일에 신자라고 불리는 어떤 사람이 술 취함을 일삼는다면 그런 사람과는 사귀지 말 뿐 아니라 심지어는 내쫓으라고 경고하는 것이다(고전 5:11).

사도 바울은 특히 교회의 지도자들이 술을 즐기는 것에 대하여 심각하게 경고했다(딤전 3:3; 딛 1:7). 술을 즐기는 사람은 교회의 지도자가 될 수 없다는 것이다. 술에 약간 치료기능이 있는 것은 사실이지만(딤전 5:23) 그것이 빌미가 되어 교회의 지도자가 술을 즐기는 것은 용납될 수 없는 일이다. 술은 사람의 의식을 희미하게 만들어 자제력을 떨어뜨린다. 그러다보니 만일에 교회의 지도자가 술에 취하게 되면 모든 품위를 잃어버릴 가능성이 높아진다. 그 결과는 두 말 할 것 없이 자명하다.

　신자들은 술을 즐기며 술 취하는 것에 익숙한 사람들과 어쩔 수 없이 함께 할 수밖에 없는 상황이 많이 벌어진다(고전 5:10). 이때 신자들은 불가피한 상황이라고 정당화하면서 불신세상의 술 문화를 그대로 받아들일 것이 아니라 도리어 성령의 도우심을 의지하면서 지혜를 발휘해서 신자의 영광스러운 품위를 유지할 뿐 아니라 표현해야 한다. 신자에게는 세상에서 자신의 거룩함을 지켜야 하는 것에 그치지 않고 자신의 거룩함을 세상에 심어야할 사명이 있기 때문이다.

15. 신앙과 음주가 병행될 수 있는가?

조진모 / 교회사

한국 교회의 전통

한국 교회는 전통적으로 음주 문제를 성도들의 도덕성의 차원을 넘어 신앙의 척도로 여겨왔다. 초기 선교사들이 금주를 강조한 결과이다. 기독교의 정체성을 알리는 중심에 금주가 자리하였던 것이다. 복음의 근본을 제대로 이해한 신앙인은 결코 술을 가까이할 수 없다고 믿었다. 심지어 교회 밖의 사람들도 예수쟁이들은 술을 마시지 않는다고 알고 있었다.

요즘의 상황은 어떠한가? 세계 어느 곳에서도 찾아보기 힘든 우리나라의 고질적인 음주문화의 병폐는 매우 심각하다. 직장생활, 사업 경영, 그리고 대인관계를 제대로 하려면 술자리를 피할 수 없게 되었다. 평신도는 물론 교회의 직분을 맡은 자들까지도 음주문화의 횡포로 인하여 신앙적 도전을 받고 있는 형편이다.

그렇다면 현재의 음주문화에 대하여 교회는 어떤 반응하고 있는가? 보수적인 목회자들은 음주를 죄로 단정하고 이럴 때일수록 순수한 신앙을 지켜야 한다고 가르치고 있다. 그러나 불행하게도 대다수의 목회자들은 가급적 음주문제에 대한 직접적인 언급을 회피하고 있는 실정이다. 개인이 알아서 하라는 태도로 이 문제를 회색지대로 밀어 넣고 있다. 한국교회가 지켜온 금주문화의 전통이 파괴되는 현실이다.

성경이 말하기를

술자리에 임하는 성도들은 양심의 가책을 받거나, 음주는 신앙과 전혀 무관하다고 생각할 수도 있다. 성경은 음주에 대하여 부정적이다. 술은 개인의 정신적, 육체적, 영적, 사회적 기능을 파괴시키므로 적극적으로 거부해야 할 대상이다(잠언 23:29-35). 하지만 음료와 병 치료 사용을 허용하는 등 십계명의 수준에서 일관성 있게 금주를 명령하지 않는다(디모데전서 5;23). 신앙 전통과 신학적 견해에 근거한 성경적 해석의 여지가 있다는 것이다.

에베소서 5장 18절을 예로 들어보자. 음주를 찬성하는 자들은 술 자체가 악하지 않기에 취하거나 인에 박히지 않을 정도 선에서 허용될 수 있다 주장한다. 그들은 성령의 충만을 받으려면 술을 마시지 말아야 한다는 보수적 견해를 근본주의 내지는 율법주의적 견해라고 비난한다. 칼빈을 비롯한 종교개혁자들과 개혁주의 신학자, 특히 화란교회가 음주를 허용했다며, 시대적 문화 상황을 배제한 역사적 증거를 제시하기도 한다.

새로운 복음의 이해

신앙과 음주의 상관관계로 인한 문제점은 한국교회만의 고질병은 아니다. 19세기 미국에서 발생한 제2차 대각성운동에서도 금주문제가 매우 중요한 이슈가 되었다. 20세기 초에는 교회안의 금주문제가 외부로 영향을 미치게 되어, 1919년에 미국 의회는 헌법에 금주와 관련된 법을 포함시키기도 하였다. 비록 이 법이 1933년에 폐지되었지만 그 영향력은 대단하여, 각 교단에서는 금주운동이 포함된 절제운동을 전개하였다. 이때를 즈음하여 한국에서도 선교사들과 조만식 등의 민족지도자들의 주도하에 대대적인 금주운동이 진행되었다. 교회에서

'금주가'가 널리 불러지는 등 신앙과 음주는 병행될 수 없다는 초기의 전통이 확고하게 자리를 잡게 되었다.

한국교회가 음주문화에 대하여 미온적인 태도를 노골화한 것이 1970년대의 교회성장을 경험하던 시기라는 점이 매우 흥미롭다. 이 당시 한국교회에 절대적인 영향력을 행사했던 미국의 복음주의 교회의 구령 열정은 남달랐다. 그러나 그들에 제시한 복음은 죄에 대한 지적보다는 십자가의 사랑과 은혜를 강조하며 현재의 모습 그대로 받아주시는 하나님을 강조하였다. 이에 성도들은 죄인으로서의 자신을 심각하게 바라보는 눈을 상실하게 되었다.

이런 값싼 복음'이 수용되면서, 성경을 믿고 교회에 출석하는 것이 신앙의 척도로 전락되면서 개인의 삶의 영역에 대해서는 자율에 맡기는 경향을 나타냈다. 교회의 성장을 위해서 마케팅 이론이 수용되었고, 기복신앙에 대한 열망으로 인하여 죄에 대한 지적과 회개를 촉구하는 설교가 강단으로부터 추방되었다. 각 성도를 영적 사람으로 온전하게 세우는 일이 차석으로 밀려나게 된 것이다.

시급한 교회의 사명

한국사회의 음주문화보다 더 큰 문제는 한국교회의 변질된 복음의 수용과 교회의 고유역할 상실이다. 성도들은 음주와 신앙의 상관관계 속에서 갈등하고 있다. 하나님 앞에서 양심을 가책을 받고 있으며, 불신자와 믿음이 약한 성도들을 실족시키고 있다. 음주는 죄란 사실을 분명히 하는 것이 성도들을 바르게 인도하는 길이다.

16. 사행성과 오락문화에 대한 성경적 이해 – 중독

정승원 / 조직신학

얼마전 한국 사회가 사행성 게임인 바다이야기로 출렁거렸다. 사행이라는 말은 '쏠' 사(射)에 '요행' 행(倖)자의 말이다. 요행을 바란다는 뜻이겠다. 그런데 요행을 바라는 것 자체가 문제가 아니라 그 게임에 중독되어 인격체인 사람이 비인격체인 게임 기계에 노예가 되는 것이 문제라 하겠다. 중독이라는 것은 단지 마약, 도박, 술, 섹스 같은 것에만 적용되는 것이 아니다. 아주 평범하고 쉽게 접할 수 있는 음식, 카페인, 설탕, TV, 인터넷, 에어로빅, 조깅, 역도, 성형수술, 일, 공부, 환심, 물건 훔치는 것, 거짓말 등에도 적용될 수 있다. 그 중독의 결과가 매우 해롭고 또 다른 사람들이나 사회에 해가 되기 때문에 사회문제로 부각되는 것 뿐이다. 물론 문제의 심각성이나 그 내용에 있어서 차이가 있기 때문에 일괄적으로 다 중독이라는 범주에 넣어서 다룰 수는 없을 것이다.

어쨌든 우리는 중독 문제를 성경적 관점으로 접근해야 할 것이다. 한 마디로 중독의 문제는 인간의 죄와 관련되어 있다. 죄란 외형적으로 나타나고 의식적으로 느껴야 죄가 아니다. 전적 타락이라는 것은 인간의 모든 영역이 타락되어 있다는 것이다. 의식적-무의식적, 자의적-타의적 할 것 없이 다 포함된다는 것이다. 자신의 의지와 상관없이 어쩔 수 없이 도박에, 인터넷에 빠지게 된다고 해서 죄가 무마된다거나 그러한 행동을 중립적으로 돌릴 수는 없다.

하나님의 주권은 모든 영역에도 적용된다는 것을 다른 관점에서 보면 인간의 어떤 행동도 중립성을 가질 수 없다는 것이다. 그것이 하나님의 뜻에 합당한지 합당하지 않은지를 따져야 할 것이다. 아무리 자의적이 아니라 끌려가듯 도박이나 인터넷에 빠졌다고 해도 그것이 하나님을 기쁘시게 하는 것이 아니면 죄라고 정의할 수 밖에 없다. 그리고 사실 모든 중독이 처음에는 자의적으로 또한 의식적으로 탐닉한 것은 분명한 사실이다. 중독이 되었다고 이제 와서 자신에게는 책임이 없고 병으로 인정해 달라는 것은 너무 무책임한 이야기다. 물론 이제 심각한 병이 되었기에 치료를 받고 상담을 받아야 하는 것은 분명한 사실이다. 그러나 죄성이 무마되고 책임을 회피해서는 안 될 것이다.

중독이라는 세계는 분명히 좋은 세계는 아니다. 물론 심리학적으로, 생물학적으로, 병리학적으로, 생체학적으로, 심지어 유전학적으로 분석할 수 있는 세계이다. 그러나 그렇다고 해서 이러한 영역들이 하나님의 주권에서 벗어나는 것은 결코 아니다. 우리의 일반적이고 평범한 삶은 하나님과 상관이 없고 소위 예배, 기도, 말씀, 구제, 찬양들의 영적인 삶만이 하나님과 관련된 일이라고 믿는 것은 개혁주의에서 벗어난 생각이다. 우리의 모든 삶이 영적이 될 수 밖에 없다. 왜냐하면 모든 삶의 영역에서 하나님이 다스리시기 때문이다. 그러므로 중독을 영적 혹은 신앙적 차원이 아니라고 할 수 없을 것이다. 물론 사람마다 성격이 다르고 취향이 다르고 심약한 사람이 있고 강직한 사람이 있고 쉽게 탐닉하고 쉽게 중독될 수 있고 그렇지 않을 수도 있다. 이러한 차이를 가지고 죄를 논하자는 것이 아니다. 우리가 하나님을 기쁘시게 못하고 또 하나님의 말씀과 다스림에 벗어나는 것이 죄라는 것이다. 우리 모두가 죄인으로 나타난다는 것이다.

고전 10:31에 "그런즉 너희가 먹든지 마시든지 무엇을 하든지 다 하나님의 영광을 위하여 하라"는 말씀을 한다. 먹는 것, 마시는 것이 영적인 일이 아니라 평범한 일이라고 해서 이러한 것을 가지고 하나님의 영광을 논하는 것은 지나친 생각이라고 할 수 없다. 역으로 단지 도박을 하다 보니 중독되었고, 인터넷에 몰두하다 보니 중독되었고, 얼굴에 칼을 자꾸 갖다 대다 보니 중독되었고 이제 내 의지대로 막을 수 없는 일이니 이 일로 하나님의 영광을 가리는 일이라 매도하지 말라고 할 수는 없을 것이다. 분명 마음에 음란한 생각을 품어 그 죄를 회개하는 것처럼 음란 사이트에 중독된 사람을 회개시킬 수는 없을 것이다. 특별한 상담과 치유가 필요할 것이다. 그러나 그런 상담과 치유의 궁극적 참조점이 예수 그리스도가 아니라 정신과 치료나 약물 치료나 일반 상담 치료라고 쉽게 생각하는 것은 하나님의 주권 사상과 위배된다고 볼 수 있다.

그러므로 술 취하는 것만 죄가 아니라 알코올 중독도 죄인 것이다. 중독이 되면 누가 주인이 되는가? 바다이야기가 주인이 되고, 화투가 주인이 되고, 쾌락이 주인이 된다. 그러면 이것은 하나님 외에 다른 것을 섬기는 것이다. 또한 중독이 되면 주의 명령을 수행할 수 없다. 그렇기 때문에 하나님을 영화롭게 할 수 없는 것이다. 비록 내가 의식적으로 또한 자의적으로 선택하지 않았다고 해도 죄라는 것을 인정해야 한다. 그래야 참다운 치유가 가능한 것이다. 그리스도의 구속의 은혜와 능력은 모든 영역에 적용된다. 당연히 중독에도 적용된다. 그러므로 중독의 궁극적인 치유는 하나님의 은혜에 달려 있다. 또한 특별한 상담과 치유방법도 하나님의 은혜로 돌려야 할 것이다. 중독이 불가항력적이 아니라 하나님의 은혜가 불가항력적이다.

17. 도박장에 사는 성도들

양승헌 / 기독교교육학

요즈음 우리 사회에 들끓는 바다 이야기를 들을 때면 나는 어린 시절 우리 온 가족이 달라붙어 쌓았던 담 생각이 난다. 아침 일찍부터 우리는 헌 나무 울타리를 뜯어내고, 돌을 주워오고, 흙을 파다 이기고, 기초를 파고 거기에 우리 동네 최초의 토담을 쌓았다. 마음이 내친김에 그리고 온 가족이 모인 공휴일 하루 만에 토담을 쌓기 위해 우리는 모든 일 "빨리, 그리고 쉽게" 진행하였다. 손에는 물집이 잡히고 모두 허리가 뻐근할 정도로 고단하게 일한 뒤 우리는 우리가 하루 만에 쉽게, 그리고 빨리 이룬 성취감으로 잠자리에 들었다. 그러나 다음날 아침 우리 모두는 깊은 허탈감에 빠졌다. 하루 동안 빨리 쉽게 쌓은 그 담이 하룻밤 사이에 무너져 버렸기 때문이다.

사행산업 조장의 배후에는 경제논리가 숨어 있다.

요즈음 우리는 바다이야기 도박 게임을 두고 바다만큼 깊은 시름에 빠져있다. 동네 이곳저곳에 우후죽순 솟아오르듯 생기는 성인 오락실을 보며 나는 어른들이 뭔 게임을 저렇게 즐긴다고 그러나 의아해 했다. 그러나 바다이야기로 대변되는 우리 사회에 찌들어 가는 노름 문화를 보며 나는 우리 집 담 넘어가듯이 쓰러지는 많은 사람들, 많은 가정들의 황폐한 모습을 미리 보게 된다. 우리 사회에 만연한 사행심의 심각성은 개인과 가정이 황폐케 되는 결과에만 있지 않다. 나의 심각한 우려는 국민을 보호하여야 할 정부가 앞장서서 국민들을 노예놀이 속으로 끌어들이고 있다는 점에 있다. 공인된 도박장 카지

노를 허락한 것도 정부고, 각종 로또를 부추기면서 가난한 백성들의 등골을 빼내는 것도 정부가 주도한 것이었고, 이번 바다이야기 도박성 컴퓨터 게임도 정부의 실책으로 인해 유발된 것이다.

우리 정부가 사행 산업을 허용하는 데는 경제 논리가 그 뒤에 있다. 미국 유학시절 시카고 시장이 미시간 호수에 도박장을 설치하려 할 때 여론이 들끓었던 것을 기억한다. 시장이 내세운 이유는 도박장 수입을 통한 "교육비 충당"이었다. 마찬가지로 바다이야기를 허용한 문광부의 계산은 이런 산업을 허용함으로 국가대계를 위한 문화관광 국책사업을 위한 기금 확보였다. 미국의 도박 산업에 대한 이야기를 들은 적이 있다. 도박으로 번 매 1달러마다 정부는 10달러를 치러야 한다는 것이다. 합법화된 도박으로 인해 발생되는 매음, 뇌물, 부도, 파산, 공권력의부패, 죄수들을 위한 법적비용, 감옥비용, 파산한 사람들을 위한 구제비용 등 전체를 합치면 도박으로 번 돈의 10배를 치러야만 한다는 것이다.

많은 사람들은 도박을 모험과 동일시한다. 그러나 모험과 도박은 같지 않다. 성경 어디에도 모험적인 삶, 적극적이고 능동적인 삶에 대해 정죄하는 곳을 찾을 수 없다. 오히려 예수님은 삶을 안일하게 유지하는 것, 그의 부화를 투자 활용하는 대신 안일하게 묻어두는 일을 책망하셨다. 주식투자도 모험이긴 하지만 주식을 도박으로 볼 수는 없다. 주식은 비즈니스를 세우고, 제품을 생산하고, 서비스를 창출함으로 투자에 포함된 모든 사람에게 보상이 될 부가가치를 준다. 그러나 도박을 통해서는 어떤 것도 생산되지 않는다. 이런 비생산적인 일을 국민에게 유도하는 정부의 의식이 매우 근심스럽다.

사행행위에 대한 성경의 7가지 원리

정부는 그렇다 치자. 세상은 원래 "쉽고, 편한 길", "넓은 길"을 선호한다. 그 끝이 파멸로 가도 말이다. 예수님은 그의 제자들에게 "좁은 길"로 가라고 말씀하셨다. 그러면 이런 도박장 같은 사회 한 가운데에서 우리 성도들은 어떻게 살아야 주의 길, 좁은 길로 가는 것일까? 성경 어디에도 로토를 사지 말라, 경마장에 가지 말라, 바다 이야기 게임을 하지 말라, 고스톱을 치지 말라 등의 직접적인 규정은 없다. 왜? 그 당시 문화에 없었던 일들이니까. 그러나 성경에는 이런 사행행위를 죄로 규정하는 아주 분명한, 도무지 피할 수 없는 원리들이 제시되어 있다. 성경이 말하는 일곱 가지 원리를 마음에 새기고 그 원리를 삶으로 꼭 붙들어야 한다.

첫째는 근면의 원리이다. 출20:9에서 하나님은 우리 삶의 원리를 분명하게 말씀하셨다. "엿새 동안은 힘써 네 모든 일을 행하라"고. 바울은 말한다. "누구든지 일하기 싫어하거든 먹지도 말게 하라"고(살후3:10). 모든 노름행위는 땀 흘리지 않고 얻으려는 탐욕에서 시작된다.

둘째는 신뢰의 원리이다. 로또가 되었던, 카지노가 되었든 바다이야기가 되었든 사행적인 일에 손을 넣는 것은 하나님의 공급에 대한 불만족을 드러내는 것이다. 빨리 쉽게 돈을 벌고 싶은 탐욕이 마음을 흔들 때 마다 빌4:19에 보증된 약속을 붙들자. "나의 하나님이 그리스도 예수 안에서 영광 가운데 그 풍성한 대로 너희 모든 쓸 것을 채우시리라".

셋째는 청지기의 원리이다. 학2:8에서 주님은 말씀하신다. "은도 내것이요 금도 내것이니라 만군의 여호와의 말이니라". 10분의 1만 하나님께 드리면 나머지는 내 맘대로 써도 되는가? 그렇지 않다. 우리가 노름행위에 돈을 넣는 것은 이 사회의 죄악 집단에 헌금을 하는 일이나 다름없다. 우리는 하나님께서 맡겨주신 모든 자원에 대해 어떻게 투자하였는지 반드시 하나님 앞에 책임을 져야만 한다는 것을 잊지 말자.(마25:14-30).

넷째는 사랑의 원리이다. 마7:12에서 예수님은 우리가 모든 관계에서 지켜야 할 관계의 원리로 황금률을 말씀하셨다. "그러므로 무엇이든지 남에게 대접을 받고자 하는 대로 너희도 남을 대접하라". 무슨 종류가 되었던지 노름 수입은 다른 사람의 손실과 고통과 파멸로 얻는 행운이다. 네 이웃을 네 몸처럼 사랑하라는 명령 아래 사는 우리는 내가 얻음으로 남이 잃게 만드는 내가 웃음으로 남이 울게 만드는 악한 행위에 동참할 수 없다.

다섯째는 정직의 원리이다. 잠언 13:11은 말한다. "망령되어 얻은 재물은 줄어가고 손으로 모은 것은 늘어 가느니라". 우리는 정직하게 일해서 먹고 살아야 한다. 바울도 에베소서 4:28에서 말한다. "도둑질하는 자는 다시 도둑질하지 말고 돌이켜 가난한 자에게 구제할 수 있도록 자기 손으로 수고하여 선한 일을 하라". 누군가가 노름은 상호 동의에 의한 상호 살인인 것과 같고, 간음이 상호 동의에 의한 음행인 것과 같다.

여섯째는 증거의 원리이다. 노름은 하나님의 명예와 그의 자녀된 성도의 명예를 파괴시킨다. 수평적으로 불신자에게 성도의 증거를 더럽힌다. 수직적으로 자녀들 앞에 바른 삶의 본을 깸으로써 그들을 실족케 하는 죄를 짓는 것이다(마 18:6).

마지막으로는 위험의 원리이다. 잠언 6:27-28은 말한다. "사람이 불을 품에 품고서야 어찌 그의 옷이 타지 아니하겠으며 사람이 숯불을 밟고서야 어찌 그의 발이 데지 아니하겠느냐". 누구도 첫 술잔을 들이키며 자신이 술 중독자가 되겠다고 마음먹은 사람은 없다. 누구도 음란한 그림 하나를 훔쳐보며 자신이 성범죄자가 되리라고 상상하는 사람은 없다. 누구도 판돈 만 원짜리 고스톱을 즐기면서 자신이 도박꾼이 되리라고 긴장하는 사람은 없다. 죄의 싹은 아예 애초부터 잘라버리는 것이 상책이다. 주께서는 말씀하신다. 악은 모양이라도 버리라고(살전 5:21).

도박장 세상에 살면서 나는 유다 왕 요담을 우리의 소중한 모델로 세우고 싶다. "요담은 그 하나님 여호와 앞에서 정도를 행하였으므로 점점 강하여졌더라"(대하27:8). 정말 경제적으로, 사회적으로, 가정적으로, 점점 더 강하여지는 삶을 살고 싶은가? 하나님의 원리와 내 삶을 한 방향 정렬(alignment)해야 한다. 하나님의 백성으로서 우리는 우리의 생각과 말에서 "빨리"와 "쉽게"를 파내야 한다. 그리고 그 자리에 "바로"라는 부사를 단단히 끼워 넣어야 한다. 남들이 어떻게 살든 관계치 말고 하나님의 바른 원리로 살아야 한다.

제6부

교 육

1. 교육의 사활은 교사의 태도에 달려있다

김만형 / 기독교교육학

개척멤버도 없이 교회를 시작하고, 교회를 찾아오는 한 사람 한 사람이 귀했던 때였다. 수요일 저녁예배에 한 여자 분이 예배에 왔는데 예배를 드리면서 계속 눈물을 흘렸다. 한참을 지나서야 그녀에게 사연이 있는 것을 알았다. 남편이 일찍 세상을 떠난 것이다. 이 여자 성도를 어떻게 도와야 할까 고민했다. 그녀에게 청소년 된 자녀가 있다는 것을 알고 그를 신앙적으로 도와주는 것이 우선은 최선이라고 생각했다. 그리고 그와 친밀하게 지내기 위해 많이 노력했다. 그러던 어느 날 그가 다니던 학교를 자퇴해야겠다면서 찾아왔다. 학교에 가면 대부분의 시간을 자고, 일어나면 밥 먹고, 그리고 집에 온다는 것이다.

학교에서 보내는 많은 시간이 아깝고, 그래서 자기가 원하는 대학에 들어가기 위해서 자퇴를 하고, 대입전문학원에 가야겠다는 것이다. 처음에는 자퇴를 허락하지 않았다. 고등학교 졸업장이 있어야 된다고 생각했고, 학교에서 공부하는 것이 필요하다고 보았기 때문이다. 그런데 얼마 후에 또 찾아왔다. 자퇴하겠다는 것이다. 그가 말하는 것을 보면서 이 일은 말린다고 되는 것이 아니라는 것을 알았다. 앞으로의 일을 잘 지도하는 것이 중요하겠다고 생각하고, 그의 의지를 확인한 다음 자퇴를 허락했다. 그런데 문제는 자퇴하는 과정에 있었던 일이다. 얼마 후에 그를 만나서 자퇴를 잘 했느냐고 물었는데, 그가 말하기를 선생님들에게 맞기만 했다는 것이다. 무슨 말이냐, 자퇴하는데 맞다니, 물었다. 그랬더니 하는 이야기가 자기가 자퇴 원서를 들고 관계된 선생님들에게 도장을 받는데 가는 곳마다 선생님들이 '그래 너 자퇴하고 잘되나 봐라' 라는 식으로 말하면서 한 방씩 쥐어박더라는 것이다. 이 이야기를 들으면서 얼마나 화가 났는지 모른다. 어떻게 그럴 수 있을까? 상식적으로는 학생이 학교를 자퇴하겠다는 의사표현을 하면 담임선생님은 학생과 학부모를 상담해서 그 의지를 확인하고, 나머지 행정적인 절차는 관계된 선생님들끼리 상의하고, 결정된 사항은 나중에 학생에게 통보해 주면 되는 것이다. 그런데 학생이 서류를 들고 관계된 선생님에게 찾아다니고, 선생님들은 쥐어박고, 이런 모습이 있을 법한 이야기인가? 이 사건을 통해서 한국교육의 현주소를 개략적으로 보게 되었다. 전부는 아니지만 한국교육의 가장 중요한 문제를 보게 된 것이다.

유학 중에 미국에서 아이를 학교에 보내게 되었다. 그 아이에 대해서 그곳의 교사들이 배려해 주는 모습을 보고 감탄한 적이 있다. 아이가 처음 학교에 갔으니 말을 잘 알아들을 수가 없고, 영어도 이제 새롭게 배워야 하는 형편이다. 한 번은 학교에 가서 담임을 만나게 되었는데 그 아이를 돕기 위해 담임선생님과 영어선생님, 그리고 발음을 가르치는 선생님이 함께 모여서 상의했다고 했다. 그러면서 그 아이를 돕기 위해 학교에서 어떻게 할 것인지를 알려주는 것이다. 그것을 들으면서 참으로 감사했다. 한 학생을 돕기 위해 관계된 사람들이 모여서 논의하고 그 방법을 결정해서 부모님께 알려주고, 얼마나 멋있는가? 이런 모습과 앞서 언급된 이야기는 너무 다른 것이었다.

한국의 학교교육을 생각할 때 많은 부분들이 있지만 결국은 교사가 가장 중요한 역할을 하는 것을 부인할 수 없다. 그 교사의 역할의 핵심이 무엇일까? 사회에서는 눈높이라고 한다. 사실 그 원리는 성경에 있다. 바로 진정한 교사이신 예수님을 따르는 것이다. 예수님이 우리에게 보여주는 교사의 태도는 곧 성육신하는 마음, 사람에게 눈높이를 맞추신 것이다. 이 성육신의 개념은 빌2:5절이하에 잘 기술되어 있다. "너희 안에 이 마음을 품으라. 그는 근본 하나님의 본체시나 하나님과 동등됨을 취할 것으로 여기지 아니하시고 오히려 자기를 비어 종의 형체를 가져 사람들과 같이 되셨고 사람의 모양으로 나타나셨으매 자기를 낮추시고 죽기까지 복종하셨으니 곧 십자가에 죽으심이라" 이 말씀 속에서 발견하는 성육신의 개념은 무엇인가? 먼저는 권리포기이다. 예수님이 이땅에 오신 것은 그가 하나님의 권리를 포기하신 것이다. 교사는 어른으로서, 전문적인 일을 하는 전문가로서의 권리를 주장할 수 있다. 그러나 그것을 포기해야 한다. 다음은 제약,

곧 불편함을 수용하는 것이다. 예수님이 이 땅에 오는 것은 시공의 불편함을 감수하는 것이다. 교사는 어린 학생들을 가르칠 때 많이 불편하다. 그러나 감수해야 하는 것이다. 마지막은 자기희생이다. '자기를 낮추시고 죽기까지 복종하셨으니 곧 십자가에 죽으심이라' 이 말씀이 바로 자기희생을 이야기 한다. 자기를 복종시키고 죽이기까지 하는 자기희생의 태도를 가진 교사들이 진정 교육을 새롭게 할 수 있지 않을까?

Ted Ward Consultation(트리니티복음주의신학대학원에서 은퇴한 테드 워드 박사를 기념해서 만든 교육컨설팅 모임)에 참석한 적이 있다. 주제는 '미국의 기독교 학교, 무엇이 다른가' 였다. 2박3일의 발표와 토론을 마친 후, 테드 워드 박사가 한 단어로 정리를 했다. 그것은 '섬김(service)'이었다. 미국의 기독교 학교의 문제는 섬김이 없다는 것이다. 그러면서 나눈 이야기는 학교에서 섬김을 받아보지 못한 학생이 어떻게 사회에 나와서 사회에 봉사할 수 있는 사람이 될 수 있겠느냐는 것이었다. 이것이 핵심이라고 본다. 사랑을 받지 못한 사람은 사랑하지 못한다고 한다. 섬김을 받아보지 못한 사람은 섬길 수 없는 것이다. 좋은 태도를 가진 교사의 역할이 사회와 국가, 교회를 위해 섬길 수 있는 위대한 사람을 키울 수 있음을 잊지 말아야 할 것이다.

2. 수련회(성경학교), 과연 필요한가?

김만형 / 기독교교육학

수련회에 대한 학생들의 인식을 조사해 본 적이 있다. 우선 눈에 띄는 것은 학생들의 수련회에 대한 생각이 상당히 부정적이라는 것이다. 처음에는 긍정적인 인식과 기대를 가지고 참석했지만 나중에는 부정적인 결과를 가지고 실망해서 돌아오는 경우가 많다. 학생들의 이야기는 "혹시나"하는 심정으로 참석했다가 "역시나"하는 실망스런 모습으로 돌아와서 "다시는 수련회에 가지 않겠다"는 것이다.

부모님들의 안타까움은 매년 아이를 설득해서 수련회에 보내는데 있다. 자녀들이 수련회에 다녀오면 "엄마, 이젠 수련회에 가라고 하지 마세요. 작년하고 똑 같아요"라고 불평하는 것이 일상이 되어버렸기 때문이다.

요즘 주일학교 지도자들과 교회 목회자들의 고민이 깊어만 간다. 아이들이 점점 더 수련회에 관심이 없기 때문이다. 많은 부모가 아이들의 학교나 학원 스케줄에 매여 아이들의 신앙교육에 대해서는 소홀이 여기기 때문이다.

테드 워드(Ted Ward)는 "수련회라는 여건은 오늘날 학습을 위해서는 가장 위대한 환경이다"고 했다. 로이드 멧슨(Loyd Mattson)도 "수련회가 교육을 위해서는 가장 효율적인 환경이고 또 영적인 발전과 성숙, 특별히 교회생활과 관계된 영적 성숙 측면에서도 가장 효과적인 환경을 제공한다"고 한다. 수련회의 중요성과 그 영향력은 아무리 강조해도 지나치지 않을 것이다.

신앙교육의 위기 상황 속에서, 어린이와 청소년 사역자들은 교회교육의 중요한 부분을 감당했던 수련회를 다시 활성화시키고, 수련회를 통해 교회교육이 역동성을 회복시키는 방안을 모색해야 할 것이다. 역동적인 수련회를 디자인하기 위한 몇 가지 원리가 도움이 되기를 바란다.

첫째, 목적이 분명해야 한다.

수련회는 학생들로 하여금 그들의 영적인 생활을 방해하는 여러 가지 일들, TV, 컴퓨터, 전화나 주변 것 등으로부터 보호를 받는 구별된 장소에서 이루어지는 것이기 때문에 학생들로 하여금 그들의 생활을 돌아보고 그들로 하여금 하나님과 어떤 관계에 있는지, 또 다른 사람들과 어떤 관계에 있는지 생각해 보도록 하는 것이 우선적인 목적이다. 물론 사역자와 교사, 부모, 학생들 간에 끈끈한 관계를 세우는 것이라든지, 학생들의 공동체 의식을 높이는 것이라든지, 안 믿는 학생들을 초청하는 것이라든지, 학생들로 삶에 필요한 여러 기술이나 스포츠를 배우도록 하는 것에 목적을 둘 수도 있다. 중요한 것은 수련회를 하면서 꼭 이루고자 하는 목적을 정확히 하는 것이다. 목적을 정리함에 있어서 주의할 것은 영적인 부분과 교육적인 부분이 균형이 있어야 한다는 것이다.

둘째, 하나님께 헌신의 기회가 되도록 해야 한다.

수련회의 핵심은 그 과정을 통해서 헌신을 배울 수 있다는 것이다. 수련회에 참석하는 학생들이나 교사들이 함께 하나님께 헌신하는 기회를 갖도록 도움을 주어야 한다. 그들로 하여금 하나님께 주목하도록 하고 하나님을 위해 자신의 인생을 드릴 수 있도록 해야 한다. 수련회를 준비하는 과정에서나 실제 수련회를 진행하는 가운데서도 늘 기도하도록 힘쓰라. 함께 하나님이 삶을 변화시켜 줄 수 있도록 강력히 기도하는 노력을 해야 한다. 아울러 말씀을 주목하도록 해야 한다. 성경을 가까이 하고 성경을 읽고 이해하고, 또한 성경을 적용할 수 있도록 기회를 만들어야 한다. 하나님의 말씀이 능력이 있음을 알고 어떤 프로그램보다 앞서야 한다는 것을 명심해야 한다.

셋째, 학생들로 서로서로 관계를 세워갈 수 있도록 해야 한다.

수련회가 다이나믹하기 위해서는 하나님과의 관계도 중요하지만 교사와 학생 서로간의 관계도 중요하다. 이를 위해서는 가능한 서로 어울릴 수 있는 즐거운 시간을 제공해야 한다. 함께 일하게 하는 것도 좋다. 손을 잡고 함께 기도할 수 있도록 하는 것도 있다. 악수나 어깨동무를 유도해 긴밀함과 친밀감을 도모할 수도 있다. 촛불예배는 바로 이런 면에서 유익하다. 그 시간을 이용해서 함께 용서를 구하거나 사랑을 고백하도록 하는 일을 할 수 있을 것이다.

넷째, 창의적이고 흥미롭도록 한다.

학생들은 활동을 통해서 배운다는 것을 기억해야 한다. 그러므로 좋은 활동을 만들도록 노력해야한다. 학생들에게 유익한 활동은 지겹지 않아야 한다. 너무 단순하거나 반복적인 것, 구태의연한 것은 아이들의 관심을 끌지 못한다. 매년 창의적인 프로그램을 개발하는 것은 주일학교 사역자들의 가장 중요한 책무중의 하나일 것이다. 팀을 만들어서 운영하므로 평시에도 계속 아이디어를 내도록 하는 것도 하나의 방안이 될 것이다.

수 많은 수련회를 경험하면서 배운 것이 있다. 학생들은 좋은 프로그램만 있다면 그 일에 적극적이고 능동적으로 참여하고 그들의 삶에 있어서도 많은 변화가 있다는 것이다. 문제는 우리가 얼마나 열정을 갖고 다양하게 준비하느냐에 달려있다. 우리 모두 이 시대에 신앙교육의 돌파구를 여는 개척자가 되어야 할 것이다.

3. '오직' 여름성경학교만?

이성호 / 역사신학

여름성경학교가 한국교회 주일학교의 부흥을 견인하였다는 사실을 부인할 사람은 아무도 없을 것이다. 필자의 경험만 비추어 보더라도, 여름성경학교는 방학 때 교회다니는 어린이들에게 교회가 주는 가장 큰 선물이었다. 심지어 교회에 다니지 않는 어린이들도 여름성경학교를 기다릴 정도였다. 그러나 이런 여름성경학교가 어느 샌가 모르게 의례히 치러야 할 연례 행사로 변하고 말았다. 최근 어떤 기독신문의 보도에 따르면, 무엇보다도 여름성경학교 강습회에 참석하는 교사 수가 현저하게 줄어들었다. 숫자뿐만 아니라 교사들의 열성도 많이 시들어 버렸다. 이런 현상들을 단지 교사들의 탓으로 돌릴 수는 없을 것이다.

그렇다고 해서 성경학교 프로그램의 수준이 떨어진 것 같지는 않다. 성경학교는 세월이 지남에 따라 교재, 프로그램, 선물, 노래 등이 상당히 세련되게 변하였다. 문제는 성경학교에 투입되는 에너지에 비해서 그 효과는 훨씬 더 줄어들었다는 것이다. 여러 가지 이유가 있을 것이다. 그러나 가장 분명한 사실은 지난 20-30년 동안 여름성경학교가 발전한 것 보다 대한민국 사회가 훨씬 더 급격하게 변했다는 것이다. 그리고 여름성경학교는 그런 변화된 사회에 적절한 대안이 되지 못하였다.

사실, 여름성경학교는 처음부터 적지 않은 약점을 가지고 있었다. 성경학교라는 말이 무색하게 성경학교는 '율동' 학교의 성격으로 지니고 있었고, 이제는 '게임' 학교의 성격을 더 강하게 지니게 되었다. 물론 성경이 가르쳐 지지 않았던 것은 아니지만, 성경 학교에서 주된 관심은 아니었다는 것을 솔직히 인정할 수밖에 없을 것이다. 그리고 성경학교의 운영도 자체적인 프로그램을 생산할 수 있는 대형교회를 제외하고는 교회마다 거의 대동소이 하다는 것을 쉽게 알 수 있다. 이 시점에서 우리는 여름성경학교를 창조적으로 재검토할 필요성을 느낀다.

물론 여름성경학교가 여전히 잘 되는 교회는 더 잘 되도록 발전시키면 된다. 하지만, 그렇지 않은 교회는 결단을 내릴 필요가 있다. 단지 이제까지 해 왔기 때문에, 혹은 다른 교회들이 다 하니까 하는 것은 피하는 것이 좋다. 이 경우에는 여름성경학교를 실시하지 않는 것도 하나의 방법이다. 차라리 분기별로 성경학교를 주기적으로 실시할 수 있을 것이다. 여름 성경학교를 시행하지 않는다고 해서 주일학교가 위기에 처하는 일은 없을 것이다; 주일학교 전체가 이미 심각한 위기에 처하여 있다. 주일학교는 교회의 미래이기 때문에, 우리 모두는 이 문제를 정말 심각하게 고민해야 한다.

여름에 교회는 어린이들에게 세상이 줄 수 없는 것을 고민해야 한다. '재미'는 이미 한국 초등학생들에게 우상이요 절대적인 기준이 되었다. 어린이들에게 있어서 '재미'는 선이고, '심심'은 악이다. 하지만, 20-30년 전과 달리 교회는 더 이상 어린이들에게 가장 재미있는 곳이 아니다. 아무리 노력해도 텔레비전이나, 인터넷 그리고 전자게임이 주는 것 보다 더 재미있는 것을 아이들에게 제공할 수 없다. 따라서 교회가 재미없는 교회가 되어서는 안 되지만 '재미'로 세상과 승부해서는 안 된다.

가장 좋은 선택은 여름성경학교를 대신할 수 있는 좋은 프로그램을 개발하는 것이다. 물론 이것은 교회로서 부담이 되는 것은 사실이다. 아직 여름성경학교에 필적할 만한 검증된 프로그램이 개발되지 않았기 때문이다. 하지만 한 가지 확실한 것은 교회 교육이 '오직' 여름 성경학교 한 프로그램에 지나치게 많은 투자를 하거나 올-인하는 것은 너무나 위험하다는 것이다.

조심스럽지만 한 가지 대안을 제시하고자 한다. 적어도 1학년에서 6학년까지 모든 초등학생들이 참가하는 여름성경학교는 피하는 것이 좋다고 생각한다. 여름성경학교는 유치부와 1학년에서 4학년까지 실시하고, 고학년 반들은 자기 반끼리 소그룹으로 담임 선생님과 2박 3일 정도 멀리 여행을 떠나거나, 병원이나 고아원에서 사회 봉사활동을 하거나, 차라리 중학생 형(언니)들과 수련회를 같이 하는 것이 더 나을 수도 있다. 개인적으로 교육목사의 경험으로부터 비추어 볼 때, 현재의 여름성경학교 프로그램은 4학년까지가 가장 효과적인 것 같다. 5/6학년 학생들은 4학년 이하의 저학년들과는 지적, 신체적, 정서적, 문화적으로 많은 차이가 있을 뿐만 아니라 그들 대다수는 이미 여름성경학교를 4-5차례나 경험을 하여 식상해 있다. 따라서 5학년의 경우 수학여행, 6학년의 경우 졸업여행이라는 이름으로 여행을 한다면, 평생 좋은 추억으로 남을 수 있을 것이다. 캠프처럼 특별한 프로그램이 없어도, 아침에는 오솔길을 산책하고, 낮에는 냇가나 바닷가에서 신나게 물놀이를 하고, 밤에는 밤하늘을 보며 이야기도 나누고 같이 기도도 하고, 성경 중에서 짧은 책을 정해서 깊이 통독도 하면 어떨까? 이 글이 읽혀 질 때는 이미 여름성경학교가 다 끝났을 것이다. 지난 여름성경학교를 냉철하게 점검하여, 내년 여름을 더 여유 있고 창조적으로 준비하도록 하자.

4. 한국 다문화교육의 문제와 한국교회의 역할

이순근 / 기독교교육학

현재 한국에는 2011년 7월 현재 약142만명의 재외 외국인이 거주하고 있다. 그에 따라 그들의 자녀들의 교육문제가 사회의 이슈로 대두되고 있다. 다문화가정의 자녀들은 두부류로 나뉘인다. 결혼으로 이루어진 다문화 가정의 자녀들이 있고, 또 다른 부류로는 소위 중도입국 자녀라고 불리우는 자녀들이 있다. 중도입국자녀란 외국에서 태어나 살다가 부모들의 한국입국으로 따라 들어온 자녀들을 말한다. 그런데 그들도 두 부류로 나뉘인다. 하나는, 엄마가 한국 아빠와 재혼해서 엄마를 따라 들어온 자녀들이 있고, 또 다른 하나는, 부모가 한국에 이주노동자로 들어오면서 함께 따라 들어온 자녀들이다.

우리가 흔히 알고 있는 결혼에 의해 이루어진 다문화가정의 자녀들은 이 땅에서 태어나 자라나면서 한국말을 배워서 언어의 문제가 없다. 오히려 모국어를 못하는 문제가 있다. 따라서 초등학교부터 대안학교가 아니라 일반학교에 다니며 대체적으로 잘 자라나고 있다. 그런데 문제는 중도입국자녀들이다. 이들은 엄마의 재혼으로 들어왔건, 이주노동자의 자녀로 들어왔건, 교육을 받을 만큼 한국어가 준비되어 있지 않다. 그들을 위한 대안학교가 부족한 것이 문제이다.

한국은 UN인권아동보호법에 가입한 나라이기에 이 땅에서 살고 있는 아동들은 인종과 성별을 초월하여 교육받을 권리가 있다. 그런데 실상은 일선학교가 그들의 권리를 누리도록 적극협조하기 보다는 소극적이다. 인식과 계몽부족이다. 우리나라는 그동안 단일민족임을 자랑해 왔고, 강조해 왔다. 21세기 들어서면서 갑작스럽게 다민족, 다문화로 변화하는데, 그 흐름을 우리사회가 따라잡지 못하고 있다. 그런데 다행히 교회가 그 흐름을 따라잡고 있고, 어떤 점에서는 선도하고 있다.

현재 전국적으로 32개의 다문화교육기관이 있다고 얼마 전에 교과부에서 발표했다. 그 기관들의 배경이 개신교인 경우가 많다고 본다. 그 중에 서울에 3개가 있는데, 지구촌학교(초등학교), 다애다문화학교(중학교과정), 다솜고등학교(고등학교)가 그들이다. 그런데 이 중 지구촌학교와 다애다문화학교가 개신교 계통에서 헌신적으로 섬기는 학교들이다. 그리고, 다솜고등학교는 서울시 교육청에서 직영하는 기술고등학교이다. 필자가 운영위원장으로 있는 다애다문화학교가 32개 다문화교육기관 중에서 한국에서 최초로 학력인정을 받는 다문화학교로 등록되었다. 하나님의 섭리 가운데 되어진 일이라고 확신한다.

고전12:13절은 '유대인이나 헬라인이나 종이나 자유자나 다 한 성령으로 세례를 받아 한 몸이 되었다'고 한다. 한국인이나 외국인이나, 가진 자나 못가진 자나 한 몸을 이루는 사회가 되는 것이 미래 한국사회의 과제이다. 다문화교육과 관련하여 생각해 볼 때 필자는 한국의 개신교가 이 과제를 풀기 위해서 적극적으로 선도하고 있다고 확신한다. 그리고 다문화다인종의 교회를 이루어 한국사회 앞에 모델이 되는 것이 우리 한국교회가 이 비난의 시기에 나아가야 할 하나의 방향이라고 믿는다.

제7부

선교와 봉사

1. 하나님의 선교 (*Missio Dei*) 개념과 WCC 선교신학

문상철 / 선교학

성삼위 하나님에게서 선교의 근원을 찾는 하나님의 선교의 개념은 기본적인 어원적 의미와는 달리 시대의 변천에 따라 확대되어 사용되면서 WCC 선교신학의 핵심적인 주제로 자리잡아 왔다. 우리는 이 개념에 대해 단순한 어감으로만 평가하지 않고 그 내용을 면밀히 검토하면서 개혁주의적 입장에서 적합한 개념인지 신학적으로 평가할 필요가 있다. 하나님의 선교에 대한 검토는 WCC 신학전반에 대한 평가는 되지 못할지라도 그 선교신학에 대한 대략적인 검토와 평가로서의 의의를 가질 것이다.

하나님의 선교(Missio Dei) 개념은 칼 바르트(Karl Barth), 칼 하르텐스타인(Karl Hartenstein), 그리고 1952년 빌링겐 대회를 통해 개발되어왔다. 이러한 발전 과정에서 요하네스 호켄다익(Johannes Hoekendijk)의 기여는 결정적이었는데, 이로 말미암아 선교는 세계의 '정의'를 추구하는 방향으로 나아가게 되었다. 1960년 웁살라 총회에서는 선교의 의제를 정하는 것은 교회가 아니라, 세상이라는 유명한 문구가 나왔다. 1975년 나이로비 총회에서는 "전 교회에 의해서 전 세계를 통해서 전 인간에게 전 복음을 고백하고 선포해야 할 교회의 선교"에 대해 다루면서 과거보다 균형잡힌 관점을 제시하는 면을 보이기도 했다. 1980년 멜버른 선교 및 전도에 관한 세계 회의에서는 선교에 있어서 하나님의 통치에 대한 사상을 더욱 발전시켰는데, 이는 결국 해방과 정의의 복음에 대한 헌신으로 치우치게 되었다. 1982년 WCC 선교와 전도에 관한 에큐메니컬 선언문에서 하나님의 통치를 중심으로 한 선교는 복잡하고 다면적이라는 전제 아래 삶의 모든 영역에서 복음이 영향을 미쳐야 한다는 주장으로 통합되는 것을 보게 되었다. 그러나 1989년 샌 안토니오에서 열린 제 4차 선교와 전도에 관한 세계 회의에서 선교의 삼위일체적 뿌리와 하나님의 통치의 자유케 하는 능력에 대한 강조가 다시 등장하게 되었다. 1996년 살바도르 데 바히아에서 열린 세계 선교와 전도에 관한 대회에서도 하나님의 선교에 대한 참여의 필요성과 함께 폭넓은 선교의 개념이 강조되었다. 이 대회는 주로 복음 선포에 있어서 문화의 중요성에 초점을 맞추었으며, 이의 토대로서 복음을 좁고, 단차원적인 방식으로 보지 않을 필요성을 제기했다. 1998년 하라레에서 열린 WCC 50주년 기념 8

차 총회의 선언문도 인간 공동체와 하나님의 전 피조물의 치유에 대한 강조점을 나타내면서 역시 정의와 평화 등의 정치적인 이슈들을 다루고 있다.

1991년 제 7차 캔버라 WCC 총회는 "오소서, 성령이여 – 만물을 새롭게 하소서"라는 주제로 모였는데, 이 대회에서 이화여대 정현경이 성령은 한 맺혀 죽은 인간들의 영들과 연대하여 나타난다고 주장하면서 한 맺혀 죽은 영들을 부르는 초혼 의식을 감행한 것은 위에서 서술한 선교신학적 혼란상을 보여준 단적인 예이다. 이러한 현상에 대해서 NCCK의 책임자는 "에피소드"에 불과하다고 하였으나, 그렇게 가볍게 넘어갈 문제는 아니다. WCC의 선교신학적 입장, 특히 선교를 인간화와 정의의 문제로 해석해온 관점, 그리고 타종교에 대한 혼합주의적 관점과의 연관성을 부인하기 어려운 것이다. WCC 한국총회를 성공적으로 치르기 위한 수사적 표현보다는 보다 진솔한 입장에서 일관된 신학적 성찰을 통해 정직한 표현을 하는 것이 바람직하다.

개혁주의자들은 WCC의 교회 연합의 가치보다는 신학적 순수성과 신앙적 정결을 더욱 귀한 가치로 여길 필요가 있다. 특별히 선교신학에 있어서는 포괄적이고 추상적인 개념보다는 영혼구원에 초점을 맞춘 복음적 선교신학을 수호해야 한다. 특정 지역이 아니라 전 세계가 선교지화 되고 있는 현실에서 해외와 국내선교를 양분법으로 나누지 않고 통합적으로 연계하고자 하는 선교적 교회론의 관점은 조심스럽게 수용할 수 있을 것이다. 하나님의 선교의 개념에 있어서 긍정적인 요소들은 살리고, 부정적인 요소들은 배제하는 것이 개혁주의적 선교

신학의 과제가 될 것이다. 이러한 선교신학적 입장에서 WCC 한국총회에 우려를 표하면서 반대하는 것은 개혁주의 및 복음주의의 입장에서 정당한 것이다. 다만, 국내의 기독교 이미지를 고려하여 신사적인 반대의견을 피력해야 하며, 혹시라도 물리력을 동원해서 방해하려고 해서는 안될 것이다. 이런 이슈들에 대해서 선교적인 차원에서 이해하고, 비신자들을 염두에 두고 순수하면서도 지혜로운 대처를 할 필요가 있다(골 4:5,6).

2. WCC의 정체

김학유 / 선교학

1948년 네덜란드의 암스테르담에서 탄생한 WCC는 세계교회의 통일을 부르짖으며 지난 육십여 년 동안 다양한 교회 통일 운동을 펼쳐왔다. WCC는 연합(unity), 대화(dialogue), 구원(salvation), 하나님 나라(kingdom of God), 하나님의 선교(Missio Dei), 인간화(humanization)등과 같은 매우 매력적인 신학적 용어들을 동원하며 전 세계에 흩어져있는 수많은 교회들을 유혹해 왔다. WCC가 즐겨 사용하는 용어들(terms)이 겉으로 보기에는 매우 건전하고 정통적인 것(orthodoxy)처럼 보이지만 그 용어들이 담고 있는 신학적 의미와 실체를 구체적으로 들여다보면 WCC의 선교 신학이 얼마나 위험하고 비기독교적인 요소들로 가득 차 있는가를 쉽게 발견할 수 있다. 지면 관계상 WCC가 지닌 중요한 신학적, 선교학적 위험성을 몇 가지만 언급해 본다.

첫 번째로 WCC의 성경관이 매우 심각한 문제를 지니고 있음을 지적할 수 있다. 이미 알려진 바대로 WCC는 성경의 권위(authority)와 무오류성(inerrancy)을 더 이상 인정하지 않는다. 1971년 벨지움의 루뱅 대학(University of Louvain)에서 결정된 문헌을 보면 WCC가 더 이상 성경의 권위를 인정하지 않는다는 점을 분명히 발견할 수 있다. 성경의 권위에 근거하지 않은 그들의 신학적 작업은 다양한 오류를 지니고 있을 뿐 아니라 신학적 해석을 기반으로 하는 실천 신학에 있어서도 당연히 오류를 만들어 낸다. WCC가 사용해 온 신학적 용어가 지닌 의미가 전통적인 의미와 전혀 다른 이유가 바로 여기에 있다.

둘째, WCC의 선교 개념은 전통적인 선교 개념과 전혀 다른 선교 개념을 지니고 있다는 점이다. 1952년 독일의 빌링겐(Willingen) 대회에서 새롭게 등장한 "하나님의 선교"(Missio Dei)라는 선교 개념은 전통적인 선교 개념을 전적으로 부인하고, "교회 중심의 선교"(Church-centered mission)가 아닌 "선교 중심의 교회"(mission-centered Church)가 되어야 함을 강조하였다. 교회가 중심이 되어 그리스도의 복음의 비밀을 선포하는 것이 선교가 아니라 세상의 모든 영역-정치, 경제, 사회 문화, 종교-에서 일하시는 하나님의 선교에 교회가 동참하는 것이 참다운 선교라고 주장한다. 이 때부터 영혼 구원에 우선권을 두었던 전통적인 선교 개념이 심각한 도전을 받게 된다. 1952년 이후로 WCC는 교회가 적극적으로 정치적인 현장에 참여할 것과, 사회 개혁과 변혁의 주체가 될 것을 주문하였다. 소위 "사회 복음"(social gospel)을 전파할 것을 강조하기 시작한 것이다. 그들의 선교 개념 속에서 영혼(soul)과 영원(eternity)이라는 단어는 더 이상 등장하지 않는다. 영혼과 영원이라는 용어가 사라지고 물리적인 (physical) 것들과 현세적인(here and now) 것들 즉, 정치, 경제, 사회라는 용어가 그 자리를 대신 차지하고 있다. WCC는 지금도 세계 교회들을 향해 정치적 압제와 억압, 경제적 착취와 불평등, 사회적 불의와 불공정 등에 대항하여 적극적으로 싸울 것을 주문하고 있다. 그들에게는 이러한 사역들이 곧 선교이기 때문이다.

셋째, WCC는 종교 다원주의(religious pluralism)내지 종교적 혼합주의(religious syncretism)를 지지하고 있다. WCC는 타 종교와 함께 진리를 공동으로 연구하여 발전시키고, 타 종교에 담겨있는 부분적인 진리를 수용 발전시키는 것을 중요한 선교적 과제라고 생각한다. 한 걸음 더 나아가 WCC는 기독교 선교사들을 더 이상 타종교 권역에 파송하지 말아야 할 것을 주장하기도 했다. 소위 "선교사 파송 금지"(missionary moratorium)를 선언함으로서 타 종교들 안에 구원이 존재함을 간접적으로 인정하고 있다. 그들은 타 종교에 대한 공격을 금지 시키고, 타 종교와 함께 공동의 선을 추구해 나가야할 것을 강조 한다. Hendrik Kraemer가 지적한 것처럼 WCC는 "신학적 절충주의"를 지지하고 있는 것이다.

2013년 부산에서 열릴 예정인 WCC 대회는 한국 교회가 지리멸렬해가는 WCC 운동에 혈액과 영양제를 공급하는 것과 마찬가지라고 생각한다. 한국 교회가 세계 교회들 속에서 점차 영향력을 잃어가는 WCC에게 다시 한 번 소생할 수 있는 기회를 제공하는 실수를 범해서는 안 된다. 그들의 신학적 미사여구에 속아 교회의 진정한 선교적 사명과 연합의 의미를 놓쳐서는 안 된다. 선교의 우선권은 영혼구원에 있고, 사회 변화와 개혁은 개인의 영적 변화로 말미암은 열매로 나타나야한다. 한국 교회는 "Missio Dei"에 담겨있는 신학적, 선교학적 위험성을 직시하고 올바른 성경적 선교 개념을 추구해야 한다. "다른 이로써는 구원을 받을 수 없나니"라는 말씀을 붙들고 WCC가 주장하는 종교 다원주의나 혼합주의와도 싸워야 한다. 신학적 일치 없는 조직적인 연합(organizational unity)은 진정한 연합이 아니다. 내용의 일치가 없는 외형적 연합은 이미 연합이 아니다. 비록 조직적인 연합이 없을지라도 신학적 내용이 일치한다면 우리는 이미 하나인 것이다.

3. 북아프리카의 변화와 선교적 기회

문상철 / 선교학

모로코, 알제리, 튀니지, 리비아 등 북아프리카 나라들은 전형적인 아프리카적 특성들을 가지고 있다기보다, 중동의 종교, 문화적인 특징들을 많이 가지고 있다. 아랍어로는 마그레브라고 불리우기도 하는데, 이는 "해가 지는 지역" 또는 "서쪽"이라는 의미이다. 인종적으로는 베르베르족 등, 아랍인들과는 다른 민족들로 구성되었지만, 종교적으로는 이슬람(수니파 다수)이라는 공통점을 가지고 있다.

북아프리카에 변화의 바람이 불고 있다. 우선 정치, 사회적인 변화가 중심이 되어 전반적인 변화가 급속도로 진행되고 있다. 북아프리카 나라들은 정치 제도에 있어서도 다양한 모습을 보여왔다. 모로코는 입헌군주국, 알제리와 튀니지는 공화정, 리비아는 사회주의적 독재 정권 등으로 다양하다. 이런 다양성 속에서 변화의 물결은 튀니지로부터 시작되었다. 그것은 튀니지가 다른 세 나라들과는 달리 민생과 같은 현실적인 정책들을 추구하면서 중산층 인구가 상대적으로 더 두터웠고, 변화를 추구할 만한 여건이 오래동안 조성되었기 때문이다. 튀니지로부터 시작된 개혁의 파장은 이제 전 중동권으로 확산된 상황이다.

과거 중동의 변화를 향한 몸부림이 찻잔 속의 태풍에 지나지 않았던 사례들, 특별히 이란의 민중 혁명이 회교 혁명으로 종결된 사례를 들어, 많은 전문가들이 현재의 변화가 민주화로 이어질지에 대해 조심스런 견해를 피력하고 있다. 이런 견해는 무슬림 인구가 절대 다수인 가운데, 이슬람법 샤리아에 의한 통치를 추구할 수 있는 현실을 잘 인식한 것이다. 문제는 현재의 변화 노력이 과거와는 달리 중동 전역에서 동시적으로 일어나고 있다는 데 있다. 그래서 그 변화의 소용돌이는 과거처럼 쉽게 사그러질 것 같지는 않다.

이미 민주화와 종교자유 측면에서 낙관할 수 없는 징조들이 발생하고 있다. 튀니지의 경우, 이슬람화로의 변화에 대한 저항이 특별히 여성들 가운데서 일어나고 있지만, 완전한 민주화와 종교자유의 실현을 보는 것은 단기간에 쉽지 않을 것 같다. 리비아의 경우, 과도정부 지도자 무스타파 아브델 자릴(Mustafa Abdel Jalil)이 2011년 10월 23일 샤리아에 근거한 나라를 세울 것을 천명하면서 샤리아에 반하는 모든 법은 무효라고 선언했다. 이런 움직임은 이란의 회교 혁명의 과정과 상당히 유사한 흐름이다. 모로코는 2010년 3월 이후 최소한 1백명 이상의 외국인 기독교인들을 추방했는데, 주로 미국과 유럽에서 온 사람들이다. 카다피 정권을 지원해왔고 그 가족들의 망명을 허용한 알제리의 경우, 최근 개신교회들을 인정하는 조치를 취했다 (2011.9.29.). 외부 세력을 추방한 것도, 내부 개신교회들을 인정한 것도 그동안 북아프리카에서 오랜 세월 뿌리내려온 교회들의 존재를 상당히 의식한 조치이다.

북아프리카 선교의 선구자 레이몬드 룰(Raymond Lull, 1223-1315) 이후 수많은 사역자들이 눈물로 씨를 뿌린 지역, 수많은 중보 기도자들이 축복하며 기도해온 나라들, 그러나 그 결실을 보는데 성급하지 말아야겠다. 정치사회적 변화가 복음화로 연결되는가? 반드시 그렇지 않다. 정치사회적 변화가 선교적 기회인가? 그럴 수도 있고, 아닐 수도 있다. 그러나, 우리는 새로운 기회를 보아야 한다. 극단적인 경우 샤리아 체제로의 변화를 너무 두려워하지 말아야 한다. 왜냐하면, 그런 체제는 이란에서처럼 오래가지 못할 것이고, 변화의 속도가 빠른 글로벌 시대에 몇년을 가지 못하고 금방 한계를 드러낼 것이기 때문이다. 이란에서 처럼 이슬람에 대한 사회환멸(social disenchantment)을 금방 경험할 것이다. 장기적으로는 이런 시행착오가 복음화에 유리하게 작용할 것이다.

이런 변화의 소용돌이 가운데서 중요한 변수는 이 지역을 품은 기도이다. 물론 하나님의 주권이 독립변수이고, 기도는 종속변수에 불과하다. 그러나, 인간적 관점에서 너무나 중요한 변수가 집중된 기도이다. 북아프리카의 변화는 수십년간 축적된 하나님의 사람들의 끈질긴 기도의 응답이다. 특별히 최근의 리비아의 극적인 변화는 카다피가 한 한국 선교사 가정을 잘못 건드렸다가 집중 기도를 초래했고, 하나님은 그 기도를 지휘하셨고, 그 부르짖음에 대해 응답하셨다. 북아프리카는 아직도 정보에 입각한 전략적인 기도를 더 많이 필요로 한다.

4. 북아프리카의 어제와 오늘, 그리고 한국 교회의 순종

정마태 / 선교학

북아프리카는 앞으로 어떻게 될까?

2011년에 들어 와서 23년간의 튀니지의 독재자 밴 알리, 41년간 '중동의 미친 개'로 불린 리비아의 독재자 카다피, 31년간의 권력과 영화를 누린 현대 파라오, 무바라크가 하루 아침에 풍전등화처럼 사라질 것을 누가 상상했을까? 무슬림 선교를 '계란으로 바위를 깨는 것'으로 비유하며 난공불락이라고들 말하는데, 오늘날 뉴스에 나타나는 놀라운 지각 변동을 보며 우리는 하나님께서 북아프리카를 흔드시는 것을 보게 된다.

때가 차매 하나님께서 철의 장막을 하루 아침에 무너뜨리신 것처럼. '심는 대로 거둔다'(갈 6:7)는 바울의 말처럼 그들이 심은 대로 2011년 Arab Spring (아랍의 봄: 북아프리카와 중동에서 일어난 동시다발적 민주화 운동)의 열매를 거두게 된 것이다.

1) 급진 이슬람의 열매를 거두었다.

1990년대에 알제리아내 급진 이슬람 운동(사우디아라비아의 Salafi운동에 영향 받은 급진주의)으로 인해 자행된 폭력으로, 무고한 무슬림 어린이들과 여인들이 살해된 사실에 대해서 치를 떨며, 무슬림들은 '알라가 어디에 있느냐?'고 묻기 시작하고, 어떤 무슬림들은 자살하기도 하고, 어떤 이들은 미치기도 하고, 어떤 이들은 무신론자가 되고, 어떤 이들은 예수님을 그들의 메시야로 선택하기도 했다. 프랑스 일간지 르 몽드(Le Monde)지는 1992년에 알제리아의

Kabyle지역에서 오 천여 명의 무슬림들이 크리스천이 되었다고 보도하였다.

2) 부패한 이슬람 독재 정부의 열매를 거두었다.

부패한 튀니지 정부, 리비아의 극심한 독재, 이집트의 경찰 정치를 통하여 북아프리카의 대부분의 무슬림들은 몹시 분노하게 되었다. 그리고 스스로 심각하게 질문하게 되었다. 진정한 신(알라가 이럴 수가 있는가?)에 대한 추구, 인간의 존엄성과 정의 문제(진정한 무슬림은 누구인가?), 직장 (실업) 문제 (먹고 살아야 할 기본 욕구), 자유문제 (인간의 기본권, 곧 인권에 대한 갈망), 세대간 도전 (이슬람 종교를 악용한 타락한 기득권 구세대들에 대한 젊은 이들의 분노와 도전) 등등

이러한 급속한 변화가 있다 할지라도 단기적으로 서양식 민주주의로의 전환은 어렵고 아랍식 민주주의로 변화가 예상된다. 또한 세속화 방향으로 변할 전망이 크지만, 강한 근본주의 무슬림들의 영향으로 변화의 속도는 느릴 수 밖에 없을 것이다.

한국 교회들과 선교 단체들은 다음과 같은 역사적, 선교학적인 이유로 북아프리카에 열린 틈새를 잘 살펴서 적절한 선교사들을 시급히 보내어 하나님의 일을 잘 섬기자

① 무슬림 개종자들의 증가:

위에 언급했듯이 1990년 이래로 북아프리카의 무슬림들이 예수 그리스도께로 돌아오는 숫자가 증가하고 있다. 현지인 개종자들에게 바른 신학을 가르치고, 지도자 개발을 해 줄 일꾼이 절실하다.

② 세속주의 무슬림들의 증가:

근본주의 무슬림 보다는 세속주의 무슬림들이 더 늘어 날 것으로 전
망한다. 북아프리카의 대부분 무슬림들은 직업을 원한다. 지난 7년간
의 갤럽연구소가 조사한 결과는 이러한 방향과 일치한다. 세속적 무
슬림들에게 다가가 하나님의 사랑을 전해주어야 한다.

③ 여성들의 취약한 권리:

2002년 Human Development Report에 따르면 아랍 발전의 더딘
세 가지 이유 중 하나가 여성의 취약한 권리라고 지적하였다. 반면에
현재 14-25세의 아랍 무슬림 여성들의 식자율은 85%이상이다. 새로
뽑힐 이집트의 여성 국회의원이 전체의 23%에 달할 것을 예상한다.
그러므로 여성 사역의 기회가 열릴 것으로 전망한다.

④ 한류를 통한 열린 문:

대장금과 같은 드라마, 가요, 영화, 김치, 라면, 고추장, 삼성 핸드
폰, IT와 콤퓨터등이 북아프리카 중동에서 환영 받는다. 한국어를 배
우려는 열기가 대단하다. 대부분의 국가들이 서구 열강들의 지배로
인한 정치적 군사적 슬픈 역사를 갖고 있지만, 대한민국은 그들에게
신선한 국가로 호감을 주고 있다. 따라서 현지인들을 도울 전문성과
믿음을 겸비한 사역자들이 필요하다.

⑤ 국제 동역의 필요:

핍박 받는 현지 그리스도인들과 이미 사역해 왔던 여러 나라의 사역자

들이 우리와 삼중으로 협력하여 일할 수 있다. 한국 선교가 단독적이 되어서는 안된다.

⑥ 하나님의 약속의 성취:

창세기 12:1-3이나 이사야 19:21-25에 나타난 하나님의 약속을 하나님께서 이루실 것을 굳게 믿으며 순종해야 한다. 하나님은 거짓이 없으시니 그분이 그분의 때에 그분의 약속을 이집트에서 북아프리카에서 반드시 이루실 것이다. 하나님의 약속만을 굳게 믿고, 기도와 말씀으로 순종하는 일꾼이 필요하다. 단순히 이런 상황에 반응하는 것이 아니라 적극적으로 순종하는 일꾼이 필요하다.

과격 무슬림 운동과 세속 무슬림 운동은 병존할 것이다. 그러나 주께서 주의 때에 친히 이 땅을 흔드시고 문을 여시며, 당신의 일꾼들을 부르셔서 이 열린 추수밭으로 보내시고 당신의 약속을 이루실 것이다. 왜냐하면 그분께서는 약속을 이루시는 전능하신 하나님이시기 때문이다.

5. 이슬람 채권(스쿠크)법에 대한 논쟁을 어떻게 볼 것인가?

이승구 / 조직신학

우리 사회의 여러 문제들에 대한 논쟁 가운데 하나로 이슬람 채권법에 대한 논쟁이 있습니다. 사실 이이 문제에 대해서 논의할 때에 우리들은 이슬람 채권법 자체에 대해서도 생각해야 하고, 또한 이 법에 대한 기독교 인사들의 발언 태도에 대해서도 생각하지 않을 수 없습니다. 이 두 가지 문제에 대해서 차례 차례로 생각해 보기로 하겠습니다.

이 법은 돈을 꾸어 줄 때에 이자를 받지 말라는 말씀을 그대로 준수하는 듯이 보이는 측면이 있습니다. 그래서 어떤 분들은 이슬람교도들이 기독교인들보다 더 나은 것이 아닌가고 묻고 있습니다. 그러나 이를 구체적으로 시행하는 방식을 잘 살펴보면 여기에 예수님 당시 바리새주의와 비슷하게 율법을 지키면서 편법을 만들어 가는 문제가 있다는 점을 지적하지 않을 수 없습니다. 성경에 나오는 "형제에게 돈을 빌려 줄 때 이자를 받지 말라"는 것에 충실해 보려고 하는 것은 좋으나, 그렇게 하면 현대 사회에서는 이런 채권이 실질적으로 팔리지 않을 것이기 때문에 이자는 주지 않는 대신에 그 돈으로 사업을 해서 그 수익금을 일종의 배당금 형태로 주려고 한다는 것은 사실 이자를 지급하는 것과 같은 결과를 내기 때문입니다. 따라서 다른 자본을 가지고 한 사업에 대한 세금과의 형평성에 대한 논쟁이 일어나고 있는 것입니다. 이 형평성의 문제를 차치(且置)하고 순전히 경제적인 문제만을 생각하는 분들은 그것이 어떻게 되든 유동성이 넘치는 이슬람 자본을 사용할 수 있는 좋은 기회를 왜 놓치겠냐고 생각하고 말합니다. 이에 대해서 그리스도인들은 그렇게 해서 이슬람 자본이 우리 사회 속에 들어 올 때 이와 합하여 외자가 우리나라에 너무 많이 들어옴으로 인하여 장기적인 면에서 문제가 있을 것은 아닌지, 특히 이슬람 자본의 유입과 함께 이슬람의 발언권과 권세가 우리 사회에 영향을 더 마쳐서 이슬람교 선교에 유용한 토대를 마련하는 것이 될 것이 아닌지에 대한 우려를 할 수 있을 것입니다. 그러므로 개인의 입장에서 이런 문제에 대해서 사회경제적인 면에서, 그리고 선교적인 면에서 우려하는 것은 있을 수 있고, 그런 우려를 잘 표현해 가는 것을 더 심화시켜 가는 것은 좋은 것일 것입니다.

그런데 문제는 경제적 문제 해결을 위해 이런 법안이 정치권에서 논의되는 상황에서 일부 기독교 인사들이 기독교의 영향력을 염두에 두면서 기독교적 세력에 근거하여 이 법안에 반대하는 정치적 발언으로 비칠 수 있는 발언을 하였다는 데에 있습니다. 이 사회는 이런 발언에 대해서 기독교가 자신들의 힘을 드러내며 그 힘에 의존하여 정치와 경제에 영향을 미치려고 한다는 것, 더구나 이런 발언 이후에 정치권이 수쿠크법을 일단 유보하기로 하였다는 결과에 대해서 이 모든 과정에 대해 매우 강한 반감을 드러내고 있습니다. 이 세상의 이런 반응은 어쩌면 매우 당연한 반응입니다. 입장을 바꾸어서 이 세상의 다른 종교인들이 그 종교가 이 세상에 미치는 영향을 염두에 두면서 어떤 발언을 하여 정치와 경제에 상당한 영향력을 미치려고 할 때에 우리가 마음 속으로 과연 어떻게 반응하게 되는 지를 생각해 보면 좋을 것입니다. 물론 그리스도인들이 우리들의 생각을 관련 있는 분들에게 전달하는 것은 있을 수 있습니다. 그러나 그 때 철저히 개인의 자격으로 자신의 견해를 말해야지, 그것이 기독교계의 의견인 양하면 안 되고, 더구나 기독교의 세력을 과시하는 식으로 해서는 안 될 것입니다. 개개의 그리스도인들이 각기 소명에 따라 일하는 곳에서 신앙과 양심에 따라서 성실하게 판단하고 직무를 처리하는 방식으로 이런 문제를 처리해 가야 합니다.

　이 사태와 관련된 근본적 문제는 기독교가 그 세력을 과시하는 듯이 이 세상 사람들의 눈에 보인다는 점에 있습니다. 그것은 마르크스주의 입장의 사회 변혁론의 하나인 헤게모니 이론을 정당화하는 것이지, 성경과 예수님의 사회 변혁의 방식이 아닙니다. 기독교는 겸손히 하나님의 뜻에 순종하면서 그 아름다움을 온 세상에서 보여서 도덕적 감화의 방식으로 이 세상을 변혁하는 것입니다. 기독교인인 우리들이 이 세상에서 우리들의 힘을 과시하고 사람들로 우리들의 힘에 위압감을 느끼도록 하는 그런 삶의 태도를 드러내서는 안 될 것입니다. 기독교는 우리의 힘으로 이 세상을 변혁시켜 가는 것이 아니기 때문입니다.

6. 이슬람 채권(수쿠크) 도입 논란과 기독교의 대응

김병훈 / 조직신학

이슬람 채권(수쿠크)과 관련한 개신교의 반대 이유는 본질상 종교적이다. 물론 조세법상의 문제점을 지적하고, 수쿠크에 대한 면세정책은 이슬람에 대한 종교편향정책이며 오히려 정교분리의 원칙에 어긋난다는 점을 강조한다. 하지만 개신교가 경제적 이유로 이처럼 반대 의사를 전면적으로 표시한 사례가 없다는 점을 생각할 때, 개신교가 반대하는 중심에는 종교적 이유가 자리하고 있다고 보는 것이 옳을 것이다.

수쿠크가 따라야 하는 이슬람 율법인 '샤리아'(Shariah)는 이자 수수를 금하며, 투기와 같은 불확실성이 높은 거래를 금하며, 돼지고기, 포르노, 무기, 영화, 담배, 도박, 주류 등의 거래를 금한다. 앞의 두 원칙들은 경제적 측면들로 받아들일 수 있고, 끝의 것은 별 문제를 일으킬만하지 않은 종교적 측면으로 볼 수 있다.

이러한 원칙들을 볼 때 이슬람 금융은 겉보기에 별 문제가 없어 보이지만, 실제로는 결코 그렇지 않다는 것이 개신교의 판단이다. 개신교가 보는 바에 따르면 수쿠크는 전 세계에 이슬람 신정정치를 실현하기를 추구하는 '무슬림 형제단'에 의해 고안된 전략적 금융상품으로, 폭력과 문화와 금융의 세 가지 형태로 전개되는 지하드(이슬람 선교를 위한 투쟁) 활동 가운데 하나인 것이다. 샤리아에 따르면 수쿠크를 통한 거래 수익 중 2.5%를 '자카트'란 명목으로 기부를 하게 되어 있다. 그런데 자카트는 '포교활동'과 '폭력적인 전쟁'에도 사용될 수 있기 때문에 알 카에다와 같은 테러 단체의 지원금이 될 수도 있으며,

더욱이 '하월라'라는 이슬람 송금방식은 모든 사용내역을 폐기토록 되어 있어 상황을 파악할 수도 없게끔 되어 있다.

그렇다면 개신교의 우려가 얼마만큼이나 사실을 반영하고 있을까? 이에 대해서 구체적 근거를 대며 말할 수는 없지만, 적어도 그러한 우려가 현실화 될 개연성은 충분하다고 봄이 옳을 것이다. 그렇지만 기독교인이 아닌 사람들은 이러한 개신교의 우려를 이슬람에 대한 정신병리적 두려움, 소위 '이슬람 포비아'에 잡혀 있는 근본주의자들의 주장이라고 일축을 한다. 자신들은 이슬람권에 선교사를 파송하면서도 이슬람 문화의 유입을 결사반대하는 보수 개신교권의 입장은 모순될 뿐만 아니라 불공평하며 불합리하다는 것이다. 또한 그런 논리라면 중동의 국가와는 무역을 할 수 없는 것이 아니냐고 반문을 한다. 그리고 이자를 고리로 하여 예금과 대출 활동을 높이고 이를 통해 실물가치보다 몇 배나 큰 금융상의 추상가치를 만들어 내는 현재의 금융제도에 비할 때, 이자 행위를 금하는 이슬람 금융의 '샤리아' 원칙은 훨씬 더 인간적이며 종교적이라고 옹호를 하기도 한다.

어떻게 대응하여야 할까? 먼저 기독교는 종교적 관점에서 이슬람 금융으로 인한 포교적 영향력을 직시하고 수쿠크 도입을 위한 법 개정에 대해 반대의지를 분명하게 가져야 한다. 그렇지만 종교적 이유로 정부의 경제 정책에 반대한다는 빌미를 주어 다른 국민들의 반발을 사지 않도록 주의를 기울여야 한다. 보편가치를 지키기 위해 종교계가 일어나는 것은 비종교인들로부터도 지지를 받지만, 종교적 이익을 지키기 위한 것으로 오해를 받게 된다면 오히려 일은 악화될 우려가 높고 복음전도도 어려워지는 이중적 어려움을 당하게 될 것이기 때문이다.

이러한 일이 없도록 하기 위해서는 교계 단체나 목사가 전면에 나서서 발언을 하기 보다는 국회의원, 경제학자, 법학자 등 관련된 분야의 기독교인들로 하여금 반대의 이유를 밝히도록 하는 것이 좋을 것이다. 이를 테면 국회 재경위에서 수쿠크는 부동산 거래나 주식거래를 포함하기 때문에 채권이라 보기 어려움에도 이를 채권으로 간주하고 이자소득세를 넘어서서 양도세, 취득세, 등록세, 부가가치세, 배당소득세 등을 일괄 면제해 주는 것은 과도하다고 지적한 이혜훈의원의 의정활동이 좋은 예가 될 것이다. 그 밖에 '샤리아 위원회'의 통제 하에 움직이는 수쿠크는 우리나라의 금융주권을 침해할 소지가 매우 높다는 점을 비롯하여 경제적, 법적, 국가안보적 이유 등을 제시하여 사회에 반대 여론을 일깨우기 위해 각종 토론회, 신문이나 인터넷 등을 통한 활동을 전개하여야 한다. 아울러 수쿠크와 같은 이슬람 금융이 갖고 있는 표면적인 도덕적 가치, 곧 이자 수수의 금지와 같은 금융활동에 대한 비판이 좀 더 효과적이기 위해서 기독교는 기독교 가치에 근거하여 금융정책을 비롯한 자본주의 경제 체제 하에서의 각종의 경제정책들에 대해 종교적 목소리를 낼 수 있어야 할 것이다.

7. 아프가니스탄 피랍 사건의 교훈

문상철 / 선교학

아프가니스탄 피랍 사건은 큰 아픔 가운데서도 우리에게 귀중한 교훈을 준다. 이러한 비극적인 일은 선교 역사가 짧은 한국 교회로서는 충격으로 다가오는 일이지만, 세계선교 역사에 있어서는 과거에도 일어났고, 지금도 여러 지역에서 일어나고 있는 일이다. 그 아픔과 충격이 큰 것은 선교의 경험이 짧은 한국 교회로서는 처음으로 겪는 비극이기 때문이다. 이 사건은 우연히 일어난 일이 아니라, 철저하게 하나님의 섭리 가운데 일어난 일이기에 우리에게 주는 교훈을 찾지 않으면 안 된다. 비싼 대가를 치르면서도 교훈을 얻지 못한다면 그것은 어리석은 일이 되기 때문이다. 그러면, 우리는 구체적으로 어떤 교훈을 얻을 수 있는가?

첫째, 우리는 이번 사건을 계기로 열정과 순수함 만으로는 선교를 할 수 없다는 사실을 배워야 한다. 일반인들의 많은 비난과 비판이 있었지만, 이번 봉사단의 순수한 동기만큼은 나무랄 수 없다. 그러나 이러한 순수한 열정이 선교에 꼭 필요한 요소들이기는 하지만, 충분한 조건은 될 수 없다. 이러한 열정에 지혜가 더해져야 한다. 이것은 비단 이번 단기팀의 경우뿐만 아니라 한국교회의 선교사역 전반에 해당하는 사실이다.

둘째, 우리는 현지 문화와 상황에 대한 깊이 있는 이해가 선교에 필수적인 조건이라는 사실을 깨달아야 한다. 현지의 문화적 상황에 대한 정보와 연구가 선행되지 않고서는 효과적으로 일할 수 없고, 오히려 장기 사역에 방해가 될 수도 있다는 사실을 인정해야 한다. 한국 선교는 그 동안 연구보다 행동이 앞서는 활동주의(activism)의 모습을 나타낸 것이 사실이다. 그래서 중요한 결정을 감정적이고 즉흥적인 판단에 맡겨버리는 우를 범하지 않도록 더욱 노력해야 할 것이다.

셋째, 본격적으로 선교운동을 일으킨 지 4반세기가 지난 21세기 초의 상황에서 우리는 물량주의를 극복하고 질적인 선교를 추구해야 한다. 한국 교회는 교회 성장에서와 마찬가지로 선교에 있어서도 질보다는 양을 강조해왔고, 선교를 하는 방식에 있어서도 물량주의적인 가치관과 방법을 보여왔다. 그래서 선교사 숫자를 자랑하고, 선교비의 규모를 자랑하고, 단기 선교를 위해서 전세기 띄우는 것을 자랑해왔다. 그러나 이제 얼마나 질적인 성숙성을 가진 선교를 하느냐를 놓고 판단해야 한다.

넷째, 우리는 선교에 필요한 전문성을 함양하고 전문가를 양성해야 한다. 선교를 쉽게 생각하고 누구든지 하면 된다고 생각하고 뛰어든다면 이번과 같은 상처를 계속 입게 될 것이다. 선교에는 여러 분야에 전문성과 전문가들이 필요하다. 한국 선교계에는 선교의 규모만큼 전문가들이 많지 않다. 선교단체들이 영세하고, 그나마 파송 단체들에 비해 전문적인 지원 단체들은 더욱 영세하다. 그래서 연구, 훈련, 전략 조정, 동원 등을 전문적으로 담당하는 단체들의 전문성을 키울 필요가 있다.

다섯째, 우리는 대규모 이벤트성 행사의 부작용을 인정해야만 할 것이다. 이러한 행사는 좋은 취지에도 불구하고, 현지의 사정, 특별히 장기 선교사들의 의견을 무시하고 진행되었으며, 그 결과 이슬람권의 현지인들에게 위협감을 준 면이 있다. 물론 작년의 대규모 행사와 이번 납치 사건과의 직접적인 연관관계는 아직 충분히 밝혀지지 않고 있지만, 간접적인 연결의 개연성은 부정하기 어렵다. 이것은 책임을 따지는 공방 차원이 아니라, 함께 발전을 향해 나아간다는 차원에서 정직한 평가를 하자는 뜻에서 하는 말이다.

끝으로, 이번 사건과 관련한 전략적인 착오를 시인하기보다 순교 논리로 모든 것을 덮고 지나가는 것은 순교의 피를 욕되게 하는 것이라는 점을 지적하고 싶다. 순교의 피는 아름답고, 고귀하게 승화되어야 한다. 그러나 그렇다고 해서 우리의 잘못, 특별히 지도자들의 전략적인 미숙함을 덮어두고 지나가서는 안 된다. 잘못은 잘못으로 확실하게 인정하고 발전의 계기로 삼아야 할 것이다.

8. 피랍 청년들을 향한 여론의 비난과 한국 교회의 책임

김병훈 / 조직신학

아프가니스탄에서 탈레반에 의하여 피랍되었던 한국 기독인들 가운데 고 배형규 목사님과 고 심성민 형제를 제외한 나머지 사람들 가운데 먼저 석방된 두 명에 이어서 열 아홉 명의 샘물교회(담임목사 박은조)의 봉사단원들이 피랍된지 45일 만에 하나님의 은혜로 모두 석방이 되어 귀국하였다. 이들은 귀국하던 날 인천공항에서 조국과 국민 여러분께 큰 빚을 지었다고 머리를 숙였다. 피랍 소식이 들여오던 날로부터 지금까지 이들에 대한 비난의 여론은 잠잘 줄을 몰랐다. 급기야 비록 미수에 그쳤지만, 이들을 향하여 계란투척을 시도한 사람은 '계란열사'로 불리며 일부 네티즌들에 의해 격려를 받는 일조차 나타나고 있다.

왜 이들이 비난을 받아야 하는 것일까? 대체로 지적되고 있는 비난의 이유는 크게 세 가지로 정리되는 듯하다. 하나는 이들의 봉사는 표면적인 명분일 뿐 실제로는 선교를 위한 것이라는 동기의 문제이며, 다른 하나는 정부의 제지에도 불구하고 왜 위험한 곳에 자처하여 갔는가라는 책임의 문제이며, 또 다른 하나는 결과적으로 정부에게는 커다란 외교적 부담을, 국민에게는 커다란 근심을 끼쳤으며, 또한 세금을 낭비케 하였다는 사회적 비용의 문제이다. 이러한 비난과 관련하여 교계와 일반 언론은 각각 타종교와 문화를 존중하지 않는 개신교의 공격적(?)인 선교 정책에 근본적인 변화가 있어야 한다는 의견을 봇물처럼 쏟아놓고 있다. 그렇지만 이러한 주장들이 비난의 이유를 바르게 해소할 수 있을지에 대해서는 약간의 의문이 든다.

우선 봉사의 동기가 선교라는 것은 결코 비난받을 이유가 아니다. 그것은 봉사를 행하는 자의 개인적인 신념이며 양심의 자유로운 결정일 뿐이다. 봉사 자체만을 목적으로 하는 봉사가 다른 동기를 가진 봉사보다 우월한 것이라고 판단하는 것은 판단하는 자의 주관에 속한 것이겠지만, 그 동기가 상대를 해치기 위한 것이 아니라면 선교라는 동기를 이유로 봉사의 활동의 '봉사'적 성격을 무시할 수 없는 것이며, 더더구나 비난을 할 이유는 결코 아니다. 어떤 이는 선교 활동 자체를 악하게 볼지 모른다. 그러나 선교는 개종을 강요하는 것이 아니다. 또한 선교를 받는 자의 양심을 구속하지도 않는다. 봉사를 통한 선교는 결코 상대를 해치는 악한 것이라고 말할 수 없는 것이며, 공격적이거나 제국주의적이지 않다. 둘째로 봉사대원들이 출국하였을 당시의 아프가니스탄은 여행금지구역은 아니었다. 위험한 지역이기 때문에 선교적 관례에 따라서 유서를 작성하여 갔지만 그곳에는 이미 봉사활동을 하는 한국인들이 있었으며 심지어는 생업을 도모하는 한국인들도 있었다. 매우 위험한 지역이기는하지만 봉사활동을 하고자하는 대원들의 의지에 따라 갈 수가 있었던 곳이었으며 합법적으로 허용이 되는 곳이었다. 끝으로 정부에게 외교적 부담을 주었을 뿐만 아니라 세금을 낭비하고 국민에게 근심을 주었다는 책임의 궁극적인 원인은 탈레반의 악행에서 찾아져야 한다. 탈레반은 자신의 악행을 정당화하기 위하여 그 이유로 한국군의 아프간 주둔과 봉사단원들의 선교활동을 지적하였다. 봉사대원들의 선교활동은 악의적인 네티즌들의 주장들과는 달리 공격적이지 않았다. 그들의 선교 수단은 오직 봉사활동 뿐이었다. 한국군의 아프간 주둔을 이유가 탈레반의 말

그대로 자신들의 만행의 이유라면 이번 사태로 인하여 짊어진 정부의 부담은 결코 피랍된 봉사대원들에게 전적으로 돌려질 수가 없다.

이처럼 비난의 이유들은 이해하기에 따라서 전혀 비난의 근거가 될 수가 없는 것들이다. 문제는 그럼에도 불구하고 왜 사태에 대한 이러한 이해가 널리 주지가 되고 동의를 얻지 못한 채 오히려 비난의 이유로만 작용을 하는가에 있다. 왜 전 국민이 어떤 비용을 감수하고서라도 이들을 구하여야 할 것을 주장하며 탈레반의 만행을 규탄하지 않았던 것일까? 이 질문에 대한 답을 구하는 것은 그렇게 어려운 것이 아니다. 이들을 살려야 한다고 시위를 하였던 사람들에게 그 이유를 확인하여 보면 되기 때문이다. 아프가니스탄 중부 가즈니주 주민 1천여명은 7월 24일에 이들의 조속한 석방을 촉구하는 가두시위를 탈레반을 향하여 벌였다. 시위의 이유는 종교적이면서 또한 인도주의적이었다. 여성을 납치하는 것은 이슬람 율법과 아프간 문화를 모욕하는 것이라는 것이며, 납치된 사람들의 활동이 선교적이기 보다는 오히려 의료봉사와 유아교육 등의 봉사활동이라는 것이었다. 실제로 카불에 본부를 둔 '자유의 목소리' 라디오 방송은 아프가니스탄 인들이 큰 슬픔을 느끼면서 그들의 친구인 한국인들의 조속한 석방을 바라고 있음을 전하였다. 피랍된 봉사대원들은 아프가니스탄 인들이 이들의 조속한 석방을 바라고 시위를 할 이유를 보여주었다. 그것은 이들이 사랑의 봉사활동을 실천하였으며, 이를 통하여 그들의 이들의 친구가 되었기 때문이었다. 그러나 한국에서는 상황이 달랐다. 피랍된 이들이 아프가니스탄 인들의 친구가 되었던 것과는 달리, 한국 교회는 그리스도를 알지 못하는 한국 국민들의 친구이지 못하였던 것이다. 기독청년들의 고난으로 인한 한국 교회의 슬픔을 함께 나눌 친구는 고사하고, 한국 교회는 사회로부터 오히려 도덕성을 비난받는 초라한 현실 아래 놓여 있다는 것이 피랍된 봉사대원과 관련한 비난의 진정한 이유일 것이다.

한국 교회가 공격적 선교를 지양한다고 한다. 마땅한 일일 것이다. 하지만 선교를 중단할 수 없다는 것은 당연한 일이다. 그렇다면 선교의 방식이 어떻게 바뀌던지 선교를 빌미로 한 피랍의 사건이 앞으로는 없을 것이라 말할 수 없다면, 선교방식의 전환만으로는 억울한 비난을 피할 길이 없을 것이다. 1907년의 부흥을 다시 소망하는 한국교회는 이번 사태를 통해서 선교의 방식만이 아니라 스스로가 변화를 겪어야 한다는 것이 하나님의 섭리의 뜻이라고 조심스럽게 판단을 내려본다. 이번 사태는 한국 교회를 향한 실망과 거부감으로 인한 비난의 화살을 존경과 격려를 받아야 할 기독 청년들이 받게 된 매우 민망하고 가슴이 저리는 아픔을 말해주는 사건이다. 지금 한국 교회는 회개하여야 할 때가 아닌가? 머뭇거리다가는 종교다원주의자들의 목소리에 교회의 복음이 파묻히는 일이 있게 될 것이 염려스럽다.

9. 북한의 미래와 통일 선교

한화룡 / 백석대 선교학

북한을 37년 동안 통치해 왔던 김정일이 2011년 12월 17일 사망했다. 그리고 그의 아들 김정은이 권력을 이어받았다. 그의 올해 나이는 불과 30세이다. 북한의 미래는 어떻게 될 것인가? 우리는 어떻게 통일을 준비해야 하며, 또 북한선교를 위해 무엇을 할 수 있는가?

현재 북한은 내우외환에 시달리고 있다. 핵무기 개발에 따른 국제사회의 제재와 천안함 폭침 및 연평도 포격에 따른 대북경협 중단 등으로 말미암아 대외적인 상황이 예전보다 악화되었다. 또 북한 주민들은 주민들대로 지속적인 경제난 때문에 극심한 고통을 겪고 있다. 최근 북한 내부에서 전해오는 소식에 따르면 여기저기서 굶어 죽는 사람이 나오고 있으며, 1990년대 고난의 행군 시절과 방불하다고 한다. 따라서 북한 당국은 경제난을 타개하고 어수선한 민심을 잡기 위해 개혁과 개방이 불가피하다. 하지만 그동안 수많은 거짓말과 공포로 통치를 해온 북한 당국이 개혁과 개방을 단행한다는 것은 현실적으로 불가능하다. 남조선이 헐벗고 굶주리는 것이 아니라 세계 10위권의 경제대국이 되었다는 사실을 포함해서 그동안 봉쇄되었던 외부세계의 진실이 알려지고 자유 · 민주 · 인권의 바람이 불어 닥칠 경우 북한은 심각한 체제 붕괴를 맞이하게 될 것이기 때문이다. 더구나 지금은 김정은이 권력을 이어받은 지 얼마 되지 않은 과도기가 아닌가. 그러므로 적어도 당분간 북한 당국은 대내적으로 선군정치체제를 지속하면서 이른바 '강성대국' 건설을 계속 표방해 나갈 것이다. 그리고 대외적으로는 미사일 발사나 핵 실험 등을 통해 국제사회 및 대한

민국을 압박해 시간을 벌면서 북한 체제를 유지해 나가는데 필요한 지원을 얻어내려고 몸부림칠 수밖에 없다. 하지만 그 과정에서 무슨 일이 일어날지 또 그 결과는 어떻게 될지 예측하기가 매우 어렵다. 그럼에도 불구하고 분명히 말할 수 있는 점이 있다면 북한 당국이 개혁과 개방을 하지 않을 경우 수십 년 간 쌓여온 내부 모순과 불만으로 말미암아 파국을 맞이할 가능성이 높다는 것이다. 따라서 우리는 점진적, 단계적 통일을 준비할 뿐만 아니라, 또한 불시에 닥칠지 모를 급변 사태에 대해서도 만반의 대비책을 강구해야 한다.

그러면 북한의 미래를 내다보면서 우리는 무엇을 해야 하는가? 첫째, 한국 사회는 통일을 대비한 교육을 실시해야 한다. 고통 받고 있는 북한 동포들과 더불어 살겠다는 의지를 표명하고 통일한국의 희망찬 비전을 제시하면서 통일을 준비하는 교육을 거국적으로 실시해야 한다. 둘째, 한국 사회는 이미 국내에 들어온 2만 4000명에 달하는 탈북자들을 돌보면서 다가올 통일을 실제적으로 대비하는 훈련을 해야 한다. 탈북자들의 정착과 자립을 돕는 효과적인 방안을 찾아내고 탈북자들과 더불어 생활하는 다양한 기회를 만들어서 남과 북이 통일한국에서 함께 살아가는 지혜를 체득해야 한다. 셋째, 한국 교회는 남북화해와 민족통일을 선도할 수 있는 성경적이고 복음주의적인 신학을 정립해서 성도들에게 명료한 방향을 제시할 수 있어야 한다. 특히 교회 지도자들과 신학생들이 민족통일과 북한선교의 비전을 품을 수 있도록 도와주는 교육이 필수적으로 이루어져야 한다. 넷째, 한국 교회는 평화통일, 복지통일, 복음통일을 위해 기도하는 일에 힘써야 한다. 이 땅에 다시는 전쟁이 일어나지 않고 평화적인 방법으로 통일이 이루어지며, 남과 북이 더불어 잘 사는 신한국 시대가 열리고, 북한 지역에 종교의 자유가 보장되고 교회가 재건되는 날이 속히 오도록 기도해야 한다. 다섯째, 북한 당국이 인정한 공식적인 창구를 통해 헐벗고 굶주린 북한 주민들을 구제하는 일을 할 뿐만 아니라, 북한 지하교회 접촉 및 방송을 통한 복음 전파, 그리고 국내 탈북자 양육 및 해외 탈북자 구출 사업 등 다각도로 북한 선교 사역을 시행해 나가야 한다.

하나님이 이 민족에게 긍휼과 자비를 베푸사 성서한국, 통일한국, 선교한국의 그 날이 속히 임하기를 기도하며, 합동신학대학원과 합신 교단이 이 일에 귀하게 쓰임받게 되기를 기대한다.

10. 문화를 통해 읽는 일본인

김학유 / 선교학

지난 봄 대형 쓰나미가 일본의 후쿠시마를 휩쓸고 간 뒤 한국 정부와 국민들은 즉각 후원 활동을 펼쳤고, 모금 역사상 가장 많은 후원금이 단기간에 모아져 일본에 전달되었다. 일제 통치로 인한 상처를 뒤로한 채 따뜻한 인류애를 발휘하는 한국인들의 저력을 보며 새로운 한일 관계를 열어 가시려는 하나님의 역사적 개입이라고 믿었다. 그러나 한일 관계의 새로운 장이 열리려는 역사적인 순간, 일본 정부는 독도가 일본의 영토라고 주장하는 발표를 했다. 한국 정부와 국민들은 즉각 정신적 혼란에 휩싸였고, 몇 달이 지난 지금도 명확한 해결의 실마리는 보이지 않는다.

일본 정부의 이러한 행동을 바르게 이해하려면 그들의 문화나 정신세계를 깊이 이해하는 것이 필요하다. 흔히 일본 문화를 "매뉴얼 문화"(Manual Culture)라고 부른다. 일본인들은 무슨 일을 수행하든지 반드시 미리 정해진 매뉴얼에 따라 일을 진행하려는 문화적 특성을 지니고 있다. 매뉴얼을 만드는 과정이 매우 길고 힘겨운 과정이긴 하지만, 일단 매뉴얼이 만들어지면 반드시 그 매뉴얼에 명시된 방법과 계획에 따라 일들을 진행해야만 한다. 쓰나미를 처리하는 과정에서 보여주었듯이 매뉴얼이 완성된 다음에는 누구도 매뉴얼을 쉽게, 즉각적으로 바꾸거나 마음대로 적용해서는 안 된다. 독도 영유권 주장은 이미 오래전부터 매뉴얼대로 진행되어 왔을 가능성이 높다. 단지 쓰나미 사건과 우연히 일치가 되었을 뿐이다. 독도에 관한 한은 일본 정부가 오래 전부터 준비한 매뉴얼대로 준비된 길을 가는 것뿐이다. 우리는 쓰나미로 고생하는 일본인들에게 성금을 보냈는데, 일본 정부가 어떻게 이 시기에 독도가 일본 영토라고 주장 할 수 있는가라고 반문할 것이다. 대부분의 일본인들은 우리의 성금에 감사하고 있을 것이라고 믿는다. 다만 일본의 정치인들은 쓰나미와 상관없이 그들이 이미 정해 놓은 매뉴얼대로 독도문제를 진행시킨 것뿐이다.

일본인들에게 역사의식이 있는가? 대부분의 역사학자들이나 문학가들은 공통적으로 일본인들이 타 국민에 비하여 상대적으로 모호한 역사의식을 지니고 있음을 지적한다. 그들은 섬나라 특유의 독특한 역사의식을 오랫동안 발전시켜왔다. 일본인들은 과거의 좋지 않은 기억들이나 상처들을 속히 잊으려는 속성이 있다. 일종의 운명론적 사고에서 비롯되었다고 볼 수 있다. 이미 일어난 일들은 일종의 운명으로서 당시로서는 최선의 선택이요, 어쩔 수 없는 선택이었다고 여긴다. 그런 의미에서 일본인들의 역사관은 매우 운명론적(fatalistic)이라고 할 수 있다. 과거의 일들은 돌이킬 수도 없고 새롭게 시도할 수도 없는 일들이기 때문에 과거의 일들을 있는 그대로 운명론 적으로 받아들이려는 성향을 지니고 있다.

일본인들의 역사의식을 간접적으로 들여다 볼 수 있는 표현 중에 "Nakatta Koto ni Suru"라는 말이 있다. 이 말은 "그 일이 전혀 일어나지 않았던 것처럼 여겨라" 는 뜻이다. 과거의 불행했던 경험이나 상처들은 지워버리고 그 일들이 일어나지 않았던 것처럼 여기라는 뜻이다. 과거에 저지른 실수나 과오, 남에게 준 상처, 전쟁의 폐해 등 소위 나쁜 기억들과 경험들은 속히 잊어버리고 좋은 기억들만 간직하라고 주문하고 있는 것이다. 과거에 저지른 실수와 죄악들에 대해 사죄하거나 회개하지 않고, 지워버리거나 잊어버리려는 일본인들의 역사의식의 단면을 보여주는 말이라 할 수 있다. 이런 일본인들에게 역사적 반성과 회개를 요구하는 것이 쉬워보이지는 않는다.

일본인들의 의식 속에는 "생각의 순수함"(conscious innocence)이라고 부르는 독특한 의식이다. 일본인들의 의식 속에는 그들의 생각이나 결정이 항상 옳다는 생각이 자리 잡고 있다. 타국인들의 기준으로 볼 때 분명히 잘못되고 그릇된 선택과 결정임에도 불구하고 일본인들은 자신들의 결정이 가장 정확하고 올바른 결정이라고 믿는 속성이 있다. 심리학자들은 일본인들의 이러한 의식이 자신의 명예(honor)를 지키려는 강박 관념에서 비롯된 것이라고 본다. 자기들의 결정과 생각이 항상 "절대적으로 합리적인"(totally rational) 것이라고 믿는 것이다. 외부로부터의 방해나 비평이 쏟아질 때도 일본인들은 언젠가 그들이 자기들의 입장을 이해하게 될 것이라고 믿는다.

인류학자들이나 사회학자들은 일본의 의식적, 문화적 특성을 표현할 때 "극단적인"(extreme) 또는 평범함을 뛰어넘는 "초"(ultra)라는 부사를 자주 사용한다. 일본 문화는 여는 다른 나라들의 그것들과는 다른 매우 독특한 면들을 지니고 있다. 일본인들이 지니고 있는 독특한 의식 세계와 문화를 이해하지 못한다면 한일 관계는 영원히 평행선을 달릴 것이다. 언어학자들은 일본어가 의사소통(communication)을 위한 언어가 아니라 인상(impression)을 전달하기 위한 언어라고 한다. 의사 표현이 분명하지 않고 애매모호한 일본인들과 의사 표현이 분명하고 직선적인 한국인들 사이의 의사소통 방법은 앞으로도 많은 외교적 문제들을 야기 시킬 가능성이 매우 높다. 우리는 언어를 사용하여 의사소통(verbal communication)을 하지만 일본인들은 직관을 사용한 의사소통(intuitive communication)을 한다. 진정성을 갖고 서로를 깊이 이해하려는 노력과 더불어 깊은 관심(concern)과 사랑만이 양국의 문화적 간격을 메우는 도구가 될 수 있을 것이다.

11. 지역사회를 섬기는 교회

한성진 / 역사신학

한국교회의 위기 상황 속에서 '교회와 지역사회'에 대한 관심이 많아지고 있다. 서구교회 같은 급속한 몰락의 직전에 '섬김'에 대한 최근의 관심은 참으로 반갑다. "교회가 지역사회공동체를 어떻게 섬길 것인가?"라는 질문이 오늘의 주제지만, '섬김'에 대한 이해가 선행된다면 자연스러운 답이 되리라 믿는다.

흔히 교회의 역할과 기능을 '예배'와 '봉사'(또는 '전도'와 '구제', '선교'와 '섬김' 또는 '하나님에 대한 사랑'과 '이웃에 대한 사랑', 사실은 모두 같은 범주다)로 나눈다. 이제까지 대다수 한국교회는 '예배'(또는 선교)에는 열정적이었지만, '봉사'는 전도의 한 분야인 '긍휼사역' 정도로 인식해 왔다. 필자는 2006년부터 제자들과 함께 만든 물댄 동산이라는 지역아동센터를 섬기고 있다. 여러 교회를 방문할 때, 감사한 분들이 많이 계신다. 그럼에도, "교회가 왜 사회복지까지 도와야 하나?", "신학교수가 교회 밖에서 복지하는 것, 문제 아닌가?"라는 반응이 상당했다. 이 분들의 확신은, 교회의 목적은 '복음전파'와 '예배'를 위한 것이지, 그 이외는 부차적이라는 것이다. 지금은 교회가 '예배'나 '전도' 이외에도 '지역사회'를 섬겨야 한다는데 많은 분들이 동의한다. 그러나 한 발짝 더 전진!

신약성경에 'diakonein', 'diakonia', 'diakonos'라는 용례로 사용되는 '디아코니아'에는 신학적으로 세 가지 차원이 있다. 하나님의 인간에 대한 '디아코니아', 인간의 하나님에 대한 '디아코니아', 그리고 사람의 사람에 대한 '디아코니아'다. 우리말로는 각각 '섬김',

'예배', '봉사' 등으로 번역된다. 사실은 같은 의미가 세 가지로 사용된 것이다. 영어는 더 분명하다. '하나님의 인간에 대한 service(섬김)', '인간의 하나님에 대한 service(예배)', '사람의 사람에 대한 service(봉사)'. '예배'와 '봉사' 모두가 '섬김'이다. '예배' 또한 우리가 하나님께 드리는 '섬김'이며 '봉사'다. '전도' 또한 이 세 가지 차원을 동시에 아우르는 '섬김'이자 '봉사'다. 따라서 '섬김'이야 말로 교회의 본질이며, 유일한 존재목적이다. '봉사'는 결코 '전도'의 하위개념이 아니다!

　하나님의 우리에 대한 '섬김'의 극치는 바로, 친히 이 땅에 오신 일이다. 그리고 우리의 '충만'을 위해 죽기까지 자신을 '비우셨다'. 그 '섬김' 때문에 우리는 하나님께 '예배'하며, "너희가 그대로 행하라!"고 명하시기에 우리는 다른 사람을 '섬긴다'. 예수님께서 교회가 아니라, 세상에 오셨듯이, 우리도 세상으로 파견되었다. 교회는 파견을 위한 'Command Center'(사령부)일 뿐, 세상 곳곳에 'multi'를 만들어야 한다. 가정과 회사에, 학교와 군대에, 방송과 문화 예술에 하나님을 대적하여 높아진 세상 모든 곳에. . . 그러나 이 영적전투의 무기는 '정복'과 '성공'만이 능사가 아니다. 가장 강력한 무기는 주님처럼, 우리의 '비움'과 '섬김'이다. "교회가 '지역사회'를 어떻게 섬길 것인가?" 교회의 머리되신 주님처럼 섬긴다면, 비난을 퍼붓는 그들이 하나님의 살아계심을 찬양할 것이다. '교회의 섬김 행위'야 말로 '교회의 믿음의 산 증거'이기 때문이다. 교회 다니지 않는 그 이웃이야말로 우리가 참으로 섬겨야 할 이웃이다. "교회 성장의 새로운 도구로서 유행중인 '섬김'이 아니라, 참으로 교회의 본질을 회복하는 '섬김'을 원한다면, 목사계급장 떼고, '주민자치회의'에 참여해 보자."
대답을 듣게 될 것이다.

12. 나사렛 교회 예루살렘 교회

홍구화 / 기독교상담학

최근 연이어 일어난 범죄 사건들은 우리 사회의 어둡고 취약한 면들을 드러내 주고 있다. 여의도와 수원과 의정부 등지에서 일어난 다중을 대상으로 한 폭행 치사 및 상해 사건, 제주 올레 길을 위험한 길로 만든 성폭력 살인사건, 제 2의 조두순 사건으로 불리는 아동을 대상으로 한 성폭력 사건 등이 그렇다. 이러한 사건들을 저지른 범인들의 배경을 들여다보면 경쟁 사회에서 밀려난 자들의 좌절과 분노, 사회에 적응하지 못하는 은둔형 외톨이들의 돌발 행동, 사랑이 결핍된 가정환경으로 뒤틀린 심성, 왜곡된 성 관념을 볼 수 있다. 그렇다고 불우한 환경과 건강하지 못한 심리적 상태가 이들의 범죄행위를 정당화하지 못한다. 장기적으로 우리 사회가 좀 더 안전하고 건강한 사회가 되려면 사회의 음지에 있는 사람들이 사회에 적응하여 생산적인 일을 할 수 있도록 돕는 다양한 노력들이 절실히 필요하다. 교회는 여기에 한 몫을 감당하여야 할 것이다.

먼저, 교회는 불우한 가정환경으로 사랑을 충분히 받지 못하고 자라는 아동과 청소년들이 교회 안팎에 있지 않은지 유심히 살펴보고 돌보아야 한다. 한 아이가 건강하게 자라가는 데에는 위험요소들과 보호요소들이 있다. 건강한 성장을 위협하는 위험요소와 촉진하는 보호요소들은 개인, 가정, 사회의 영역에서 존재한다. 높은 지능 수준을 가지고 있고(개인) 서로 관계가 좋은 부모의 지지 가운데(가정) 안전한 지역의 학교(사회)에 다니는 아이는 많은 보호요소들을 가지고 있다고 할 수 있다. 반면, 지능이 낮고(개인) 부모는 늘 다투고(가정)

학교 폭력이 심한 학교(사회)에 다니는 아이는 위험요소가 많다고 할 수 있다. 이러한 위험요소들과 보호요소들은 대개 복합적으로 존재하는데 위험요소들을 최소화 하고 보호요소들을 강화할 때 아이는 건강하게 자란다. 가장 중요한 한 가지 보호요소는 외부(가정 밖)의 지지 체계이다. 아무리 가정환경이 불우하고 심지어 깨어진 가정일지라도 아이들을 지지해 주는 사람들이 있고 적절한 도움을 받을 수 있다면, 아이들은 회복력(resilience)을 가지고 어려움을 이겨 나갈 수 있다. 지역교회의 그리스도인들이 어려운 가정의 아이들을 위해 외부 지지체계의 역할을 해 준다면 아이들이 왜곡된 심성, 예를 들면, 타인의 고통을 공감하지 못하고 충동적으로 범행을 저지르는 잠재적 범인으로 자라는 것을 막을 수 있을 것이다.

더 나아가 교회는 심리와 인간관계 면에서 어려움을 겪고 있는 사람들, 사회에 적응하지 못하는 사람들, 실패를 경험하고 있는 사람들에게 아픔을 드러내고 쉼을 얻고 새 힘을 얻을 수 있는 곳이 되어야 한다. 잘하고 좋은 부분만 드러내려 하지 않고 자신의 부족과 잘못을 기꺼이 드러내어도 판단 받지 않는 안전한 교회여야 한다. 문제가 없고 성공해야 인정받는 것 같은 교회는 어려움을 겪고 있는 사람들이 다니기에는 너무 불편한 곳이다. 실패와 약함을 수용하고 함께 기도하며 고난의 길을 동행해 주는 교회라야 연약한 지체들이 떠나지 않고 소외된 이웃들이 찾을 것이다. 교회는 우울하고 불안하며 좌절 가운데 있는 사람들이 안정감을 찾고 하나님과의 관계를 새롭게 하는 터전이 되어야 한다. 그러기 위해서는 교회의 지도자들과 지체들은 그들과 함께 해 주고 공감하고 잘 들어줌으로 하나님의 임재 (God's presence)와 공감(divine empathy)을 전하는 통로가 되어야 한다. 공감은 다른 사람의 세계에 들어가 그 사람의 경험을 느끼는 것이다. 하나님으로서 사람이 되신 예수님에게서 하나님은 공감의 절정을 보여 주셨다. 왜 예수님은 예루살렘 예수가 아니라 '나사렛 예수'로 불리게 하시는가?

13. 위기인가? 기회인가?

김학유 / 선교학

The United Nations Convention on Migrant Workers' Rights(국제 이주 노동자 권리에 관한 협약)에 따르면 전 세계에 흩어져 있는 국제 이주 노동자들의 숫자가 대략 1억 7,500만 명 정도라고 한다. 이는 전 세계인구의 약 3%에 해당하는 숫자로, 선진국의 노동자들 가운데 1/10이 타국에서 이주해 온 이주 노동자들임을 말해준다. 2008년 3월 법무부 출입국 관리 사무소에서 발표한 통계를 보면 우리 나라에도 약 53만 명의 등록 이주 노동자들이 들어와 있으며, 미등록 이주 노동자들이 대략 62,600명에 이른다고 한다. 국가별로 보면 중국(조선족 포함)이 313.999명으로 59%를 차지하고, 베트남이 42,631명, 필리핀이 35,055명, 태국이 31,265명, 인도네시아가 22,197명 등으로 구성되어 있다. 그 밖에도 몽골, 네팔, 방글라데시, 이란, 파키스탄 등과 같은 다양한 국가로부터 온 이주 노동자들이 많이 존재한다.

위의 통계가 보여주고 있듯이 한국에 거주하는 대부분의 이주 노동자들은 전 세계 비그리스도인들의 96%가 살고 있는 아시아 지역에서 주로 들어왔다. 21세기 선교 전략가들이 큰 관심을 갖고 "선교적 돌파"(mission breakthrough)가 이루어지기를 바라는 지역이 바로 이 지역이다. 복음에 대해 가장 적대적인 지역들인 공산권, 불교권, 힌두권, 이슬람권에서 이주해 온 이들이야 말로 하나님께서 골라 뽑아 우리에게 보낸 전도 대상자들이다. 선교사들이 자유롭게 접근할 수 없는 "제한지역"(restricted nations) 혹은 "창의적 접근지역"(creative-access nations)에서 온 이들에게 시급히 복음을 전할 책임이 한국교회에 있다. 혹자는 이들 가운데서 한국으로 파송된 회교 선교사들이 대략 3,000명 정도에 이른다고 보고, 한국을 회교화 하려는 회교권 선교전략에 대한 경각심을 가져야 한다는 점을 강조하기도 한다. 그러나 막연한 경각심과 긴장이 증폭되어 "회교도들에 대한 두려움"(Islamphobia)으로 발전하는 것은 바람직하지 않다. 국내에 거주하는 회교 선교사들도 다른 이주 노동자들과 마찬가지로 구원의 대상이요 복음이 필요한 자들이라는 사실을 인식하며, 진정한 사랑과 인내를 갖고 다가가는 보다 적극적인 선교적 자세가 필요하다고 본다.

단일 문화로 형성된 사회(mono-cultural society) 속에서 오랜 동안 살아온 우리 민족에게 타문화속에서 살아 온 이주 노동자들의 종교와 세계관을 이해한다는 것이 결코 쉬운 일은 아니다. 그러나 우리 민족이 타문화를 바르게 이해하고 타민족에게 다가가는 데는 서툴지라도 이주 노동자들을 향한 진정한 사랑과 관심만 가지고 있다면 그들에게 다가갈 수 있는 방법은 시간이 지나면 자연스럽게 터득될 수 있다. 진정한 사랑은 방법을 만들어 내는 원동력이라는 신념을 갖고 그들에게 다가간다면 분명히 전도의 문은 열릴 것이다.

이주 노동자 선교를 위해 지역교회가 할 수 있는 일들을 간략하게 정리해 보면 다음과 같다:

1) 사역의 전문성: 이주 노동자들의 언어와 문화에 능통한 평신도 전문인들을 양육하는 것이 중요하다. 전문인 사역자들은 직장이나 일터에서 이주 노동자들과의 만남을 통해 자연스럽게 복음을 증거할 수 있기 때문이다.

2) 필요중심적인 접근: 이주 노동자들의 필요들을 정확히 파악하는 것이 중요하다. 이주 노동자들과의 효과적인 접촉점을 만들기 위해 그들의 필요가 무엇인지를 세심하게 살필 필요가 있다.

3) 친구를 통한 전도: 교회에 출석하는 사람들의 51.9%가 친구를 따라서 교회에 오고 있다는 사실을 기억하며 "우정 전도"(friendship evangelism)를 적극적으로 활용할 필요가 있다.

4) 양육 프로그램: 개종한 자들을 위한 특별한 양육 프로그램이 필수적으로 제공되어야 한다. 교회에 출석하는 이주 노동자들 가운데서 55.7%가 성경 공부를 하기 위해 교회에 온다고 했고, 82%가 성경 공부에 참여할 의사를 가지고 있다는 사실을 기억하며 반드시 양육프로그램을 준비해야 한다.

5) 신학 교육의 필요: 이주 노동자들 가운데 75% 정도가 신학 교육을 받고 싶어 한다. 귀국 후 자국에서 신앙 공동체를 이끌 미래의 영적 지도자들을 양육하는 일에 관심을 가져야 한다.

6) 귀국 후 신앙지도: 귀국해서도 예수님을 계속 믿겠다는 이들이 70%나 된다는 사실을 염두에 두고, 그들을 현지 선교사들이나 교회와 연결시켜주어야 한다. 귀국 후 그들이 일정한 신앙공동체와 지속적인 연결을 갖도록 도와주는 사역이 필요하다.

7)지역 교회의 연합 사역: 한 두 교회의 역량으로 이주 노동자 선교사역을 지속적으로 수행하는 것은 쉬운 일이 아니다. 사역의 전문성, 효

율적인 선교전략, 선교 비용 등을 고려해 볼 때 여러 교회가 함께 동역함으로서 얻을 수 있는 시너지 효과를 적극적으로 활용해야 한다.

이주 노동자들의 대부분은 3년-5년 안에 귀국 할 사람들이고, 길어도 10년 후에는 귀국할 사람들이다. 이주 노동자들의 65%가 대졸 학력을 가지고 있고, 귀국 후에는 중산층 이상의 삶을 살며 지역사회에 영향력을 끼칠 사람들이다. 스스로 찾아 온 이주 노동자들을 복음으로 변화시키는 사역이야말로 매우 값지고 효과적인 선교전략임을 잊지 말고 한국 교회가 모든 역량과 지혜를 다하여 이들을 사랑으로 품어야 할 것이다.

14. 다문화적 상황은 한국교회에게 기회이다

안점식 / 선교학

한국 사회는 단일 민족, 단일 문화, 단일 언어를 강조해왔다. 우리는 "단일"이라는 단어에 상당한 의미를 부여하고 그에 대한 자긍심을 나타내왔다. 그러나 단일이 항상 바람직한 것만은 아니라는 것을 인식할 필요가 있다. 단일은 다양성을 기회로 보지 못하게 하고 집단주의와 획일주의로 치닫게 하는 위험을 내포하고 있다. 다양성은 반드시 분열로만 귀착되는 것이 아니다. 다양성 가운데 일치는 그 사회에 풍성함과 창의성을 제공함으로써 더욱 발전인 사회가 되게 할 수 있다.

복음은 본질적으로 문화를 초월해서 전파되어지며, 그 결과인 교회는 본질적으로 다문화적, 다민족적인 공동체이다. 교회 안에서의 다양성은 교회의 머리되신 그리스도를 통해서, 그리고 성령의 교통함에 의해서 통합되어진다. 그러므로 교회 연합은 획일성이 아니라 다양성을 전제로 한 것이다. 그것은 한 개체 교회 내에서 뿐 아니라 세계 교회의 차원에서도 마찬가지이다. 교회의 본질은 공동체성에 있지 집단성에 있는 것이 아니다. 공동체성은 집단성과 구분되어야 한다. 종종 집단성은 개체성과 개성을 말살하는 획일성으로 나타난다. 그러나 교회의 공동체성은 다양성과 개성을 존중하는 가운데 연합과 일치를 이루는 것이다.

한국 사회가 이주노동이나 국제결혼을 통해서 다문화 사회가 되어가는 것은 우려할 만한 일이 아니라 오히려 다양성을 위한 기회라고 할 수 있다. 성경은 교회에 대하여 모든 족속에 대한 부르심과 열방의 관점을 취하도록 요청하고 있다. 이런 면에서 교회는 기본적으로 국수주의적인 태도에서 벗어나서, 보다 적극적으로 다문화 사회를 기회로 보는 인식을 확산시키고, 더 나아가서 다문화적 상황에서 사역을 해야 한다.

다문화 사회는 다음 몇 가지 면에서 우리에게 기회가 될 수 있다.

첫 번째, 교회는 한국 문화의 토양을 기경해서 문화변혁을 이룰 수 있다.

각각의 문화들은 독특한 행동양식, 가치체계, 세계관을 가지고 있다. 다문화 사회에서는 풍부한 문화적 유산을 확보할 수 있다. 다문화 사회에서는 인간의 삶과 관련된 거의 모든 영역에서 보다 다양한 관점들을 가질 수 있는 이점이 있다. 다양한 관점은 창의성을 높이는 토대로서 더욱 온전하고 풍성한 사회가 되게 한다. 다문화적 상황에서는 한국문화의 장점과 단점이 보다 분명하게 드러난다. 문화의 다양성에 대한 이해는 자문화중심주의를 넘어서 글로벌한 시각을 갖는 데 도움을 준다. 교회는 이러한 다문화적 상황을 시민교육의 기회로 삼아야 한다.

두 번째, 교회는 다문화 사회에서 세계선교의 기회를 가질 수 있다.

한국교회는 거의 2만 명에 육박하는 선교사를 파송하고 있으며, 한국은 숫적으로는 세계에서 두 번째의 선교대국으로 부상했다. 한국교회는 여전히 선교사를 파송하는 사명을 감당해야 한다. 그러나 세계선교의 기회는 한국 사회 안에서도 많이 있음을 간과해서는 안 된다. 한국에 들어와 있는 외국인 노동자들이나, 유학생들, 국제결혼을 통한 이주자들도 복음을 들을 필요가 있다. 선교지에서 개종자를 얻기 위해 애쓰는 선교사들의 수고를 생각해볼 때 한국에 자기 발로 들어와 있는 외국인들을 방치하는 것은 선교전략으로 보나 이웃사랑의 정신으로 보나 정당성을 얻기 어렵다. 더군다나 국내에 들어와 있는 외국인들을 전도하는 것은 그들의 본국에서 전도하는 것보다 훨씬 쉽다. 왜냐하면 그들은 한국 사회에서 약자이며, 동시에 자신들의 문화적 압력으로부터 훨씬 자유롭기 때문에, 복음에 대한 수용도가 높기 때문이다.

세 번째, 교회는 다문화적 상황을 선교훈련의 장으로 삼을 수 있다.
한국교회가 앞으로도 세계선교의 사명을 감당하기 위해서는 선교인력을 훈련하고 배출해야 한다. 다문화적 상황과 국내에 들어와 있는 외국인들과의 접촉은 선교의식을 고취하고, 문화에 대한 이해의 폭을 넓히고, 선교사역을 위한 훈련의 장으로서 활용될 수 있다. 이것은 단일 문화에서 성장한 한국 선교사들의 약점을 극복할 수 있는 좋은 훈련의 장이 될 수 있다.

다문화적 상황에서 교회의 사역은 교회의 본질을 드러내는 것이다. 인간의 죄성은 자문화우월주의와 인종차별 등으로 쉽게 나타날 수 있다. 교회가 다문화적 상황 속에서 사역을 감당할 때, 인간 안에 내재된 하나님의 형상과 교회의 보편성에 대한 우리의 신앙을 밝히 드러내는 실천이 될 것이다.

제8부

현대인의 정신 건강

1. 자살 – 사람에게는 생명을 해칠 권한이 없다

조병수 / 신약학

최근 미국에서 한국인 교포학생이 저지른 총기난사 사건은 생명을 존엄하게 생각하는 것이 얼마나 추락했는지를 극명하게 보여주는 사례이다. 한편으로는 젊은 학생이 얼마나 큰 고통을 당했으면 그런 끔찍한 일을 저지를 정도가 되었을까 안타까운 마음을 금할 수 없으면서도, 다른 한편으로는 우리 시대에 인간존엄상실의 현장을 목도하는 것 같아서 소름이 돋는 것을 느끼지 않을 수가 없다. 인간의 역사에서 가장 악한 두 가지 사항은 살인으로서의 죽임과 자살로서의 죽음의 문제인데, 이번 총기난사 사건에서 이 두 가지 결정적인 문제점이 정확하게 교차되었다.

불행하게도 오늘날에는 자살이 흔하게 벌어지는 것을 본다. 우리나라만 해도 통계적으로 살펴보면 교통사고로 죽는 사람의 수보다 자살로 죽는 사람의 수가 더 많다고 한다. 그러다 보니 우리 주변에 스스로 목숨을 끊었다는 사람들에 관한 이야기가 심심치 않게 들려온다. 대기업의 총수도 자살을 하고, 최고급 공무원도 스스로 목숨을 끊고, 지식이 많은 학자도, 앞날이 촉망되는 젊은이도, 인생을 다 산 황혼기의 노인도 자기 생명을 스스로 포기하는 일이 비일비재하게 일어난다. 도대체 왜 이렇게 자살이 유행처럼 번지고 있는 것일까?

자살의 원인가운데는 개인의 심리적인 요소가 있다. 자신의 인생에 대한 자신감을 상실했을 때 자살이 기도된다. 특히 미래가 보장되지 않는다고 생각하는 사람들에게 이런 현상이 지배적으로 나타난다. 어떤 면에서는 생명에 대한 책임성이 부재하기 때문에 자살하는 것처럼 보인다. 오늘날은 사람들에게 무슨 일에든지 책임감이라는 것이 많이 사라졌는데 심지어 자기의 생명에 대해서도 그런 모습을 나타낸다는 것이다.

또한 자살은 사람이 사회적으로 고립되거나, 따돌림을 당하거나, 사업이나 연애와 같은 어떤 일에 실패하여 좌절했을 때 일어난다. 인간은 모든 것이 풍족해도 한 가지만 부족하면 엄청난 불행을 느끼는 존재이다. 이것이 인간과 동물의 차이일지도 모른다. 어쨌든 사람은 많은 것을 소유하고 있어도 명예든, 재물이든, 학식이든, 자녀문제든, 어떤 것이 결핍되면 그것으로 말미암아 고통을 당하고 심지어 제 목숨에까지 상해를 가한다.

그런데 이런 원인들보다도 더 근본적인 원인이 있는 것 같다. 그것은 상대주의로 무장한 포스트모더니즘이다. 자살은 포스트모더니즘에서 절정에 이른 상대주의의 치명적인 현상이기도 하다. 포스트모더니즘은 무엇보다도 절대자인 신을 인정하지 않기 때문에 인간에게 모든 권한을 부여한다. 상대주의는 인본주의와 결속되어 있다. 절대자이신 하나님을 배제한 인간은 스스로 자기의 길을 결정한다. 오늘날 사람들은 자기들의 인생을 이렇게든지 저렇게든지 선택할 만큼 자유롭다고 생각한다.

그런데 이런 선택의 자유는 단순히 삶의 방식에 관련되는 것으로 그치지 않는다는 데 문제가 있다. 사람들은 생명을 가지고 있는 동안에 먹을 것과 입을 것과 거주하는 것 등을 자유롭게 선택할 수 있다고 생각할 뿐 아니라, 심지어는 생명을 유지하느냐 포기하느냐 하는 것까지도 선택할 수 있다고 생각한다. 그래서 포스트모더니즘 시대를 사는 사람들에게 지배적인 인간 중심사상은 자살이라는 인간의 자기 파멸도 자율의 가치 있는 행위라고 생각하는 오류를 낳는다.

살인으로서의 죽임이든지 자살로서의 죽음이든지 이런 문제는 상대주의적인 정신에 물든 포스트모더니즘으로는 결코 해결할 수 없을 뿐 아니라 오히려 더욱 심각한 문제로 나타나게 될 것이다. 이런 문제를 궁극적으로 해결하기 위해서는 절대자이신 하나님에게로 돌아가는 길 밖에 없다. 하나님이 생명을 주셨기 때문이다. 만물과 인간의 창조주이며 섭리자이신 하나님이 생명을 주신 분이라는 신앙을 회복하는 것만이 역사의 두 가지 결정적인 문제인 살인과 자살의 문제를 해결할 수 있는 유일한 방책이다.

창조주이며 섭리자이신 하나님은 십계명 중에 한 가지로 "살인하지 말라”고 말씀하셨다. 이 계명은 자기의 생명과 타인의 생명에 동일하게 해당되는 말씀이다. 나의 생명도 남의 생명도 해치지 말라는 것이다. 그러므로 살인이 무서운 죄악이듯이 자살은 무서운 죄악이다. 살인은 죽인 사람에게서 더 이상 용서를 받을 수 없다는 점에서 무서운 죄악이며, 자살은 스스로 더 이상 회개할 수 없다는 점에서 무서운 죄악이다. 세상에서 모든 죄는 회개할 기회가 있지만 자살은 회개할 기회가 없다. 게다가 생명은 하나님에게 달린 것인데 살인에서든지 자살에서든지 인간이 생명을 파괴하려고 하니 무서운 죄악이다.

생명은 하나님에게 달린 것이다. 따라서 생명을 창조하시고 주장하시는 하나님에게로 돌아갈 때 비로소 나의 생명이든지 남의 생명이든지 생명의 존엄성이 확인된다. 사람에게는 남의 생명을 해칠 권한이 없는 것처럼 나의 생명도 해칠 권한이 없다. 한 마디로 말해서 사람에게는 자살할 권한이 없다.

2. 자살 문제 역시 주님께 맡기자!

정승원 / 조직신학

최근 들어 자살이 유행처럼 번지고 있다. 얼마 전 통계청에서 2006년도 한국에 자살이 전체 사망 원인 4위이고 15-24세 젊은이들의 사망 원인 1위라고 발표하였다. 2003년부터 계속 한국의 자살률이 OECD 회원국 중에서 1위라고 한다. 유명한 연예인들의 연이은 자살로 인해 젊은이들에게 자살 판타지가 형성되고 있다. 더욱 불행한 것은 믿는 사람들도 예외가 아니라는 것이다.

이 끔찍한 일이 나라가 잘 살수록 더 많이 생긴다는 것이다. 자살은 못 사는 나라에서는 잘 나타나지 않는다. 그렇다면 자살을 단지 개인의 문제로만 돌릴 것이 아니라 사회 병리적 현상으로도 볼 수 있어야 한다. 평범한 농경 사회에서는 힘들게 사는 것이 자살 이유가 되지 않았다. 그러나 살벌한 약육강식의 사회에서는 이리 저리 치이는 것이 충분한 자살 이유가 된다는 것이다. 수능 시험을 잘 못 봤다고, 반 아이들에게 왕따 당했다고, 자기 집은 신형 휴대폰 살 형편이 안 된다고 자살하는 학생들, 우리가 보기에는 한심하지만 살벌한 경쟁 사회에서 살고 있는 심약한 학생들에게는 예측 불허의 일이 아니다. 소유가 곧 행복인 사회에서는 가지지 못한 자의 응어리가 자살로 이어지는 것은 그렇게 놀랄만한 일이 아니다. 그리고 이런 사회에서 살고 있는 신자들이 자살한다는 것도 뜻밖의 일이 아니리라.

그렇다면 우리는 단순히 자살을 살인강도가 다른 사람의 생명을 해치는 것과 같은 차원으로 볼 수는 없을 것이다. 물론 끔찍한 죄악인 것은 분명하나 단순 논리로 살인자로 정죄하는 것은 너무 무책임한 일일 것이다. 우리는 쉽게 "살인하는 자마다 영생을 얻지 못 한다"는 요한일서 3장 15절을 인용하며 자살한 사람을 정죄한다. 그러나 "그 형제를 미워하는 자마다 살인하는 자니 살인하는 자마다 영생이 그 속에 거하지 아니하는 것"이라는 말씀은 자살하는 자가 영생을 얻지 못한다는 말씀이 아니라 형제를 미워하는 자가 영생을 얻지 못한다는 말씀이다. 물론 여기 형제를 미워하는 것을 단순히 행위적 차원에서 볼 것은 아니다. 영생을 얻느냐 못 얻느냐는 미움이라는 개인 행위에 달려 있는 것이 아니라 그리스도의 대속의 사랑에 달려 있음을 말씀하는 것이다. "사랑은 여기 있으니... 우리 죄를 위하여 화목제로 그 아들을 보내셨음이니라"(요일4:10).

살인한 자도 영생을 얻을 수 있듯이 자살한 자도 영생을 얻을 수 있다. 로마 천주교나 알미니안들이 주장하듯이 회개의 기회가 없으니 자살한 자는 영생을 얻지 못하는 것이 아니다. 영생은 그리스도의 대속으로 인하여 얻기 때문이다. 그가 택함을 받은 자이면 결코 그리스도 사랑에서 끊어지지 않는다.

그러나 결코 자살을 정당화하거나 미화할 수 없다. 형제를 미워하는 것도 마찬가지이지만 자살은 더욱 더 본인과 친족과 주변 사람들을 참혹하게 만든다. 사실 자살은 죽음에 관한 문제가 아니다. 삶에 관한 문제이다. 고통, 우울, 실망, 자존심, 두려움, 분노, 고독 등에서 벗어나고 싶은 것이다. 지나친 삶의 애착이 삶으로부터의 도피로 나타나는 것이다. 만약 죽음이 자기가 당시 당하고 있는 고통보다 훨씬 더 큰 것이라는 사실을 깨달을 수만 있다면 쉽게 자살하지 않을 것이다.

이런 차원에서 자살은 공동체 일원 모두의 책임이라는 의식이 필요하다. 물론 참새 두 마리가 하나님의 허락 없이는 한 앗사리온에 팔릴 수 없다. 그러나 우리 주변의 많은 사람들이 자살 언저리에서 고통하고 있다는 사실을 우리는 알아야 한다. 주권적 하나님은 우리로 그들에게 관심을 갖고 돕도록 역사하실 것이다. 가정이 붕괴되고, 빈부 차이가 심해지고, 실업자가 늘고, 미래가 불투명하고, 정서가 불안할 때 호소할 곳이 없어 사망에 호소하고 있다는 것은 너무나 슬픈 현실이다. 이러한 현실 속에 예배당 건물 크게 짓고, 교인 수 늘리고, 목사 개인의 이름을 드러내는 데만 마음을 쓴다면 하나님께서 분명 책임을 물으실 것이다.

우울증 환자들의 뇌하수체의 조직은 건강한 사람의 조직과 다르다고 한다. 그렇다면 암세포 조직을 갖고 있는 환자를 보듯 우울증 환자들을 볼 줄 알아야 할 것이다. 우울증 환자들 가운데 어떤 자는 치료에 많은 시간이 필요하지만 어떤 자는 약으로 간단히 치료가 된다고 한다. 무엇보다 주변의 따뜻한 말 한마디에 의해 어떤 자는 눈 녹듯이 치료될 수도 있다고 한다. 그런데 그들을 소 닭 보듯이 본다거나 믿음이 없어서 그렇다든가 혹은 멀쩡한데 왜 티를 내냐고 윽박지르는 것은 무식한 처사이며 혹 자살에 이르렀을 때에 살인자라고 정죄하는 것은 너무도 한심한 처사이다. 사실 누구나 자기도 모르게 우울증에 사로잡힐 수 있고 또한 자살적 충동을 경험한다는 것을 인정해야 할 것이다.

자살 역시 죄로 인한 불행한 결과이기 때문에 이 문제 역시 우리 주님만이 홀로 해결하실 수 있다. 우리가 모든 죄를 고백하고 속죄를 위해 주님을 신뢰해야 하듯이 자살과 관련된 불신, 불만, 불안, 고통, 무지 등의 모든 문제 해결을 위해서도 주님을 신뢰해야 할 것이다. 주님이 없는 자에게는 장수도 사망의 길이지만 주님이 있는 자에게는 설령 자살이 현실로 나타났다고 해도 우리 주님이 생명의 길로 인도하실 것이다.

3. 우울증의 증상과 원인 그리고 치유

김은미 / 기독교상담학

우울증은 어떤 특정한 부류에 속한 사람이 아니라 누구에게나 나타날 수 있다. 역사상에 나타난 위대한 인물들과 성경에 기록된 인물들 중에서도 우울증을 경험한 경우들도 있다. 그리고 우울증의 증상은 다양하며 그 영향은 신체, 정서, 인지에까지 끼친다.

일반적인 우울증의 증상은 네 가지 영역으로 나누어 설명할 수 있다. 정서적인 면으로는 분노, 불안을 느끼며 지속되는 슬픔에 사로잡히거나 절망감과 비관적인 감정에 휩싸인다. 신체적인 면으로는 에너지 감소, 체력 감퇴, 피곤함을 느끼거나 두통, 소화 불량을 경험하며, 좀 더 심각한 증상으로는 식욕과 체중의 증가 또는 감소, 불면증, 수면혼란 현상이 따른다. 인지적인 면으로는 죄책감, 무력감을 느끼고 일반 활동에 대한 관심과 즐거움을 상실하며, 집중적인 사고에 어려움을 나타내고, 심각한 경우에는 죽음이나 자살에 대한 생각에 잠기며 때론 자살을 시도하기도 한다. 영적으로는 하나님께서 자신을 거부하고 있다고 생각하여 하나님으로부터 멀어지거나 종교적인 활동에 집착하여 지나치게 몰두한다.

기독교 신자를 포함한 많은 사람들은 일상생활에서 위에 열거한 우울증의 증상을 경험한다. 그렇다면 상기된 증상 중에서 한두 가지 증상을 느끼는 사람은 누구나 모두 병적인 우울증에 걸렸다고 말할 수 있는가? 정상적인 우울증과 병적인 우울증은 구분하기가 용이하지 않으나 일반적으로 구분하는 척도는 우울증이 지속되는 기간이나 증상의 심각도로 여겨지기도 한다. 그러나 가장 중요하게 여겨지는 척도는 정상적인 기능을 방해하는 증상이 있는가 하는 것이다. 즉 식욕, 수면상태, 사회적인 관계를 정상적으로 할 수 있는가 하는 것이다. 다시 말하자면 정상적인 우울증은 상기된 증상 중에서 몇 가지를 경험하지만 그 증상이 일상생활을 하는데 방해를 받지 않으나 병적인 우울증은 그 증상으로 인해 정상적인 일상생활을 하지 못한다는 것이다.

우울증의 종류는 외인성 우울증(혹은 반응적 우울증), 내인성 우울증, 신경증적 우울증으로 구분할 수 있다. 외인성 우울증은 정상적인 사람들이 겪는 대다수의 우울증이다. 이 우울증은 사람들의 삶에 영향을 미치는 것에 대한 반응이며 심리적인 것이다. 이것은 상실이나 거부에 대처하는 반응이며 슬픈 감정을 해소하는 과정이다. 이 우울증의 치료 방법은 상담이나 심리치료만으로 가능하다. 내인성 우울증은 뇌 내부의 생화학적인 불균형이나 호르몬 시스템이나 신경계의 비정상적인 기능이 원인이 되며 일부는 질병이나 감염의 결과이다. 이 부분에 관한 연구가 최근에 많은 진전을 보이고 있지만, 이러한 생물학적인 현상이 심리적인 면에 어떻게 관련을 맺으며 영향을 미치는가는 앞으로 충분한 연구가 필요하다. 정신병적 우울증은 내인성 우울증의 심각한 형태이며 조울성 정신질환(양극성 장애)이 가장 심각한 경우이다. 신경증적 우울증은 삶에서 대면하게 되는 어려움과 스트레스에 부적절하게 반응함으로써 생겨나며, 오랜 기간에 걸쳐 누적되어 삶의 양식의 한 형태가 된다. 이 우울증은 만성적이며 장기적인 양상을 띨 수 있다.

이러한 우울증을 야기 시키는 원인은 무엇일까? 그 원인은 다양하다. 사랑하는 대상의 상실, 억압된 분노, 낮은 자존감, 부정적인 사고 방식, 학습된 무기력, 부적당한 평가, 삶의 의미와 목적 상실, 생화학적인 부조화, 역할의 상실 등이 우울증의 원인이 될 수 있다. 그렇다면 죄는 우울증의 원인이 될 수 있는가? 경우에 따라 죄는 우울증의 원인이 되기도 한다. 어떤 사람이 죄를 범하고 난 후 죄의 결과로 인해 우울증을 경험할 수 있다. 그러나 죄는 우울증의 유일한 원인이 아니며, 모든 우울증은 죄로 인한 행동의 결과도 아니다.

이러한 우울증을 치유할 수 있는 방법은 무엇일까? 우울증의 자기치료는 하나님을 전적으로 신뢰하기, 규칙적인 성경공부와 기도, 운동, 부정적인 생각을 긍정적인 것으로 변화시키기, 변화가 필요한 문제들을 검토하고 변화에 적합한 건전한 행동을 수행하기, 자신의 감정을 조절하기 등이다. 이러한 자기치료 방법은 주로 외인성 우울증을 치유하는 방법으로 사용된다. 우울증의 전문적인 치료방법은 상담과 심리치료, 약물치료, 전기충격요법이며 우울증의 종류에 따라 선택하여 사용할 수 있다.

4. 우울증에 시달리는 교인들을 어떻게 도울 것인가?

김만형 교수 / 기독교교육학

교회를 개척하고 얼마 되지 않아 한 여자 성도가 등록을 하게 되었다. 소위 대교회에서 신앙생활을 하면서 소그룹 리더(목자)의 역할까지 하게 되었는데 교회를 옮기게 된 것이다. 심방을 하고 신앙생활을 같이 시작할 때만 해도 그 분은 능력있고 신앙생활을 잘 할 수 있는 집사로 인식되었다. 그가 교회에서 좋은 역할을 해 줄 수 있을 것이라는 기대를 가지고 바라보게 되었다. 그런데 기대와는 달리 얼마 되지 않아서 그가 심한 우울증에 시달리는 분인 것을 알게 되었다. 그는 거의 하루종일 집에 머물러 있으면서 바깥 활동을 하지 못했다. 잠을 자기도 못했다. 제대로 먹지도 않아서 나중에는 병원에 입원해야만 했다. 우울증에 관해 많은 관심을 가지고 연구를 한 상태도 아닌데 이런 분이 나의 목양의 대상이 된 것이다. 어떻게 돕는 것이 좋을까? 심방을 통해 그녀의 모습을 관찰하면서 도대체 어떻게 이런 일이 생기게 되었는가 살피는 수밖에 없었다.

우선 그를 잘 이해하기로 했다. 그래서 그녀 주변의 것들을 살피기 시작했다. 우선 그녀의 어머니를 통해 그가 자라는 과정에서 특별한 것이 있는지를 살폈다. 그녀는 자라면서 아주 똑똑한 아이로 자랐다. 공부도 잘 했고 대학을 졸업한 후에는 아주 좋은 직장에서 좋은 커리어를 쌓아갔다. 그리고 결혼한 것이다. 다음으로 가정을 살펴보았다. 결혼한 남편은 참 좋은 사람이었다. 교회에서 만나 많은 사람이 부러워하는 결혼을 했다. 그러나 남편은 생각만큼 좋은 신앙을 가진 사람이 아니었다. 남편이 다니던 좋은 직장을 그만 두고 사업을 시작했는데 어떻게 되어가는지도 잘 모르는 형편이다. 남편의 하는 일을 늘 불안해했다. 남편은 평일에는 거의 늦게 들어오고, 주말에는 늘 골프를 치러 나간다. 거의 이야기할 기회도 없다. 아이는 여자 아이 둘이 있는데 큰 아이는 아주 성숙해서 잘 지내는데 둘째 아이가 손이 많이 간다. 그 아이 때문에 많이 힘들어 하는 형편이었다. 또한 교회주변의 생활이 어떤지 살펴보았다. 우리 교회에 오기 전에 이 전에 있었던 교회에서 소그룹 리더를 하던 중 그룹원을 통해서 심한 충격을 받았다. 그 그룹원이 무시하는듯한 언사를 하는데, 그를 잘 다루지 못하는 것에 대한 심한 좌절감을 갖고 있었다.

이해를 위한 관찰의 과정에서 발견한 것을 정리해 보았다. 먼저는 이 집사님은 자존심에 금이 간 것이다. 소위 좋은 학벌에 좋은 커리어를 자랑하는 여자였는데 소그룹에서 무시를 당한 것이다. 또한 자존심과도 연결되지만 미래에 대한 불안이다. 남편이 하는 일이 불안한 것으로 인해 자존심도 상하지만 앞으로 어떻게 될지에 대한 염려이다. 그리고 한마디 말도 하지 않는 남편에 대한 소외감이 있었다. 또한 자녀로 인한 힘든 삶이 그녀를 지치게 한 것이다. 이런 요소들이 우울증을 가져오는 것으로 분석되었다.

해결을 위한 몇 가지 도움을 시도해 보았다. 먼저는 기도의 지원이 필요하다 싶었고, 아울러 남편의 역할이 무엇보다 중요하다고 생각했다. 또한 말씀으로 인생의 여러 어려움들을 뛰어 넘을 수 있는 도전을 주는 것이 필요하다고 보았다. 결국 기도와 말씀의 도전을 통해서 계속 하나님 안에서 자존감을 갖도록 격려했고, 남편을 심방하여 본인이 하는 일이 안정되어 있다는 것과 그렇게 염려할 것이 아님을 부인에게 확인해 주도록 했다. 또한 시간을 내어 부인을 돌아 보도록 격려했다. 시간이 지나면서 그 교인은 얼굴도 좋아지고, 태도도 밝아졌다. 아울러 다른 사람들과의 인간관계도 훨씬 풍성해졌다. 계속 하나님께 그녀를 맡긴다.

목회 현장에는 늘 이런 연약한 교인들이 많이 있다. 역부족을 느낄 때가 많다. 사람마다 다르기 때문이다. 그러나 하나님의 은혜를 구하며 오늘도 최선을 다해 본다.

제9부

가정과 성윤리

1. 가정예배 – 실천이 가능한 작은 것부터 시작하자

조진모 / 교회사

가정예배가 사라져가고 있다. 모두가 바쁜 삶을 살고 있기 때문이다. 온 가족이 함께 편안한 마음으로 식탁에 둘러앉기도 어려운 세상이다. 자투리 시간이 생겨도 마음의 여유가 따라주지 않기에, 정기적으로 예배를 드리려면 사투를 벌여야 할 형편이다. 일반적으로 대학입시라는 괴물이 가정을 찾아오면 이러한 현상이 한층 더 두드러지게 나타난다.

반드시 가정예배를 드려야 하는가? 가정예배의 실례들을 성경에서 쉽게 찾아볼 수 있다. 또한 초대 교부들의 글을 통해서도 성도들이 아침과 저녁에 가정예배를 드린 사실을 알 수 있다. 종교개혁자들은 공통적으로 가정예배의 회복을 강조하였다. 그 후 가정예배는 장로교회 전통의 중심에 놓이게 되었다. 스코틀랜드교회는 1647년에 성도들의 경건한 삶을 도모하기 위하여 '가정예배 규칙서'를 출판하였다. 가정예배에 대한 구체적인 지침과 함께, 이에 대한 책임을 다하지 않는 가장이 발견되면 수찬정지(성찬식 참여를 금하는 치리)를 명할 것을 기록하고 있다. 또한 장로교회의 신앙 표준서인 '웨스트민스터 신앙고백서' 21장 6절은 날마다 가정 예배를 드릴 것을 권장하였다.

현실은 어떠한가? 축복의 통로인 가정예배가 부담거리가 되어가고 있다. 한때 가정예배를 드렸던 성도들은 죄책감에 시달리고 있다. 목회자들은 주일예배 참석으로 만족하려는 교인들에게 어떻게 가정예배를 드리라고 가르쳐야 할지 난감해하고 있다. 신앙심을 가진 성도들은 자신의 가정을 작은 교회로 간주하던 청교도의 정신에 공감한다. 하나님 중심의 가정을 세우기를 진심으로 원한다. 그러나 모두가 바쁘다는 이유로 가정예배를 소홀히하는 실정이다. 잘 알고 있지만 실천하지 못하기에, 거룩한 부담이 마음 중심에 자리 잡고 있다.

더욱이 '가정예배'는 '가정'에서 드리는 '예배'임에 틀림이 없지만, '주일예배'와 버금가는 수준의 것이 되어야 한다는 강박관념을 쉽게 떨칠 수 없는 듯하다. 주일예배는 엄숙한 분위기 속에서 신령과 진정으로 드리게 되는데, 가정에서 그런 분위기를 연출하기란 정말 어려운 일이다. 주일예배를 인도하는 목회자처럼 능숙하게 가정예배를 인도할 수 있는 가장이 흔하지 않다. 가정예배는 고정된 시간에 드리는 주일예배와 달리 매우 유동적이다.

가정예배는 온 가족이 함께 하나님께 나아가는 것이다. 시간과 장소는 가족의 의견을 청취하여 함께 정하는 것이 좋다. 예배는 지루하여 어린 아이들이 흥미를 잃지 않도록 유의하여야 한다. 성경 사용과 찬송은 간단하면서도 진지해야 한다. 부모의 일방적인 인도보다, 자녀들이 예배준비, 성경낭독, 대표기도 등에 함께 참여하도록 유도한다. 무엇보다 가장은 교회가 소개하는 가정예배 지침서를 참고할 때, 가정예배를 인도해야 한다는 부담을 덜 수 있다.

그렇다면 어떻게 시작해야 할까? 온 교회가 가정예배의 회복을 위해 집중적으로 기도하며 준비하자. 처음부터 매일 드리는 것은 큰 부담을 줄 수 있다. 일주일에 한번 정도로 시작하여 형편에 따라 늘려가자. 식사 시간 전에 성경을 한 구절 읽는 것, 식사하면서 자연스레 하나님에 대한 대화를 나누는 것, 익숙한 찬송을 함께 부르거나 악기로 연주하는 것, 여가시간에 설교나 개인 묵상을 통해 받은 은혜를 나누는 것 등 실천이 가능한 작은 일부터 시작하자. 부족한 모습 그대로 하나님께 나아가자. 은혜를 구하는 자에게 주시는 축복을 받아 누리자.

2. 가정예배의 회복, 찬송에서 시작되어야 한다!

이성호 / 교회사

바른 신학은 바른 생활로 이어져야 한다. 바른 생활을 배운다는 것은 단지 도덕 교과서를 열심히 공부한다는 것을 의미하지 않는다. 바른 생활은 하나님 앞에서 갖는 거룩한 두려움, 즉 경건을 통해서 실현된다. 그리고 이 경건은 가정에서 시작되어야 하는데, 가정에서 경건의 원천은 가정예배이다. 간단히 말해서, 바른 신학과 바른 생활은 가정 예배의 회복없이 우리의 삶 가운데서 실현될 수 없다.

하지만, 이 가정예배는 오늘날 큰 위기를 맞고 있다. 필자가 10년 간의 유학을 마치고 귀국한 후 기독교 출판사를 방문한 적이 있다. 교회학교 어린이 예배를 위해서 어린이 찬송가를 구입하려고 하였는데, "더 이상 어린이 찬송가를 출판하지 않는다."는 다소 황당한 답을 출판사장에게서 들었던 기억이 아주 생생하다. 사정을 알고 보니까 거의 대부분의 교회에서 빔프로젝트를 사용하기 때문에, 그리고 컴퓨터를 이용해서 각 교회마다 선호하는 곡을 부르기 때문에 더 이상 어린이 찬송가가 팔리지 않는다고 한다.

개혁교회에서 찬송가 지도는 말씀의 봉사자인 목사의 주요한 임무다. 어떻게 보면 너무나 당연한 이야기인데, 오늘날 한국교회에서 찬송 지도는 어른예배의 경우 찬양팀에게 맡겨지고, 어린이 예배의 경우 주일학교 교사들에게 맡겨진다. 그 결과 교회들마다 찬송이 통일성이 완전히 사라지게 되었다. 각 교회마다 신학적 성찰없이 최신의 노래들을 어린이들에게 가르치려고 한다. 이런 현상은 이전에도 있었지만, 이전과 다른 것은 요즘에는 예배를 위하여 따로 정해진 찬송이 없기 때문에 그와 같은 노래들이 예배 찬송을 대체하게 되었다는 것이다. 예전에는 여름 성경학교를 통해 어린이들이 새로운 노래를 배웠어도 기존의 찬송가는 예배시간에 그대로 유지 되었었다.

이러한 현상들을 통해, 부모들과 자녀들의 영적인 간격은 훨씬 더 벌어졌다. 부모들은 자신의 자녀들이 교회에서 어떤 노래를 부르는지 알지를 못한다. 안다 하더라도 그들의 노래를 따라 부르기가 심히 어렵다. 따라 부른다고 하더라도 자녀들과 교감을 가지는 것은 더 힘들다. 더구나 어린이 찬송가가 없기 때문에, 어른 찬송가를 사용하지 않는 한, 가정에서 자녀들과 함께 찬송을 같이 부르는 것이 거의 불가능해졌다. 찬송을 같이 부르지 못하는데, 어떻게 가정예배가 가능하겠으며, 신앙의 전수가 가능하겠는가? 빔프로젝트는 아주 편리한 기구 같지만, 동시에 가정예배의 본질적인 요소를 파괴하는 위험한 요소가 있다는 것을 목사들은 직시할 수 있어야 한다.

가정예배의 회복은 찬송에서 시작되어야 한다. 이를 위해서 목사는 어린이 예배의 찬송가 선곡을 찬양팀이나 교사들에게 완전히 맡겨서는 안 된다. 적어도 부모들이 함께 부를 수 있는 좋은 찬송곡을 선정할 수 있도록 지도하여야 한다. 그리고 실제로 교회당에서 부모와 자녀들이 함께 자리에 앉아서 찬송을 부를 수 있는 시간을 가지면서 세대 간의 영적인 교통이 일어날 수 있도록 지도해야 한다. 이 영적인 교통이 계속적으로 이어질 때, 하나님께서 한국교회에 내려 주신 교회의 성장의 축복이 대를 이어 계속 전수되겠지만, 그렇지 않고 그 교통이 단절될 때에는 한국교회도 유럽이나 미국처럼 교회당이 텅텅 비게 되고 나이든 몇몇 노인들만이 자리를 차지하게 될 날이 곧 올 수 있다는 점을 늘 기억해야 할 것이다. 유감스럽게도 필자가 보기게 이런 현상은 이미 한국교회에서 진행되고 있다.

3. 동성애와 동성애자에 대한 그리스도인의 반응

송인규 / 조직신학

최근 동성애자들의 출현이 부쩍 잦아지고 있다. 우선, 영화나 소설, TV 드라마 등에 동성애를 주제로 삼는(아니면 최소한 그런 현상이나 사건을 소개하는) 경우가 눈에 띠게 늘어났다. 동성애자 위주의 동아리 형성 또한 대학생과 청년층 사이에서 더욱 가속화되고 있다. 연예인 가운데 '커밍아웃'을 하는 이가 있는가 하면, 동성애자를 위한 잡지 발간, 교회 형성, 네트워크의 구축 등 여러 활동 또한 예사롭지 않다.

그렇다면 그리스도인으로서는 이러한 사태에 대해 어떻게 반응해야 할 것인가? 먼저, 성경이 동성애를 죄로 간주하는 것(창 19:5; 레 18:22; 20:13; 롬 1:26-27; 고전 6:9-10; 딤전 1:9-10; 유 1:7 등)을 명확히 밝혀야 한다. 그러나 동시에 이러한 사회·문화적 현상에 대해 다차원적인 대응을 시도해야 한다.

우선, 하지 말아야 할 일부터 먼저 정리해 보자. 최소한 두 가지 사항을 언급할 수 있을 것이다.

(i) 동성애자들에 대한 부정적인 마음 상태(혐오, 미움, 두려움 등) - 보통 동성애 공포증(homophobia)이라고 하는데 - 로 일관하는 것을 능사로 삼지 말아야 한다. 분명 동성애적 행위는 죄이지만 그렇다고 하여서 그런 행위자들을 미워하거나 배척하는 것은 또 다른 잘못을 범하는 일이다.

(ii) 교회가 HIV[Human Immunodeficiency Virus, 인간 면역 결핍 바이러스] 보균자나 AIDS[Aquired Immune Deficiency Syndrome, 후천성 면역 결핍증] 환자에 대해 "하나님의 심판"

을 운운하는 것도 바람직하지 못하다. 비록 동성애자들 사이에 이러한 질병이 만연되어 있는 것은 사실이지만, 그렇다고 하여 죄에 대한 하나님의 심판을 동성애라는 특정 죄악과만 연관시켜 부각하는 것은 별로 타당하지도 않고 현명하지도 못한 처사이다.

이 점에 있어서 미국 교회와 사회가 우리에게 주는 교훈은 자못 의미심장하다. 우리의 궁금증은 2%조차 되지 않는 미국의 동성애자들이 오늘날 어떻게 미국 사회 전체에 대해 그토록 막강한 영향력을 미칠 수 있게 되었는가 하는 것이다. 그런데 사실 그것은 부분적으로 미국의 그리스도인들과 교회가 저지른 잘못에 연유한다고 볼 수 있다. 그들은 동성애자들에 대해 정죄, 비난, 심판만을 퍼부었지, 그들을 복음의 메시지와 동정 어린 눈과 편 팔로 받아들이지 못했던 것이다. 더욱이 1970년대에 막 활성화된 TV 매체를 통하여, 부정확한 정보에 기초한 어설픈 과학 지식, 정죄와 심판 일변도의 태도 등을 전달했기 때문에, 미국의 동성애자들은 아예 복음과 교회로부터 등을 돌렸고, 동시에 매우 전투적이고 공격적인 정치 집단으로 변모하게 되었던 것이다.

이러한 미국 교회의 사례를 타산지석 삼아 한국의 그리스도인들과 교회는 어떤 대책을 강구해야 할 것인가? 크게 세 가지 사항을 언급하고자 한다.

(i) 동성애자들에 대해 긍휼의 마음을 품고서 실제로 도움을 베풀어야 한다.

① 우리는 먼저 동성애자 한 사람 한 사람에 대해서 연민의 태도와 감정 이입의 노력을 기울여야 한다. 그들 중 누구도 처음부터 의도적으로 동성애자가 된 것은 아니다. 그들은 자기도 모르는

사이에 자신들에게서 동성애적 성향을 발견했을 것이며, 그것을 의식할 즈음에는 이미 자신의 성적 취향과 방향이 다른 이들과 많이 다르다는 것을 알게 되었을 것이다. 그들은 혼란과 죄의식 가운데 도울 대상을 찾았지만 그렇게 되지 않았을 것이고 – 아직 한국에서는 가정이든 상담소든 교회든 이런 문제에 대해 열려 있지 않기 때문에 – 조만간 그들끼리의 피난처를 발견하고 점점 더 그런 상태에 빠져 들었을 것이다. 따라서 우리는 그리스도인으로서 이들의 울부짖음에 마음을 쏟고 이들의 하소연을 들어줄 귀를 마련해야 한다.

② 우리는 또 HIV 보균자와 그 가족들을 장기간에 걸쳐 돌보며 상담하고 필요한 재정적·심리적·신앙적 도움을 아낌없이 베풀어야 한다. 우리는 AIDS로 죽어가는 사람들 옆에서 함께 울며 그들을 위해 기도해야 한다. 무엇보다도 그들에게 – 만일 그들이 비신자일 경우에는 더욱 더 – 부지런히 그리스도의 용서와 천국의 실상을 소개해야 할 것이다. 혹시 과거 한 때 동성애자였다가 변화된 이가 있다면 이런 역할을 감당하는 데 있어 금상첨화격일 것이다.

③ 또, 머지 않아 적지 않은 규모의 AIDS 치유 센터가 필요할 터인데, 그리스도인들은 단독으로나 정부(혹은 지역)기관과의 협력을 통해서나 이런 시설의 건립과 유지에 기꺼이 참여해야 할 것이다.

(ii) 동성애자는 말할 것은 없고 일반 대중에게 동성애 및 기타 사항에 대해 교육을 시도해야 한다. 우리가 교육시켜야 할 내용은 크게 세 분야이다.

① 우선, 동성애에 따르는 어려움을 주지시켜야 한다.

a. 동성애자들이 지조와 성실을 지켜 어느 한 대상과 더불어서만 관계를 맺는다고 하는 것은 실상 하나의 이상일 뿐이요, 실제에 있어서는 훨씬 문란한 성생활을 하게 된다는 것을 이야기해야 한다. 동성애자들의 다수가 양성애적 성행위(bisexual activity)에 관련되어 있다. 어떤 통계 자료에 의하면, 156쌍 가운데 장기간에 걸쳐 정조를 지킨 쌍은 일곱에 지나지 않았다고 한다.

b. 동성애자, 특히 남성 동성애자들 사이에 AIDS 감염률이 높다는 사실을 지적해야 한다. 이것은 남성 동성애자들에게 항문 성교(anal sex)의 행습이 높은 데 기인한다. HIV균은 혈류(血流, blood stream)을 통해 전염이 되는데, 항문 성교는 종종 피부 손상을 일으키므로 이 부위로 균이 침투하게 된다. 이 점은 또 여성 동성애자들의 경우 AIDS에 걸리는 비율이 남성에 비해 현저히 낮은 것을 보아서도 알 수 있다.

c. 동성애자들은 다른 이드에 비해서 수명이 25~30년 정도 단축된다. AIDS는 불치병이기 때문에 일단 걸리고 나면 거의 대부분이 조만간 죽음을 맞게 된다. 1993년의 한 통계에 의하면 동성애자들의 평균 수명은 남성이 42세이고, 여성도 45세에 그쳤다고 한다.

② 동성애 증상은 어느 정도 치료가 가능하다는 것을 알려야 한다. 앞에서도 언급했듯이 비록 동성애의 원인이 명확히 규명된 것은 아니지만, 그럼에도 불구하고 하나님의 사랑, 공동체적 돌봄, 개인의 노력에 의해 동성애자는 그 증상으로부터 어느 정도 놓일 수 있다는 것이다. 또, 비록 완전한 치유를 경험하여 이성애자와 똑같이 되지는 않는다 하더라도, 동성애적 행위를 삼가면서 독신으로 지낼 수 있을 정도로까지의 회복은 여러 사

람들의 간증 가운데 사실로 확인되고 있다.

③ 마지막 교육 사항은 결국 이성애의 아름다움과 풍성함에 관한 것이다. 전통적인 결혼 생활의 중요성 및 유익을 계몽해야 하고, 임신·출산·자녀 양육의 즐거움과 보람을 설명해야 한다.

(iii) 동성애자들의 사회적·정치적 의제(agenda)와 관련하여 우리는 분별력을 발휘해야 한다. 이것은 다시 말하자면 동성애자들이 그들의 권리로 누리기 원하는 바와 관련하여 우리 그리스도인 편에서 일정한 선을 그어야 한다는 뜻이다.

① 우선, 동성애자들이 지금까지 불필요할 정도로 과다히 압제를 받은 사항이 있다면, 우리는 그들이 더 이상 불이익을 당하지 않도록 팔을 걷어붙이고 그들을 도와야 한다. 예를 들어, 동성애자들이 인간으로서의 기본 긍지를 누릴 수 없었다면, 우리는 이 점을 시정해야 하다. 그들이 더 이상, 멸시, 천대, 억압을 받지 않고 다른 이들과 똑같이 인간적 대우를 받도록 해 주어야 한다. 또 어떤 이가 동성애자라는 한 가지 이유로 인해 공무원이 되지 못했다든지, 은행에서 융자를 받을 수 없었다든지, 회사에서 진급이 되지 않았다든지, 이런 부당한 차별은 반드시 개선되도록 조치를 베풀어야 할 것이다.

② 그러나 동성애자들의 의제를 받아들이는 데에서도 지켜야 할 한계가 있다. 예를 들어, "동성애자끼리의 결혼" (same-sex marriage)에 대한 법적 승인 같은 것이 여기에 해당한다고 할 것이다. 결혼은(적어도 아직까지 한국에서는) 남녀 사이에 이루어지는 법적·사회적·문화적 제도이다. 만일 이렇게 비정상적인 짝짓기가 정상적인 것으로 인정이 된다면, 그것이 끼치는 악한 파급 효과는 엄청날 것이다.

a. 우선, 결혼 및 결혼 제도를 사회적 합의에 의한 편의 사항으로 여기게 되고 종국에 가서는 경시 및 회피의 태도로 임할 것이며, 이 때문에 사회의 기반조차 흔들리게 될 것이다.

b. 게다가 각종 비정상적인 성적 패턴이 버젓이 정상적인 것으로 인정을 받아 자리 잡게 될 것이요, 이것은 성적 정체성과 당위성의 사안에 엄청난 혼란을 가중시킬 것이다.

c. 또, 동성애 부부에 의해 입양된(그들이 자녀를 기르기 원하면 입양밖에는 가능한 길이 없으므로) 어린이들조차 전통적 가정에서 태어나 자라난 아이들과 달리 여러 면에서 혜택을 입지 못할 뿐 아라, 그들이 처한 동성애적 환경으로 인해 더욱 더 동성애적 사고와 생활 방식에 인이 박히게 될 것이다.

동성애자들이 몰려오고 있다. 한편으로 이것은 한국 사회의 위기이지만 또 동시에 교회와 하나님의 나라에는 복음의 기회가 될 수도 있다. 우리가 동성애를 어떤 시각으로 보고 어떤 식으로 대응하느냐에 따라 극히 상반된 결과가 한국 사회에 펼쳐질 것이다.

제10부

목 회

1. 21세기 한국 교회의 목회적 환경과 대응: 바른신학, 바른교회, 바른생활

김병훈 / 조직신학

지난 20세기 한 백년 동안 성장과 부흥의 영광을 누려온 한국교회는 이제 21세기 동안에 신앙과 목회의 시련기를 겪게 될 듯하다. 한국교회가 부딪히고 있는 목회적 환경이 간단하지가 않기 때문이다.

첫째, 교회 안에서 발생되는 작은 도덕적, 문화적 흠도 여과 없이 그대로 사회에 전파되는 상황에서, 기독교에 대한 악의적 비방이 점차 늘어나고 있으며, 전도의 기회는 과거에 비할 수 없이 제한과 압박을 받고 있다.

둘째, 기독교에 대한 영적 저항이 극심해지고 있다. 한편으로는 종교다원주의, 다른 한편으로는 과학을 빙자한 무신론적 자연주의 등이 기독교를 향해 계속해서 사상적이며 종교적 비판의 날을 더욱 거세게 세울 것이다.

셋째, 기독교 내에서 한편에서는 종교다원주의에 상합하는 신학이 더욱 힘을 얻으며, 다른 한편에서는 전통적 신학에로의 집중이 약해지면서 문화적응을 강조하는 실용적 경향성이 더욱 두드러질 것이다.

넷째, 소셜네트웍서비스(SNS)의 등장과 발달로 인하여 발생하는 문화적 변화들은 모든 전통적 권위를 재평가하며 새로운 문화질서를 만들어 가고 있다. 이것은 교회 안에서 전통과 관습의 이름으로 행하여 오던 목회적 질서 또한 자연스럽게 받아들여지지 않을 것이라는 전망을 낳는다.

다섯째, 모든 연령대의 여성들의 취업의 증가 추세이다. 주중 주간에 모였던 신앙교육, 기도, 봉사, 전도와 친교 등이 점차 줄어들 것이며, 주일에도 모임을 갖기가 전보다 어려워질 것이다.

여섯째, 노인 계층의 증가이다. 수명의 연장과 젊은이들의 교회 출석이 전보다 줄어들면서 고령화의 현상이 교회에서 더욱 두드러지게 나타날 것이다.

교회가 이러한 상황에 대응하며 가져야 할 목회적 원리는 어떠한 것이어야 할까?

첫째는 바른신학의 확립이다. 교회는 그리스도가 참 하나님이시며 참 사람이시라는 고백을 온전히 할 것이며, 또한 그리스도의 죽음과 부활은 회개하는 자들에게 영생의 구원을 주기 위한 것이며, 재창조를 통해 새 예루살렘을 세워가기 위한 것임을 굳게 믿고 대망하는 고백에서 조금도 벗어나서는 안 될 것이다. 모든 목양의 사역은 이러한 초점에서만 선함과 악함의 평가를 받아야 할 것이다. 이를 위하여 목사는 성경의 바른 해석과 이에 근거한 바른신학에 대한 선명한 이해를 가지고 있어야 하며, 복음과 관련한 변증을 위하여 인접 학문들에 대해서 얼마간의 지식을 갖추도록 공부를 하여야 할 것임을 뜻한다. 이것이 위에서 말한 둘째와 셋째 상황에 대한 대응의 기초이다.

둘째는 바른교회이다. 이것은 명목상으로는 바른신학을 말하면서도 설교나 목회 활동 등의 실천적 사역에 있어서는 신학에 따른 고백이 나타나지 않는 교회가 되어서는 안 될 것임을 말한다. 앞서 말한 넷째 상황에서 지적한 바와 같은 SNS의 발달로 인하여 전통적 권위 질서에 대한 변화의 요구는 "왜 그렇게 하여야 하는가"라는 질문에서 시작이 된다. SNS의 사회적 현상에 따른 변화의 요구는 바른신학을 통해 성취될 수 있다. 바른신학은 파행적이며 비도덕적이며 불합리한 권위를 수정함으로써 SNS의 질문에 답을 줄 수 있기 때문이다.

셋째는 바른생활이다. 다종교사회 속에서 기독교의 도덕적 우월성을 드러내는 일은 복음적 신앙의 당연한 요구이다. 바른신학을 따라 복음의 신앙원리들, 회개, 믿음, 칭의, 성화, 선행, 율법의 기능, 심판과 상급 등을 이해하고 믿었다면, 그리하여 바른교회에서 신학이 드러나는 목회 사역을 받은 경험과 이해가 있다면, 교회의 기관이나 개개의 신자의 활동 속에서 도덕적 열매가 나타날 것을 기대하는 것은 자연스러운 일이며, 또한 하나님의 약속이기도 하다. 바른생활은 앞서 말한 첫 번째 상황에 대한 대응이 된다.

이처럼 바른신학, 바른교회, 바른생활의 세 가지 목회이념이 이루어진다면, 앞서 말한 다섯 번째 상황, 곧 여성들의 취업으로 인한 신앙교육 및 봉사 기회의 감소 등에 대한 목회적 대응은 비교적 수월하게 이루어질 수 있다. 주일에 신앙교육을 받기에 좀 더 자원하는 마음을 가질 수 있으며, 평일에도 개인 스스로 경건의 흐름을 이어할 수 있도록 권면하여 지도할 수 있기 때문이다. 다섯 번째에 언급한 노인을 섬기는 일도 같은 맥락에서 이해할 수 있다. 다만 근래에 장로, 안수집사, 권사 등의 직분자들을 60세 또는 65세에 은퇴하도록 하는 경향성이 있는데, 이것은 좀 더 생각해 볼 여지가 있다. 노령화는 좀 더 많은 활동의 기회가 노인들에게도 주어져야 함을 요구하기 때문이다. 더욱이 교회의 직분은 능률의 측면이 아니라 경건의 측면에서 평가를 받아야 하는 점이 있으므로, 교회 직분자의 은퇴 시기를 앞당기는 것보다는 복음이 다음 세대에 잘 전수가 되도록 시대의 문화적 변화에 좀 더 민감하도록 세대간의 교류를 원활히 하는 것이 더 중요할 것이라 생각한다.

2. 2012년 한국교회의 문제점과 나아갈 방향

이승구 / 조직신학

또 한해를 맞으면서 주께서 주시는 은혜에 근거해서 희망을 가지고 나아가는 것이 마땅한 일이나 우리의 현실 속에서 우리의 마음에는 한없이 많은 문제점이 더 먼저 떠 오른 다는 것이 우리의 문제이다. 아마도 한기총 등과 같은 기독교 기관들과 각 교단들의 움직임이 전혀 기독교적이지 않다는 문제, 어떤 목사들이 기독교 정당을 만들겠다고 하고 정치적인 일에 상당히 세상적인 방식으로 관여하는 문제, 그리고 2013년 부산에서 열린 WCC 10차 총회를 위해 상당한 돈을 들여 준비하는 문제, 이단들이 아주 활발히 활동하며, 지난해에 이어서 이단들이 마치 이단이 아닌 것과 같이 변신을 시도하는 문제, 이런 저런 교회와 지도자들의 이런 저런 스캔들 문제 등이 외적으로 나타날 문제이고, 근원적으로는 우리네 교회들이 성경에 충실하지 않은 것과 성령님께 철저히 의존하며 그 인도하심을 받아 가지 않는 것이 우리들의 문제로 드러날 것이다. 이런 문제를 한마디로 요약하면 그것이 바로 "세속화의 문제"라고 할 수 있다. 앞서 언급한 모든 문제들은 교회가 전혀 교회답지 않고 이 세상을 본받아 가고 있음을 보여 주는 것이기 때문이다. 이런 세속화의 큰 물결에 맞서서 우리는 어떻게 해야 할 것인가?

무엇보다 먼저 이런 세속화의 물결에 저항하며 이 물결을 거슬러 가려고 하는 노력이 필요하다는 것을 말하지 않을 수 없다. 우리 시대에 필요한 것은, 어떤 이들이 시사(示唆)하는 바와 같이, 이 세상의 파도를 타는 것이 아니라, (오히려 이전에 교회 공동체 안에서 항상 강조된 바와 같이) 이 세상의 흐름을 거슬러 올라가는 것이다. 그러기 위해서는 이 세상이 어떻게 흘러가는지, 사람들이 무엇을 원하는 지 잘 알아야만 한다. 그들에게 맞추어 주기 위해서가 아니라, 또는 소비자 중심의 목회를 위해서가 아니라, 이 세상의 흐름과 그 속성을 잘 알고 있으면서도 그와 함께 가지 않기 위해서 말이다. 이 세상을 잘 모르면 자신도 모르는 사이에 이 세상의 물결에 밀려가기 쉬운 것이다. 여러 사람들이, 특히 데이비드 웰스(David Wells)가 미국의 복음주의가 어떻게 이 세상적인 것이 되어 갔는지를 잘 분석한 것과 같이 말이다. 자유주의에 반발하며 이 세상적인 운동에 저항한다고 하면서 그야말로 부지불식간에 이 세상적 운동의 최전방에 선 미국 복음주의의 최근 모습은 우리들도 모든 면에서 정신 차리지 않으면 이 세상 물결에 떠밀려 가고 만다는 것을 여실(如實)히 보여 주는 것이라고 하지 않을 수 없다. 그러므로 우리가 정신을 차리고, 성경의 용어대로 "깨어서" 이 세상과 그 존재 방식을 본받지 않으려고 힘써서 노력해야 한다. 모든 성공지향성과 행복추구주의는 결국 세속화의 흐름을 따라가는 것이 되기 때문이다.

성경에 의하면, 깨어 있는 거룩한 무리들인 성도(聖徒, saints), 즉 교회 공동체는 성경을 가장 바르게 해석하여 그 내용에 충실하며, 그 결과 성령님의 인도하심을 따라 가게 된다. 사실 이것만이 우리들이 세상의 물결에 밀려가지 않을 수 있는 유일한 방법이다. 성경을 바르게 해석하지 못하는 모든 이단 운동들과 잘못된 성경 해석을 널리 펼쳐 가는 운동들은 결국 또 다른 세속화 현상이다. 그러므로 우리들은 힘써서 성경을 바르게 해석하는 방법을 배우고, 실제로 성경을 바르게 해석하는 일에 힘써야 한다. 최소한 바른 성경 해석이 어떤 것인지를 분별할 수 있는 안목이라도 가지고 있어야 우리가 잘못된 사조와 해석들이 밀려가지 않을 수 있는 것이다. 그리고 종국적으로는 이러한 바른 성경 해석에 근거하여 성령님의 인도하심을 따라 가야 한다. 성령님께 속하며 성령께서 인도하시는 대로 가야만 우리는 세속화되지 않을 수 있다. 세속적이 되려는가? 아니면 철저히 성령님의 인도하심을 따라 가려는가? 하는 철저히 "이것이냐 –저것이야(either/or)의 문제이다. 그 둘 사이의 중립 지대는 없는 것이다. 부디 우리들 모두가 바른 성경 해석에 정초하여 성령님을 철저히 따라가는 진정한 성도 (聖徒, saints)들이 될 수 있기를 원한다.

3. 실버시대와 목회

김만형 / 기독교교육학

한국사회가 이미 고령화 사회로 진입한 것은 오래 전 이야기이다. 65세이상의 인구가 7%를 넘어서면 고령화 사회가 된 것으로 보는데 한국은 이미 2000년도에 7.2%가 되었다고 한다. 2010년 기준으로는 11%, 그리고 2018년이 도면 14.3%로 고령사회로 진입할 것으로 내다보고 있다. 노인가구도 점진적으로 증가해서 올해를 기준으로 해서 17.4%, 2030년이 되면 10가구 중 3가구가 노인가구가 될 것으로 보고 있다.

이런 통계적인 자료를 보지 않더라도 이미 우리는 한국사회가 고령화 사회로 진입했음을 느끼고 있고 그런 모습이 교회 안에도 많이 나타나고 있다. 많은 교회들의 주된 구성원은 이미 나이든 분들이 차지하고 있다. 주일예배를 제외한 다른 예배에는 주된 참여자들이 주로 나이든 분인 것을 볼 수 있다. 이제 교회가 나이든 분들을 위해 좀 더 적극적으로 사역해야 할 것이다.

다음의 몇 가지 시니어사역 전략이 나이든 분들을 위한 교회사역에 도움이 되었으면 한다. 먼저는 나이든 사람들도 영적으로 계속 성장해야 할 사람으로 인식하고 접근해야 한다. 나이든 분들을 위한 시니어 사역의 모습은 교회마다 다양한 것으로 보인다. 그 특징을 일반화해서 말할 수 없지만, 대형교회든 중소형 교회든, 교회에서 발견할 수 있는 것은 나이든 분들을 위한 사역이 단순히 그들의 노년을 평안하게 해 주고, 시간을 잘 보낼 수 있도록 하는 방향으로 프로그램화 되어 있다는 것이다. 계절을 따라 여행을 시켜주는 것이라든지 아니면 노인대학을 운영하는 것과 같은 것이 그것이다. 이런 접근은 너무 안이한 접근이라고 생각된다. 점점 더 많아지는 시니어들이 예수님을 주님으로 믿고, 또한 계속해서 영적으로 성장할 수 있도록 사역의 방향을 재조정해야 할 것이다. 노년기의 위기는 자아정체감의 상실인데 그것은 영적인 성장을 통해서만 해결되는 것이다.

다음은 노년기의 특징 중 하나인 배움의 열정을 활용해서 새로운 교육의 기회를 제공하므로 자신의 인생을 돌아보고 변화를 도모하도록 하는 것이다. 나이가 드는 것은 돌아보는 계기가 되기도 하지만 또 다른 출발을 위한 시작이다. 그 동안의 가정생활, 결혼생활, 인간관계 등을 돌아보며 새로운 출발을 위한 방향을 제시해 주는 것이다. 많은 사람들이 나이가 들면 고집이 많아지고 그 고집을 고칠 수 없다고 하는데 꼭 그렇지만은 않다. 이 일을 위해서는 약간의 요령이 필요한데 주제를 따라 강의하는 형식보다는 문제해결을 위한 방식으로 접근하는 것이 좋다. 부부문제, 인간관계 갈등, 나쁜 습관 고치는 것 등을 어떻게 해결할 수 있는지 서로 나누는 것이다. 이 과정에서는 그들의 많은 경험이 공유되도록 기회를 주는 것이 무엇보다 중요할 것이다.

아울러 새로운 비전을 품도록하고, 남은 인생을 하나님 나라를 위해 헌신할 수 있도록 다양한 활동을 디자인하고 그 활동에 참여하도록 하는 것이다. 나이든 분들은 많은 경험을 가진 분들이다. 자신이 무엇을 잘 하는지 은사에 대한 분명한 이해가 있는 분들이다. 그들은 자신이 가진 것들이 계속 사용되기를 강하게 원한다. 교회는 그 장을 마련해 줄 수 있을 것이다. 교회사무실 일을 지원하는 것, 전화심방 및 전화연락, 다른 사람을 심방하는 일, 목회자의 일을 지원하는 것,

관심있는 영역의 소그룹, 단기선교, 실버미션에 참여하는 일, 특별한 기능을 통한 봉사를 하는 일에 스텝이 되게 하는 것이다. 이런 활동은 또한 젊은 세대에게는 좋은 도전이 될 것이다.

이제 나이든 분들은 단순히 뒤치닥거리나 해야 할 분들이 아니다. 물론 기본적인 복지적인 도움을 필요로 하는 분들도 있다. 그들을 위한 식사나 의료서비스에도 교회가 관심을 가져야 할 것이다. 그러나 일반적으로 나이든 분들은 하나님 나라의 중요한 자원들임에는 틀림 없다. 그들이 하나님 나라와 교회, 또 다음세대들을 위해 남은 인생을 불태울 수 있도록 도전하고 기회를 제공하는 통찰력 있는 목회가 되기를 바란다. 한국사회가 이미 고령화 사회로 진입한 것은 오래 전 이야기이다. 65세이상의 인구가 7%를 넘어서면 고령화 사회가 된 것으로 보는데 한국은 이미 2000년도에 7.2%가 되었다고 한다. 2010년 기준으로는 11%, 그리고 2018년이 도면 14.3%로 고령사회로 진입할 것으로 내다보고 있다. 노인가구도 점진적으로 증가해서 올해를 기준으로 해서 17.4%, 2030년이 되면 10가구 중 3가구가 노인가구가 될 것으로 보고 있다.

이런 통계적인 자료를 보지 않더라도 이미 우리는 한국사회가 고령화 사회로 진입했음을 느끼고 있고 그런 모습이 교회 안에도 많이 나타나고 있다. 많은 교회들의 주된 구성원은 이미 나이든 분들이 차지하고 있다. 주일예배를 제외한 다른 예배에는 주된 참여자들이 주로 나이든 분인 것을 볼 수 있다. 이제 교회가 나이든 분들을 위해 좀 더 적극적으로 사역해야 할 것이다.

다음의 몇 가지 시니어사역 전략이 나이든 분들을 위한 교회사역에 도움이 되었으면 한다. 먼저는 나이든 사람들도 영적으로 계속 성장해야 할 사람으로 인식하고 접근해야 한다. 나이든 분들을 위한 시니어 사역의 모습은 교회마다 다양한 것으로 보인다. 그 특징을 일반화해서 말할 수 없지만, 대형교회든 중소형 교회든, 교회에서 발견할 수 있는 것은 나이든 분들을 위한 사역이 단순히 그들의 노년을 평안하게 해 주고, 시간을 잘 보낼 수 있도록 하는 방향으로 프로그램화되어 있다는 것이다. 계절을 따라 여행을 시켜주는 것이라든지 아니면 노인대학을 운영하는 것과 같은 것이 그것이다. 이런 접근은 너무 안이한 접근이라고 생각된다. 점점 더 많아지는 시니어들이 예수님을 주님으로 믿고, 또한 계속해서 영적으로 성장할 수 있도록 사역의 방향을 재조정해야 할 것이다. 노년기의 위기는 자아정체감의 상실인데 그것은 영적인 성장을 통해서만 해결되는 것이다.

다음은 노년기의 특징 중 하나인 배움의 열정을 활용해서 새로운 교육의 기회를 제공하므로 자신의 인생을 돌아보고 변화를 도모하도록 하는 것이다. 나이가 드는 것은 돌아보는 계기가 되기도 하지만 또 다른 출발을 위한 시작이다. 그 동안의 가정생활, 결혼생활, 인간관계 등을 돌아보며 새로운 출발을 위한 방향을 제시해 주는 것이다. 많은 사람들이 나이가 들면 고집이 많아지고 그 고집을 고칠 수 없다고 하는데 꼭 그렇지만은 않다. 이 일을 위해서는 약간의 요령이 필요한데 주제를 따라 강의하는 형식보다는 문제해결을 위한 방식으로 접근하는 것이 좋다. 부부문제, 인간관계 갈등, 나쁜 습관 고치는 것 등을 어떻게 해결할 수 있는지 서로 나누는 것이다. 이 과정에서는 그들의 많은 경험이 공유되도록 기회를 주는 것이 무엇보다 중요할 것이다.

아울러 새로운 비전을 품도록하고, 남은 인생을 하나님 나라를 위해 헌신할 수 있도록 다양한 활동을 디자인하고 그 활동에 참여하도록 하는 것이다. 나이든 분들은 많은 경험을 가진 분들이다. 자신이 무엇을 잘 하는지 은사에 대한 분명한 이해가 있는 분들이다. 그들은 자신이 가진 것들이 계속 사용되기를 강하게 원한다. 교회는 그 장을 마련해 줄 수 있을 것이다. 교회사무실 일을 지원하는 것, 전화심방 및 전화연락, 다른 사람을 심방하는 일, 목회자의 일을 지원하는 것, 관심있는 영역의 소그룹, 단기선교, 실버미션에 참여하는 일, 특별한 기능을 통한 봉사를 하는 일에 스텝이 되게 하는 것이다. 이런 활동은 또한 젊은 세대에게는 좋은 도전이 될 것이다.

이제 나이든 분들은 단순히 뒤치닥거리나 해야 할 분들이 아니다. 물론 기본적인 복지적인도움을 필요로 하는 분들도 있다. 그들을 위한 식사나 의료서비스에도 교회가 관심을 가져야 할 것이다. 그러나 일반적으로 나이든 분들은 하나님 나라의 중요한 자원들임에는 틀림없다. 그들이 하나님 나라와 교회, 또 다음 세대들을 위해 남은 인생을 불태울 수 있도록 도전하고 기회를 제공하는 통찰력 있는 목회가 되기를 바란다.

4. 실버시대의 선교

안점식 / 선교학

한국 사회는 노령화 사회로 급속히 접어들고 있다. 이것은 한국 교회의 해외선교에 어떤 기회를 가져다주고, 또 어떤 선교 전략을 요구하는 것인가? 필자는 실버 선교사(silver missionary)의 가능성에 대해서 좀 더 주목할 필요가 있다고 본다. 물론 이미 실버 선교에 관심을 가지고 이에 참여하는 사람들이 적잖이 있지만, 실버 선교 운동은 지금보다 더욱 왕성하게 일어날 필요가 있다고 본다.

은퇴 연령은 직장마다 차이가 있겠으나, 대강 55-60세에 은퇴한다고 보고, 또 평균 수명을 80세로 본다면, 은퇴 후에도 20-25년을 더 살아야 한다고 할 수 있다. 이렇게 은퇴한 사람들은 선교를 위해서 소중한 인적 자원이 될 수 있다. 물론 70세가 넘으면 선교지에서 활동하는 것이 건강상 무리가 될 수도 있다. 그렇기 때문에 70살까지 선교사역을 한다고 해도 10-15년 정도는 사역을 할 수 있는 셈이다. 이 정도의 기간이라면 인생 전체를 놓고 봐도 결코 무시할 수 없을 만큼 귀중한 헌신의 시간이라고 할 수 있다.

실버 선교사에게는 몇 가지 유익이 있다.

첫째, 은퇴 후의 인생을 보다 의미 있게 살아갈 수 있다. 10-15년을 할 일 없이 텔레비전이나 보고, 좀 여유 있는 사람들은 골프나 치면서 보낸다는 것은 비생산적일 뿐 아니라 당사자들에게도 무의미하고 지루한 삶이 될 수 있다. 인생의 마지막 부분이나마 선교사역에 자신을 드릴 수 있다면 얼마나 재미있고 보람된 생애가 되겠는가!

둘째, 전문적 지식이나 기술을 선교사역을 위해서 사용할 수 있다.

직장에서 은퇴하는 55-60세면 아직도 건강이나 체력에서 충분히 일할 수 있는 나이이다. 은퇴자의 전문적인 지식이나 기술은 선교지에서도 매우 유용하게 활용될 수 있다. 더군다나 이들의 지식이나 기술은 그 분야에서 오랜 기간 동안 경험적으로도 검증된 것이기 때문에 더욱 실제적이다. 아주 전문적인 지식은 아니라 해도, 직장생활을 통해서 습득된 지식과 기술, 개인적으로 습득한 지식과 기술, 은퇴자들의 재능 등은 선교지에서도 매우 유용하게 활용될 수 있다.

셋째, 재정문제가 해결되어서 자비량 선교가 가능하다. 실버 선교사의 경우, 대개 퇴직금, 연금을 가지고 있고, 또한 어느 정도는 재산을 축적하고 있기 때문에 상대적으로 물가가 비싸지 않은 선교지에서 자비량 선교가 충분히 가능하다. 따라서 재정을 위한 모금의 부담도 거의 없다고 할 수 있다.

넷째, 자녀 교육의 부담이 없기 때문에 자유롭게 선교사역에 집중할 수 있다. 선교사역에서 가장 큰 부담으로 다가오는 것 중의 하나는 자녀 교육의 문제이다. 경제적인 부담도 적지 않지만 자녀가 공부할 수 있는 적절한 학교가 없는 경우도 적지 않다. 그러나 실버 선교사의 경우 대개 자녀들이 장성해서 독립한 경우가 많기 때문에 자녀 교육의 부담이 없다는 유익이 있다.

실버 선교사들이 유의해야 할 것이 좀 있다.

첫째, 건강관리이다. 자신의 체력에 맞는 지역과 사역을 선택해야 한다. 너무 의욕에 차서 무리한 지역이나 사역을 선택했을 때 안정적으로 오랫동안 사역을 하지 못할 수 있다.

둘째, 반드시 상주하면서 장기 선교사로서 사역해야 한다는 부담을 버려야 한다. 비거주 선교사로서 자신의 체력과 형편에 맞게 몇 개월은 선교지에 몇 개월은 본국에서 보낼 수도 있다.

셋째, 지나치게 주도적으로 사역하려고 하지 말고 장기 선교사를 돕는 방식의 선교사역이 적절할 수 있다. 한국 문화에서 실버 선교사들은 연장자이며 인생 경험도 많기 때문에 선교사들 사이의 관계에서 좋은 중재자 역할을 할 수 있을 것이다. 그러나 실버 선교사 자신이 지나치게 주도적이 되면 관계의 어려움을 만들어내는 근원이 될 수도 있다.

넷째, 실버 선교사도 반드시 선교훈련을 제대로 받고 선교지에 가야 한다. 왜냐하면 인생 경험이 많다 해도 대게는 한국 문화에서의 경험이기 때문에 타문화에서는 통용되지 않는 것이 많다.

다섯째, 새로운 언어를 배우는 어려움이 있을 수 있지만 그것을 즐기는 마음을 갖는 것이 필요하다. 그리고 장기 선교사들을 돕는 방향으로 사역을 한다면 언어실력이 다소 부족해도 충분히 선교사역을 할 수 있다. 그리고 현재 어떤 외국어를 구사할 수 있는 사람은 그것을 잘 유지해서 그 언어와 관련된 지역이나 사역을 하면 된다.

5. 이단 종파의 발흥 원인과 우리의 대책

송인규 / 조직신학

"이단"(異端, heresy)은 원래 "선택함"이라는 뜻의 하이레시스(αἱρεσις)에서 유래했는데, 이 단어가 선택함 -> 선택한 내용 -> 의견 -> 방자한 의견 -> 분쟁을 일으키는 고집스런 의견(고전 11:19; 갈 5:20)으로 의미가 바뀌었다. 성경 후 시대(post-Biblical era)에는 오늘날과 같이 "정통 교리에 어긋나는 그릇된 가르침," "그런 교훈을 추종하는 그룹"을 뜻하게 되었다.

(1) 이단 종파의 발흥 원인은 크게 두 가지로 정리할 수 있다.

첫째, 교주나 창시자에게서 원인을 찾을 수 있다. 어떻게 해서 이단 종파나 신흥 종교의 교주나 창시자가 되는가? 네 가지 복합적 사항을 언급하고자 한다.

(i) 그가 사단과 연대(連帶)하기 때문이다. 말하자면, 권세·금전·인기·명예의 욕구 때문에 사단에게 자신의 영혼을 팔든지 일종의 계약 관계를 맺음으로써 자신의 원하는 바를 얻어 내는 것이다.

(ii) 자신의 독특한 종교적 경험에 과도한 의미를 부여하기 때문이다. 교주나 창시자는 그들 나름대로 특이한 체험을 한 이들이다. 그런데 그런 체험에다 엉뚱한 의미를 갖다 붙이고 자신이 남보다 뛰어나기 때문에 다른 이들 위에 군림할 수 있다고 착각을 한다.

(iii) 성경의 모호한 내용을 그럴싸하게 조직화하기 때문이다. 성경에 명확히 나타나지 않은 바, 그러면서도 사람들의 호기심을 자극할 수 있는 내용들을 멋대로 체계화하여 가르친다. 주로 말세론, 귀신론, 천사론, 질병론, 성령론에 치우치면서 자신이 신적 계시의 통로이고

자기에게만 신비한 통찰력이 있는 것처럼 선보인다.

(iv) 민간 신앙적 세계관을 교묘히 이용하기 때문이다. 이단 종파 가운데 상당히 많은 그룹은 한국인의 토속적 세계관과 신토불이적 종교 정서를 악이용한다. 축복과 저주는 사람들을 미혹하는 기본 코드이다. 귀신에 관한 여러 가르침과 현상 도입은 그들의 단골 메뉴이다. 신은 심술궂고 복수심에 가득 찬 존재로서 교주의 샤만적 중재가 없으면 그 노여움을 풀 수가 없다.

둘째, 추종자들에게서도 발흥 원인을 찾을 수 있다. 왜 사람들은 이단 종파의 추종자가 되는가? 역시 네 가지 복합적 이유를 제시할 수 있는 것이다.

(i) 교주나 창시자의 희한한 가르침, 능력, 체험담에 혹하기 때문이다. 평소에 못 들어 보던 특이한 설명, 사람을 꿰뚫어 보는 듯한 영적 통찰력, 신유 · 축사 · 예언 등 초자연적 활동을 통한 능력의 과시 … 이런 것들은 사람들을 현혹시키기에 충분하다. 이러한 특이한 가르침과 현상으로 말미암아 추종자들의 종교적 호기심이 충족될 뿐 아니라 교주에 대한 무한한 신비감 · 동경심이 촉발되는 것이다.

(ii) 교주에 대한 개인 숭배(personality cult) 경향 때문이다. 인간에게는 누구나 유명한 인물을 추종하고 거의 맹목적으로 숭배하려는 경향이 있다. 이것은 자신을 그 인물과 동일시함으로써 자신의 가치도 높이고 대리 만족도 찾으려는 본능적 욕구로 말미암는다. 똑같은 ─ 아니 더욱 심한 ─ 현상이 바로 이단 종파의 추종자들에게서도 발견되는 것이다.

(iii) 기존 헌신자들과의 심리적 유대가 매우 공고하기 때문이다. 이단 종파의 특징 가운데 하나는 그 구성원들 사이에 엄청난 유대감과 공생 공사(共生共私) 의식이 풍미한다는 것이다. 특히 기성 교회보다 우월하다는 영적 자부심과 진리 때문에 그들로부터 미움을 받고 있다는 핍박 콤플렉스야말로 그 집단을 묶어 주는 심리적 시멘트 노릇을 한다.

(iv) 기성 교회로부터 받은 상처와 응어리가 크기 때문이다. 이단 종파의 추종자들 중 거의 대부분은 과거 기성 교회의 소속자들이었다. 그런데 그 공동체에 있으면서 불만·반목·상처·비난 등 부정적 경험을 많이 갖게 된 것이었다. 또 지도자들에 대한 실망 ── 얄팍한 영성, 신학적 지식의 빈약, 재정적·성적 물의 등 ── 역시 큰 요인으로 작용했다.

(2) 우리는 이러한 이단 종파의 발흥에 대해 어떻게 반응해야 할 것인가? 역시 두 가지 항목으로 대책을 이야기해 보자.

첫째, 이단 종파에 빠진 이들에 대한 대책이 마련되어야 한다. 네 가지 사항이 필요하다.

(i) 그들이 이단 종파에 끌리는 이유를 정확히 파악해야 한다. 이것이 이루어지려면 심리적·교리적·가족적·환경적 방면으로의 탐구가 있어야 한다.

(ii) 그들이 관여하고 있는 이단 종파의 가르침과 주장 내용에 "빠삭해야" 한다. 다음의 질문들에 답해 보라. 그 종파의 가르침이 무엇이고 정통 교리와의 차이는 무엇인가? 왜 그런 주장을 하게 되었는가?

우리로서는 어떻게 반박이나 응수를 할 수 있겠는가?

(iii) 때때로 전문가 그룹에 도움을 요청할 수도 있다. 이단 종파에 빠진 이들의 교정과 회복(deprogramming)은 종종 개인이나 개교회의 노력만으로는 역부족이다. 따라서 교단 내 전문 모임이나 초교파적 전문 단체의 도움이 필요하다.

(iv) 이단 종파에 빠진 이들에 대해 긍휼의 마음이 있어야 한다. "뱀같이 지혜롭고 비둘기같이 순결하라"(마 10:16)는 주님의 권면은 여기에도 적용이 된다. 앞서 제시한 세 항목 – 이들은 주로 "지혜"에 해당이 된다 – 이 필요하지만 그것만으로도 충분하지 않다. 이단 종파에 빠진 이들을 긍휼히 여기고 사랑하는 자세 – "순결"에 해당 – 또한 절대 간과할 수 없는 것이다.

둘째, 우리 교회 교우들을 잘 챙겨야 한다. 여기에도 네 가지 사항이 고려되어야 할 것이다.

(i) 교우들이 평소에 정상적이고 만족스런 신앙 생활을 하고 있어야 한다. 하나님을 섬기고 영화롭게 할 뿐 아니라 교우들끼리 교제와 사랑이 넘쳐야 한다. 교회 행사나 사역에의 참여만을 독려하지 말고 더욱 근본적으로 그들에게 영적 성장과 인격적 성숙이 있도록 도와야 한다.

(ii) 교우들 개개인에 대한 훈련과 양육을 게을리하지 말아야 한다. 교우들이 신앙적 주체성과 판단력을 함양하도록 하기 위해서는 어떤 식으로든 개개인적으로나 소그룹 단위로나 훈련을 받는 일이 있어야 한다.

(iii) 교리 교육의 중요성이 다시금 회복되어야 한다. 온전한 신앙의 성숙은 종교적 정서(religious affection)와 더불어 기독교적 지성의 함양(development of Christian mind)도 고려되어야 한다. 대·소 요리문답이나 신앙 고백의 내용에 대한 교육이 절실히 요구된다.

(iv) 특정 이단 종파에 대한 정보와 지식이 공유되어야 한다. 특정 이단 종파의 문제점을 다루는 특강 개최, 서적 읽기, 인터넷 싸이트 소개 등이 필요하다.

이단 종파의 발흥은 분명 성가신 일이고 비유컨대 공동체적 "육체의 가시"임에 틀림이 없다. 그러나 그것이 우리의 겸허한 자기 인식과 신앙적 각성을 촉발한다면, 그러한 가시는 동시에 위장된 은택(blessing in disguise)이라고도 할 수 있을 것이다.

6. 이단에 대한 교회사적 비평

조진모 / 교회사

교회사는 성경적 진리에 도전하던 개인과 단체들의 정체를 밝히는 일과 그들을 대항하여 바른 신학과 신앙을 수호하려는 노력의 흔적을 담고 있다. 현재 조직적으로 정리되어 보편적으로 수용되는 신학의 주제와 내용은 단숨에 이루어진 것이 아니다. 주의 교회는 2천년의 기나긴 세월이 흐르면서 생겨난 수많은 신학적 질문들과 문제들에 대한 적극적인 반응을 통하여 정체성을 확립하여 왔다. 교회는 탄생할 때부터 이단들로부터 도전을 받아온 것이다. 그때마다 교회는 '우리가 믿는 것이 무엇인가?'에 대한 고민과 해결을 통하여 교리를 확립해 왔다. 대외적으로는, 주의 교회를 위협하는 세계관 및 잘못된 교리에 대항하여 답변을 제시하면서 신학적 전통이 세워졌다. 그리고 내부적으로는, 성도들로 하여금 진리를 분별하고 변증할 수 있는 능력을 키우는 신앙 훈련을 위한 노력이 계속 이어져왔다.

초대 교회 이단들은 주로 구원론과 기독론에서 신학적 오류를 보였다. 유대주의자(1세기)나 펠라기안주의자(5세기)와 같이, 구원을 얻기 위한 전적인 하나님의 은혜를 부정하고 인간의 노력의 필요성을 주장하는 자들이 있었다. 또한 영지주의자(2세기)나 아리안주의자(4세기)처럼 그리스도의 인성 또는 신성을 부인하는 자들이 있었다. 이에 대항하여 교회는 325년 니케아 종교회의를 시작으로 수차례에 걸쳐 열린 종교회의를 통하여 그들을 정죄하는 동시에 정통 교리를 확정지었다. 그러나 그 후에도 이단들은 계속하여 교회 안팎에서 출현하였다. 세월이 흐르고 역사적인 배경이 바뀌어도 그 근본에 있어서는 초대교회의 이단들에게서 나타난 신학적 오류에 뿌리를 두고 거기서 변형된 형태로 지속적으로 반복되어 온 것이다. 뉴에이지, 여호와의 증인, 몰몬교, 유니테리언 등이 그 예가 된다.

그럼 과연 현재의 한국 교회는 어떠한가? 예나 지금이나 이단은 끊임없이 교회와 성도를 공격하고 있다. 이미 이용도 등의 신비주의적 성향을 지닌 이단이 나타났으며, 한국전쟁 후 50년대 중반에는 혼란스럽고 절박한 현실을 틈타 김백문, 문선명, 박태선 등의 이단이 활개를 치기 시작하였다. 1990년 이후에 권신찬, 박옥수, 이재록, 이장림, 이요한, 김계화, 김기동, 류광수, 박무수, 서달석, 이영범, 정명석 등이 보수교단에 의하여 이단으로 판명되기도 하였다. 요즘의 이단들은 교회 밖에서 성도들을 현혹하여 흡수하는 형태의 소극적인 방법을 탈피하여, 기존 교회 안으로 침투하여 성도들을 자신들에게도 빼돌릴 뿐만 아니라 아예 교회 전체를 송두리째 삼키는 적극적인 방법을 취하고 있다.

한국 교회의 이단 교정이 너무 주관적이며 지나치게 편협해 보일 때도 간혹 있었으나, 전통적으로 한국 교회 안에 흐르고 있던 정서상 이단과 연관된 개인과 집단을 결코 관대하게 대할 수 없었다. 그러나 이단은 대체로 교묘한 방법으로 상대를 미혹하기에 일반성도들이 그들의 진위를 분별하기란 결코 쉽지 않다. 이단(異端: 끝이 다르다)의 속성은 진리의 가면으로 자신들의 정체성을 숨기다가 시간이 지나면서 본래의 모습을 드러내기 때문이다.

1994년 「국제종교문제연구소」 소장 탁명환목사 피살사건 이후에도 이단의 정체를 밝히고 홍보하려는 전문적 연구기관들이 활발하게 활동하는 것은 매우 다행스런 일이다. 이단이 득세한다고 해도 교회의 주님 되신 주님께서 지금까지 눈동자와 같이 지키신 것처럼 앞으로도 어떤 유혹과 도전에서도 한국 교회를 든든히 서 가게 하실 것을 확신하게 된다. 이단의 거센 바람이 주의 교회를 흔들고 있는 이 때에, 지금까지 주의 교회를 지켜주신 하나님의 섭리를 신뢰하는 믿음을 더욱 굳게 하여야 할 것이다.

그러나 동시에 이 시대를 책임져야 할 교회의 현주소를 반성하는 눈으로 바라보면서 하나님께서 주시는 지혜로 주의 교회를 지키는 것이 주어진 본분에 충실 하는 것이라 생각된다. 그렇다면 진정 현대 교회에게 가장 시급한 것은 무엇인가? 현대 사상에 젖은 신학적 사고를 과감히 버리고 성경의 원리를 붙잡는 것이다. 현대 사상의 핵심은 절대적인 진리를 거부하고 상대적이며 주관적인 진리에 더욱 가치를 두려는 사상이다. 한 교단이 특정한 신학을 바탕으로 지녔던 구속력은 더 이상 큰 힘을 발휘하지 못하고 있다.

에큐메니칼 운동의 영향을 받아서, 교리 논쟁은 덕을 세우지 못한다고 하면서 사랑과 이해심을 내세워 다른 신학과 심지어는 타종교와도 같이 어울릴 수 있는 신학을 추구하면 더욱 인정과 존경을 받는 시대가 되었다. 교회의 성장을 위해서라면 신학적 검증을 받지 않은 어떤 프로그램이라도 도입할 수 있고, 그 누구라도 강단에 세울 수 있으며, 어느 곳이라도 보내서 배우게 할 수 있다. 그 결과 지금까지 오랜 교회 역사에서 세워진 신학과 신앙의 전통이 서서히 그러나 확실히 무너져 가고 있는 것이다. 탈신학화 경향과 자율적 신앙의 권장은 비록 의도적은 아니라 할지라도 결과적으로 이단이 설 자리를 마련해 줄 수도 있다.

지금까지 교회는 이단에 맞서는 기본적 원칙을 하나님의 말씀에 두었다. 성경이 평가를 위한 잣대가 되어왔다. 이제 교회는 성경을 이용하여 주관적 진리를 구축하려는 유혹을 과감히 물리쳐야 한다. 성경 자체가 증거 하는 절대적인 진리를 수용해야 한다. 이제 우리는 교회 역사가 보여준 교훈을 가슴에 새겨야 할 것이다. 언제나 이단에 대한 경계심과 상대의 오류를 파악하고 알리는 일을 늦추지 말아야 한다. 그러나 이보다 더욱 중요한 일이 있다. 성도들에게 '우리가 믿는 것이 무엇인가?' 에 대한 더욱 확실한 교육이 필요하다. 확고한 신학과 신앙에 기초한 믿음을 가진 성도들은 하나도 빠짐없이 이단에 대항하는 훌륭한 변증가들로 세워질 것으로 확신한다.